商代晚期祭祀遗存的

考古学研究

仪式与社会

杨谦————著

上海古籍出版社

本书出版得到上海大学学科基本建设经费部分资助

序

考古学是以古代实物遗存来研究历史的学科,因此实物遗存是考古学研究的基本对象,也因此研究器物及其所反映的技术一直以来是考古学研究最为重要的任务,所取得的成果也最为丰硕。由此往上,通过实物遗存研究古代的社会,尤其是古代意识、信仰等精神领域,则是难上加难。这是学界的共识。

摆在读者面前的这部《仪式与社会:商代晚期祭祀遗存的考古学研究》,是杨谦在其同名的博士学位论文基础之上写成的。回过头来看,当时商议以此为选题进行论文写作,坦率而言,还是冒了一定的风险。因为大家知道,商代晚期祭祀遗存主要分布在安阳殷墟,自 1928 年殷墟发掘至今,所积累的考古资料异常丰富,商史、古文字学方面的研究成果甚至更多,在有限的时间内完成这样一篇博士学位论文难度很大。另外,无论是考古学界还是历史学界,对祭祀遗存的研究较多,而关注仪式问题的则相对较少,我希望杨谦在这方面做些探索。事有巧合,杨谦在博二时获得哈佛燕京学社访问研究员项目资助,赴哈佛大学学习文化人类学相关课程,并有机会到访中美洲考古遗址,而以玛雅文化、阿兹特克文化为主要研究对象的中美洲考古,一直以来便长于祭祀、信仰、仪式等相关问题的研究,文化人类学、宗教人类学理论成果丰富。这对杨谦来说无疑是个难得的学习机会。

尽管如此,研究商代晚期的仪式与社会显然不是一件容易的事。首先是如何理解和认识商代甲骨卜辞中多达数十上百种之多的祭名、祭法,甲骨学界虽然成果很多,但观点却分歧很大,与考古遗存相对应尚有很大难度。如何破解这个难题?作者的做法是聚焦考古遗存,从考古资料出发分析问题、解决问题。事实证明,这种方法是可行的。

作者首先借鉴文化人类学有关仪式研究的相关理论方法,注重分析仪式发生的地点、时间、成员、用品、目的等组成要素,并从仪式逻辑所具有的不符合技术常理的"非理性"特点,作为甄别仪式遗存的理论指导。接着对殷墟及殷墟以外商代晚期的祭祀遗存进行了全面梳理,在此基础上对祭祀仪式做了分类研究,共分为宗庙王陵类仪式、建筑营造类祭祀仪式、手工业作坊类仪式和其他类仪式等,之后分门别类加以分析,所涉及的分析因素和变量包括用品的种类选择(如人牲、动物牺牲、器物和其他),用品的处理方式(如砍头、肢解、毁器、焚烧、铺洒朱砂、土埋),用品的获取途径(如外来的纳贡、战争、狩猎,当地自产物品)。以上述因素或变量,比较不同类型祭祀仪式之间的差异。这些因素或变量都是以实物遗存的形式出现的,且数量很多,因此分析便具有了统计学上的意义,如作者指出,相较于其他类祭祀仪式,宗庙王陵类祭祀仪式用品的种类最为繁多,且使用了最为珍贵的野生动物,而且,成人牺牲几乎主要见于该类仪式。

在对祭祀仪式地点选择和仪式群体的分析中,作者根据甲骨卜辞及相关文献记载,指出商王负责王室祖先的祭祀仪式,贵族族长也具有对其家族祖先的主祭权;建筑营造类祭祀仪式的举行者则要复杂得多,几乎包括了所有不同等级的成员;而手工业作坊类祭祀仪式的主持者,因为生产技术被视为一种秘密技术知识,被严格限制在主管职官或工头手中。这些都是以往研究者所疏忽的地方。

"祭祀仪式地点密集度"无疑是以聚落空间位置分析法析出的一个新概念。作者通过殷墟祭祀仪式遗存的分布,并不意外地得出殷墟的祭祀仪式地点主要集中在小屯宗庙宫殿区和王陵区两个区域的结论,但作者并未停步于此,而是进一步比较了仪式核心区和非核心区在仪式用品上的差异,认为前者所发现的成人、动物、青铜器、玉石器、贝蚌、甲骨等的数量要远远多于后者,而后者仅在儿童、陶器等仪式用品上多于前者。而且,金器、珍稀动物仅见于仪式核心区。作者进一步分析指出,仪式核心区的仪式用品在处理方式上具有一定的"表演性质",如砍头、肢解、毁器、跪葬、使用朱砂、焚烧行为等,目的是在视觉感官上产生一种威慑力。

对于殷墟以外商代晚期的祭祀仪式遗存,本书也有不同程度的涉猎,有的还是最新的考古发现,如三星堆祭祀坑等,作者同意使用"祭祀器物掩埋坑"或"祭祀遗存坑"称呼之。

本书对于"仪式"的分析占了绝大部分篇幅,而对"社会"的探讨只用了最后一章,分作宗教思想、政治目的和社会影响三个小节,分别探讨了仪式背后的宗教信仰、商王统治的合法性和维护族群之间的团结等内容。这样的篇幅显然有些小了。这无疑给读者留下一个期盼,商代祭祀仪式与社会究竟有着怎样的关系?我们共同期待作者杨谦继续沿着这个课题做深入挖掘,奉献更多的见解。

方　辉

2023 年 3 月 3 日于济南

目　录

1

图目录

表目录

绪　论

《说文解字》载："礼，履也。所以事神致福也。"[1]《辞海》载："仪式，仪式礼之秩序形式等，礼节规范。"仪式包括各种程序化的仪式、礼典、礼节及与之相关的事物，在中国古代社会是指冠、昏（婚）、丧、祭诸礼典的统称[2]。关于古代社会仪式的研究可以提供很多有用信息，仪式可以视为塑造信仰、思想意识和认同感的机制，或作为仪式参与者、掌控者或创办者的社会权力资源[3]。

对于仪式进行考古研究的可行性，早期的许多考古学家持悲观态度，认为考古学家很难或者根本无法触及反映古人思想的仪式领域。1954 年，克里斯托弗·霍克斯（Christopher Hawkes）就曾提出，精神生活或宗教组织的研究难度最大，即便我们能够进行一些最简单的基本推理，但是也只能止步于此，无法深入[4]，而仪式的研究恰好就属于这一类。这一情形伴随着上世纪七十年代中期后过程主义考古的兴起而有所好转。以伊恩·霍德（Ian Hodder）为代表的学者批判过程主义考古将人类行为视为外界刺激的被动结果，提出物质文化事实上是"意念的体现"，源自历史上某些个人的思想和作为，因此，对古人意念的研究同对其行为的研究一样，都不可轻视[5]，我们必须考察存在于过去的思想和价值观念。而且，由于后过程主义者承认个

---

① （汉）许慎撰，（清）段玉裁注：《说文解字注》，上海古籍出版社，1981 年，第 2 页。

② 胡新生：《礼制的特性与中国文化的礼制印记》，《文史哲》2014 年第 3 期。

③ Evangelos Kyriakidis. 2007. In *The Archaeology of Ritual*, edited by Evangelos Kyriakidis. Cotsen Institute of Archaeology, UCLA, Los Angeles. pp. 9 – 22.

④ Christopher Hawkes. 1954. Archaeological Theory and Method：Some Suggestions from the Old World, *American Anthropologist* 56：155 – 168.

⑤ 栾丰实、方辉、靳桂云：《考古学理论、方法、技术》，文物出版社，2002 年，第 208 页。

人能动性（agency）的存在，认为不存在对文本的"最终"阐释，或是对文本的"正确的"或者"错误的"解读，鼓励进行多种解释的试验，极大地促进了仪式考古研究方法的多元化①。

无独有偶，国内诸多学者也注意到了对精神领域开展考古研究的必要性，强调"透物见人"就是对这一态度的最好体现。俞伟超先生多次呼吁考古工作者走出考古学研究即为物质文化研究的狭隘认识，应当重视通过考古材料去研究精神领域的问题，他曾提到"有许多人把考古学的研究理解为物质文化史的研究。从认识论的角度来分析，这是犯了一个机械唯物论的错误"②。李伯谦先生曾撰文讨论了精神领域考古学研究有关问题的必要性和重要性。他认为精神领域包括人对宇宙、对世界的看法，对人类自身的看法，以及人们的宗教信仰、伦理道德观念、审美情趣、社会意识等，运用考古学方法对这些方面所做的研究就是精神领域的考古学研究。考古调查、发掘出来的遗物和遗迹，不仅是人们有目的的精神活动的产物，有一些也是人们为了精神生活而制造的，诸如祭祀活动的祭坛、仪仗、服饰、盛放祭品的器具等。至于如何开展精神领域的考古研究，他认为如若要复原当时人们的精神生活，有必要参考和借鉴文献记载和文化人类学的研究成果，并且将其置于特定的社会和文化背景中考虑③。在这种情形之下，我们可以在商代晚期祭祀研究已有的甲骨学、文献学等基础之上，从人类学等角度探讨商代晚期祭祀仪式在社会中的作用。

第一节 研 究 综 述

总体而言，对商代晚期祭祀遗存的发掘与研究可分为如下三个阶段。

---

① （英）马修·约翰逊著，魏峻译：《考古学理论导论》，岳麓书社，2005年，第110页。
② a. 俞伟超：《文物研究既要研究"物"，又要研究"文"》，俞伟超著，王然编：《考古学是什么：俞伟超考古学理论文选》，中国社会科学出版社，1996年，第133－136页。
　　b. 俞伟超：《含山凌家滩玉器和考古学中研究精神领域的问题》，《文物研究》第五辑，黄山书社，1989年，第57－63页。
③ 李伯谦：《关于精神领域的考古学研究》，《中国文物科学研究》2007年第3期。

一、草创阶段(1949 年以前)

商代晚期的祭祀研究最初发端于甲骨学研究。从 1899 年王懿荣注意到带字"龙骨"开始，刻辞甲骨逐渐被辨识，随后学者们广泛地私人挖掘、搜集这些甲骨，并考释刻辞的内容，但这部分工作并不属于科学的考古发掘，只能算作金石学研究的延伸。殷墟的首次科学发掘工作自 1928 年 10 月开始，至 1937 年 7 月结束，共经历过十五次，发掘了小屯、后岗、四磨盘、王裕口、霍家小庄、侯家庄高井台子、侯家庄南地、武官南霸台、四面碑、大司空村、侯家庄西北冈、同乐寨和范家庄等十二处遗址①。与此同时，资料的初步整理和研究工作也相继开展，前七次的发掘成果和相关研究均发表在《安阳发掘报告》上，第八至十五次的发掘成果和相关研究则主要发表在《中国考古学报》上。这一阶段对商代晚期祭祀仪式的研究，主要关注以下两方面的内容。

一是对甲骨卜辞中有关祭祀内容的初步研究。孙诒让的《契文举例》一书中已有少数章节涉及祭祀的内容。罗振玉在《殷墟书契考释》一书中将占卜内容进行分类，其中就包括祭祀②。王国维根据祭祀对象的类型和数量对商代祭祀进行了分类，提出商代祭祀中两个相对的概念：内祭和外祭，内祭指对先王先妣的祭祀，外祭指对自然神的祭祀③。董作宾在卜辞中发现先王先妣是按照其世次日干一一被致祭的，继而整理出了五祀中先王先妣的祭祀次序，并指出每种祀典循序祭祀先王先妣一轮所需要的时间通常是三十六旬④，董作宾这五种祭祀制度的发现，对商代祭祀尤其周祭的研究有着重大的贡献。陈梦家率先对卜辞中存在的商王室先公旧臣、先王先妣的祭祀，以及风雨诸神的祭祀等做了系统研究，并列出卜辞中可以认定的 39 个祭名，按其内容分为七大类⑤。

① 石璋如：《小屯（第一本）·遗址的发现与发掘·丁编·甲骨坑层之一·一次至九次出土甲骨》，"中研院"历史语言研究所，1985 年，第 1 页。
② 转引自李立新：《甲骨文中所见祭名研究》，中国社会科学院研究生院中国古代史专业博士论文，2003 年，第 2 页。
③ 王国维：《殷礼徵文》，《王国维全集（第五卷）》，浙江教育出版社，2009 年，第 47 - 56 页。
④ 董作宾：《殷历谱（上卷）》，巴蜀书社，1945 年，第 3 页。
⑤ 陈梦家：《古文字中之商周祭祀》，《燕京学报》第 19 期，1936 年，第 91 - 155 页。

二是对考古材料开展的初步研究。这一阶段发现的与祭祀仪式相关的考古材料主要是墓葬，其间共发掘了四座大型王墓，并在王墓附近发现若干"小墓"（后证实为祭祀坑），"小墓"中埋有人骨、动物等，关于这些"小墓"的性质，发掘者最初便认识到可能是与丧葬有关的遗存①，正如李济在《安阳》一书中转述道："小墓肯定是牺牲的埋葬；不少小墓中只有头骨或无头躯干，这显然为'人牲'提供了确凿证据。"而墓葬中发现的人牲，其埋葬本身就是下葬仪式的一部分，是在"死者放进木椁后"遂即开始的杀牲仪式②。但是这一阶段对这些仪式遗存的认识过于单一，仅仅将其与丧葬行为联系起来，尚未认识到这些遗存为多种仪式行为结果的可能。

二、奠基阶段（1949 年—20 世纪 80 年代）

1949 年以来，中国考古事业百废待兴，在短时间内便得到快速发展。为了更好地在殷墟开展工作，中国科学院考古研究所于 1958 年专门成立了安阳工作队，开始有计划、有目的地发掘殷墟。在殷墟的王陵区、武官村、后岗、大司空村、小屯西地、小屯西北地、小屯南地、孝民屯、四磨盘、薛家庄南、殷墟西区等地发现了祭祀仪式遗存。总体来看，这一阶段学者们关于祭祀仪式的研究主要集中在以下几个方面。

一是继续对 1949 年以前发掘资料的系统整理和深入研究。史语所迁往台湾后，石璋如开始小屯发掘资料的整理和研究工作，并于 50 年代陆续出版了相关成果，对殷墟发掘的祭祀仪式遗存，尤其是宫殿宗庙区的祭祀仪式遗存，做了全面的分析。

对于乙组建筑基址的"基下墓"，石璋如认为可能与建筑建造中的祭祀仪式有关，并提出这种仪式可以分为四个步骤，即奠基、置础、安门和落成。奠基是在基坑挖好之后，填土未填埋之前埋入狗、人或小孩。置础相当于后代的上梁，仪式也较奠基更为隆重，是在建筑基址到达一个阶段时，停止下来，于放置石础之前埋入牛、羊、狗等三牲，然后排上础石，随着本基

---

① 李济：《俯身葬》，《安阳发掘报告（第三册）》，"中研院"历史语言研究所，1931 年，第 447–480 页。

② 李济：《安阳》，河北教育出版社，2000 年，第 91 页。

址一齐向上建筑。在建筑物行将完成而安门的时候，在门的左右前后埋葬执戈之士。建筑物完全落成后，即在其前面埋葬大批的人牲以示庆祝，并将人牲作为建筑物的保护者；用牲的种类较广，一个"车队"六百余名步卒，由一个统帅率领，陈列在建筑物的正前方。这四个步骤在用牲种类和规模上都有所不同，且只有在建造重要建筑时才举行祭祀，并非每座建筑都有，每座建筑也并非四个步骤兼备①。石璋如的这一研究开启了对宫殿宗庙区基址及附近墓葬性质讨论的先河。作为发掘者之一的李济同意石璋如的这一看法，并增添了云南龙泉镇的民族学材料，即当地居民在建筑破土奠基和立第一根柱子时要祭献一只牺牲，在上房顶的主梁和整个建筑落成那天，往往杀一只公鸡或一只羊以表示庆祝②。同时，李济也指出，早一阶段认为仅仅与丧葬有关的人牲遗存，可能还有其他目的，比如，或与建筑物的奠基有关，或与每年祭祀各种神灵有关③。这一研究得到了众多学者的赞同，之后的研究大都是以此为基础进行的④。

对于丙组基址中部的人墓和兽坑等，石璋如认为可能与坛墠祭祀有关，祭祀的对象可能有祖宗、天神和神祇等，祭祀的方法则有伐、卯、埋、寮和烟等，牺牲的种类则有成人、儿童、牛、羊和犬等⑤。陈志达认为，分布在丙二周围的小葬坑，可能是祭祀部分先公先王的牺牲⑥。

尽管这一工作极大地推进了商代晚期祭祀仪式遗存的研究，但是，由于客观历史条件的限制，这一阶段的研究难免存在一些不足之处，尤其是早期发掘资料部分信息不准确的问题。早期发掘时，发掘者自己也尚处于摸索学习阶段，在发掘现场并未完全辨识出所有遗迹现象，也没有完全取出祭祀坑的所有人骨，数据上难免出现偏差，需要研究者在后期资料整理阶段进行重

---

① 石璋如：《小屯（第一本）·遗址的发现与发掘·乙编·殷墟建筑遗存》，"中研院"历史语言研究所，1959年，第281－301页。

② 李济：《安阳》，河北教育出版社，2000年，第136页。

③ 李济：《安阳》，河北教育出版社，2000年，第114页。

④ 胡厚宣：《殷墟发掘》，学习生活出版社，1955年，第106－107页。

⑤ 石璋如：《小屯（第一本）·遗址的发现与发掘·丙编·殷墟墓葬之一·北组墓葬》，"中研院"历史语言研究所，1979年，第421页。

⑥ 中国社会科学院考古研究所：《殷墟的发现与研究》，科学出版社，1994年，第56、58－59页。

新推敲，最为典型的就是一些用牲数量的记载。比如，石璋如在《中组墓葬》中记载 M155 人牲数量的部分提到，"原记录表上本墓为六具人骨，但经仔细的检查确有十四条腿骨，故当为七具人骨"①，又在 M157 人牲数量部分指出，"在作《小屯 C 区的墓葬群》的时候，根据初步的观察认为其中有六具人骨……兹就田野的照片，再仔细地研究，除十二条较清晰的腿骨之外，另有两条较朽腐的腿骨，共十四条腿骨，即七具人骨了"②。可以看出，囿于年代久远，报告整理者只能根据之前发掘者拍摄的照片来断定人牲数量，判断的标准仅是坑中发现的腿骨数量，而非现代意义上的最小个体数等体质人类学研究方法。由此可见，早期记录中对牺牲数量的记载并不见得完全准确，可能与实际情况存在稍许出入，幸运的是，部分错误信息在之后的资料整理阶段和再次发掘中得到了及时更正。比如发掘报告中专门指出"M328 墓内有清楚的头骨 9 个，故在田野时即记为九具人骨，在作殷墟建筑遗存时系以基址为主，即照所记九具而认为九具人骨了。此次研究系以墓葬为主，经仔细检查，清楚的头骨固为九个，而脊肋等骨确为十具，追查原因，当时系把第一、二具误为一具了"③。

二是对建国后新发现考古材料的性质讨论。建国后新发现了许多祭祀仪式遗存，尤其是武官村北祭祀坑、后岗祭祀坑、大司空制骨作坊祭祀坑等遗存的发现，为学者们的讨论提供了更丰富的一手材料。许多学者对祭祀仪式的性质和祭祀坑中的人牲身份展开了讨论。曹桂岑认为商代用人作牺牲，是奴隶社会才可能出现的残酷现象，死者只能是奴隶或奴隶的子女，而用人作为祭祀牺牲，是商代奴隶制的一个特征④。董琦认为，史前时期建筑过程中的祭祀行为仅仅是原始宗教习俗的体现，而到了二里头时期则是政治权力

---

① 石璋如：《小屯（第一本）·遗址的发现与发掘·丙编·殷虚墓葬之二·中组墓葬》，"中研院"历史语言研究所，1972 年，第 56 页。
② 石璋如：《小屯（第一本）·遗址的发现与发掘·丙编·殷虚墓葬之二·中组墓葬》，"中研院"历史语言研究所，1972 年，第 92 页。
③ 石璋如：《小屯（第一本）·遗址的发现与发掘·丙编·殷虚墓葬之五·丙区墓葬（上）》，"中研院"历史语言研究所，1980 年，第 383 页。
④ 曹桂岑：《论龙山文化古城的社会性质》，《中国考古学会第五次年会论文集（1985）》，文物出版社，1988 年，第 1－7 页。

的体现，人祭已经蒙上了一层阶级社会的色彩①。杨锡璋等评价道："商代奴隶祭祀坑，反映了商代祭祀制度的本质，展现了惨绝人寰的奴隶社会礼制的图景。这累累白骨，斑斑刀痕，揭露了贵族奴隶主阶级的凶暴残忍。"②胡厚宣也指出人牲和人殉体现了"阶级斗争已愈加尖锐，甚至已经到了激化的程度"③。由于这一阶段受到特殊历史时期的政治影响，大多学者将祭祀仪式与奴隶主对奴隶残忍的阶级压迫联系起来，对之后的研究影响深远④。

三是对卜辞中提到的祭祀仪式开展专题性研究。殷墟第十三至十五次发掘所获的甲骨收入《殷虚文字乙篇》，之后《殷虚文字丙篇》将《殷虚文字乙篇》所刊甲骨拼对复原，并附有详细的考证，为学者的研究提供了许多便利。学者们对至上神上帝的祭祀，商王室高祖远公、先王先妣的周祭，以及日、云、风、雨、雷等自然神祭祀都展开了较为详细的论述，并探讨了祭祀相关的牺牲种类、数量和获取方式等。陈梦家把五种祭祀称为"周祭"，后为学界广泛沿用，在周祭祀首问题上他与董作宾持相同的观点，但提出以五祀典对先王先妣祭祀一周的时间通常不是三十六旬，而是三十七旬⑤。后日本学者岛邦男进一步指出有三十六旬型和三十七旬型两种周期⑥，许进雄赞同岛邦男的观点，并提出翌祀应是五祀之首的观点⑦。张秉权把甲骨文中的牺牲供奉条目，按每次活动用的牺牲品的种类和数量进行分类，每一条目都与一个祖先或其他的崇拜偶像有关。用作牺牲的动物有牛、羊、狗、猪、人、鹿、象、龟、犀牛等，牺牲来源主要有豢养、田狩、纳贡和俘虏

---

① 董琦：《虞夏时期的中原》，科学出版社，2000 年，第 220－221 页。

② 杨锡璋、杨宝成：《从商代祭祀坑看商代奴隶社会的人牲》，《考古》1977 年第 1 期。

③ a. 胡厚宣：《中国奴隶社会的人殉和人祭（上篇）》，《文物》1974 年第 7 期。
　　b. 胡厚宣：《中国奴隶社会的人殉和人祭（下篇）》，《文物》1974 年第 8 期。

④ a. 姚孝遂：《"人牲"和"人殉"》，《史学月刊》1960 年第 9 期。
　　b. 王克林：《试论我国人祭和人殉的起源》，《文物》1982 年第 2 期。
　　c. 顾德融：《中国古代人殉、人牲者的身份探析》，《中国史研究》1982 年第 2 期。
　　d. 王浩：《商代人祭对象问题探论》，《文博》1988 年第 6 期。
　　e. 黄同华：《殷商人祭人殉性质考辨》，《青岛教育学院学报（综合版）》1990 年第 2 期。
　　f. 刘兴林：《浅议商代社会的奴隶——兼谈殉人和人牲的社会身份》，《齐鲁学刊》1990 年第 4 期。

⑤ 陈梦家：《殷虚卜辞综述》，中华书局，1988 年，第 395 页。

⑥ （日）岛邦男著，濮茅左、顾伟良译：《殷墟卜辞研究》，上海古籍出版社，2006 年。

⑦ 许进雄：《殷卜辞中五种祭祀的研究》，台湾大学文学院，1968 年。

四种①。伊藤道治则将周祭的重要性提高到维护王权的一种政治性祭祀的高度，认为在祖甲时期商王室集团的仪式重心已从血族关系移向了政治性关系，祖甲不但确立了政治意义颇强的周祭，而且通过主宰周祭使自己的权威得到了宗教上的证明②。

三、发展阶段（20 世纪 80 年代至今）

20 世纪 80 年代后，在殷墟的大司空村、丁组基址、白家坟东地、小屯村北、王裕口南地、苗圃北地、孝民屯、刘家庄、东八里村、梅园庄西、花园庄东地南等遗址，以及辉县孟庄、荥阳关帝庙、邢台粮库等遗址发现了更多的祭祀仪式遗存。与前一阶段开始运用科学的研究方法相比，这一阶段的研究更多地采用了新思路和新方法。

一是更关注祭祀仪式所反映的商代社会。宋镇豪指出祭祀具有一定的政治功能，已被统治者利用其内在的信仰观念，作为强化自己权威的借力，且认为在商代这种祭祀的使用已体现出一定的等级差异③。这一分析无疑是本课题研究的一个跨越性进步，之后的研究便据此提升到礼制研究的高度。许顺湛提出祭祀仪式是古代礼制的核心，龙山时期建筑建造过程中用人祭祀说明奴隶的存在已不是个别现象，而是形成了一个阶级，这种等级制的出现促使中原地区的礼制产生质变，正在为商周王朝的礼制作准备④。越来越多的学者已经意识到仪式所反映出的社会情况。

二是研究中不断应用科学技术。随着国内科技考古的发展，动物考古、植物考古、同位素等技术逐渐运用到仪式考古的研究中，提供了许多全新的视角和材料。冈村秀典认为在二里冈文化时，祭祀用牲从猪优位向牛优位转换，与商人对动物牺牲价值观的转变有关，由于饲养成本高，牛和马成为统

---

① 张秉权：《祭祀卜辞中的牺牲》，《历史语言研究所集刊》第三十八本，1968 年。转引自《甲骨文献集成（第三十册）》，四川大学出版社，2001 年，第 351－363 页。

② （日）伊藤道治：《王权与祭祀》，《甲骨文献集成（第二十一册）》，四川大学出版社，2001 年，第 149－150 页。

③ 宋镇豪：《夏商社会生活史》，中国社会科学出版社，1994 年，第 76－79 页。

④ 许顺湛：《论古代礼制的产生、形成与历史作用》，《洛阳考古四十年——一九九二年洛阳考古学术研讨会论文集》，科学出版社，1996 年，第 164－172 页。

治者权力的象征物，在国家级的祭祀中最受尊重①。袁靖和付罗文（Rowan K. Flad）通过对偃师商城、郑州商城、郑州小双桥和殷墟遗址出土的动物骨骼进行的动物考古学分析，认为用作牺牲的羊的数量多于猪，但比狗、马和牛等牺牲的数量少②。李志鹏对殷墟孝民屯墓葬出土羊骨的死亡年龄进行了考察与分析，发现孝民屯墓葬中随葬的羊多是未成年个体，与殷墟居民日常消费的羊的死亡年龄结构接近，说明商人在丧葬仪式中极有可能已有"事死如事生"的观念③。李志鹏对殷墟部分遗址出土的狗牲也进行了动物考古学分析，发现晚商随葬的狗牲明显是经过人为选择的，偏好一岁以下的幼年个体，且商代晚期以狗殉葬之风的盛行，可能导致了专门提供丧葬仪式所需犬牲的专业化养狗业的产生④。尽管越来越多的科学技术运用到了仪式的研究中，但并不意味着学者忽略了考古材料与传统文献相结合的二重证据法，从考古材料出发与文献相对照的方法依然为学者们所推崇。唐际根、汤毓赟等对殷墟1976年发掘的原M57、M58和M208三座祭祀坑重新进行了发掘，发现这几个祭祀坑中的人骨个体数，与甲骨文中羌祭卜辞提到的用羌数量确有显著的相关性，这是证实考古材料反映卜辞内容的一个重要研究，与单纯地统计卜辞中的仪式内容相比又更进一步⑤。

三是国外人类学、宗教学理念和研究方法的传入。改革开放后，越来越多的外国学者有机会接触到中国的考古材料，乃至在中国开展合作项目，也逐渐对仪式问题进行了关注。吉德炜（David N. Keightley）认为，商代的宗教与商代国家的起源和合法化密切相关，占卜、祈祷和奉献牺牲均可影响商王的能力，商王借助先祖的精神遗愿使其政治权力的高度集中合法化，商王的一切权力都来源于神权政治⑥。张光直综合了考古学、艺

① （日）冈村秀典：《商代的动物牺牲》，《考古学家集刊（第15集）》，文物出版社，2004年，第216-235页。
② 袁靖、付罗文：《动物考古学研究所见商代祭祀用牲之变化》，《庆祝何炳棣先生九十华诞论文集》，三秦出版社，2008年，第377-384页。
③ 李志鹏：《晚商都城羊的消费利用与供应——殷墟出土羊骨的动物考古学研究》，《考古》2011年第7期。
④ 李志鹏：《商文化墓葬中随葬的狗牲研究二题》，《南方文物》2011年第2期。
⑤ 唐际根、汤毓赟：《再论殷墟人祭坑与甲骨文中羌祭卜辞的相关性》，《中原文物》2014年第3期。
⑥ 转引自张光直：《商文明》，辽宁教育出版社，2002年，第192页。

术史与人类学等方面的知识，认为商代青铜礼器上的动物图样与巫术有关，是青铜礼器的所有者与祖先沟通的媒介，可以使帝王的统治合法化，拥有青铜礼器则意味着对与祖先沟通的独占和对政治权力的独占，这种把动物纹样绘在珍贵而稀有的艺术品上的做法，是巫觋政治的一种体现①。付罗文则应用人类学手工业生产专业化的理论，对商代不同地区的占卜仪式进行了对比研究，认为更为复杂的占卜程序与作为国家政治权力体现的官僚机构密切相关②。

上述学者的研究成果很大程度上推动了商代祭祀研究的深入，使得商人的仪式行为逐渐明晰，为后人提供了许多可资利用的材料和参考的观点。然而，也应看到，商代祭祀研究还存在以下可供开展进一步研究的方面。

第一，对仪式主体及相关社会结构的关注不足。尽管学者们对仪式遗存的人牲身份等展开过充分的讨论，但是对仪式主体即仪式参与者的讨论，一直以来成果寥寥。学者通常认为，王室祖先的祭权也是君权或王权的象征，只有商王才能与祖先神沟通，也只有商王才有权举行对祖先的祭祀与占卜③。但这些研究的主要依据是建立在后世文献的基础之上的，如《左传·僖公二十四年》载："天未绝晋，必将有主。主晋祀者，非君而谁？"④商代仪式中究竟哪些人可以参加仪式，或是不同仪式的参与者是否有所区别，并没有来自考古学方面材料的支持。《礼记·表记》载："殷人尊神，率民以事神，先鬼而后礼。"⑤也可推测当时仪式参与者有可能并不仅仅是商王，或许至少民众也可以参与部分仪式。卡纯卡·莱因哈特（Katrinka Reinhart）在对偃师商城宫城的研究中发现，贵族阶层并不是唯一实践"礼"的阶层，分布在房址内部和四周的陶工们生活中也有仪式活动，

---

① （美）张光直著，郭净译：《美术、神话与祭祀》，辽宁教育出版社，2002年，第79、91页。

② Rowan K. Flad. 2008. Divination and Power: A Multi-regional View of the Development of Oracle Bone Divination in Early China. *Current Anthropology* 49(4): 403–437.

③ 王平、（德）顾彬：《甲骨文与殷商人祭》，大象出版社，2007年，第189页。

④ 杨伯峻：《春秋左传注》，中华书局，1981年，第418页。

⑤ （汉）郑玄注，（唐）孔颖达正义：《礼记正义》，上海古籍出版社，2008年，第2079–2080页。

且陶工阶层与贵族阶层的仪式制度有所不同，这一研究已经注意到仪式参与者身份的不同①。

第二，以往学者更注重讨论仪式举行的原因，尤其是宗教思想方面的原因，但对仪式在商代政治文化中的作用等研究不多。比如，高广仁认为建筑基址底部祭祀坑的用意在于祈福禳灾②。黄展岳认为使用人牲属于一种厌胜巫术，使用的儿童往往是居住者的初生子女，特别是长子③。宋镇豪分析了建筑的序方位，认为建筑类仪式所祭之神应是日神④。靳桂云认为原始社会乃至文明社会之初期，建房时举行祭祀相当普遍，建房过程中的祭祀是为了祈求地母神的保佑，也祈求其他神灵保佑居住者能居家平安⑤。金汉波认为在建筑基址中发现的人头骨应当是人头崇拜的类型之一，是人祭的一种形式，用于这种祭祀的牺牲可能与当时的战争有一定关联⑥。王芬指出这类遗存是出于供奉神灵、祭拜祖先的目的，而祭祀中人牲的使用掺杂有相当浓厚的宗教色彩⑦。其他学者虽然未对祭祀原因给出具体解释，也赞同将这类祭祀遗存划入宗教遗存的范畴⑧。然而，祭祀仪式背后的社会情境等研究较为有限。张光直就曾明确指出："学术界对商代宗教信仰和仪式祭祀方面的研究也较为深入，但是，对祭祀的作用和潜伏在商代政治文化中的宗教观念等研究较为薄弱。"⑨常玉芝指出仪式行为具有使王权合法化、建立和巩固宗法制、促进手工业发展等积极作用，也有阻碍生产发展的消极作用⑩，但其研究方法主要还是基于卜辞记载，并未有太多的考古学方面的证据。

---

① Katrinka Reinhart. 2011. Politics of Food, Feasting, and Sacrifice in the Chinese Bronze Age: Quantitative Analysis of Pottery at Yanshi Shangcheng. PhD dissertation in Stanford University.

② 高广仁：《海岱区史前祭祀遗迹的考察》，《海岱区先秦考古论集》，科学出版社，2000年，第291－303页。

③ 黄展岳：《古代人牲人殉通论》，文物出版社，2004年，第3－4页。

④ 宋镇豪：《夏商社会生活史》，中国社会科学出版社，1994年，第74页。

⑤ 靳桂云：《中国新石器时代祭祀遗迹》，《东南文化》1993年第2期。

⑥ 金汉波：《史前至商周时期的人头崇拜及其相关问题》，《民俗研究》2005年第4期。

⑦ 王芬：《中国新石器时代的宗教遗迹》，《四川文物》2004年第4期。

⑧ a. 张莉、王吉怀：《史前宗教遗存探析》，《新世纪的中国考古学——王仲殊先生八十华诞纪念论文集》，科学出版社，2005年，第167－188页。

　　b. 井中伟：《我国史前祭祀遗迹初探》，《北方文物》2002年第2期。

⑨ 转引自张光直：《商文明》，辽宁教育出版社，2002年，第192页。

⑩ 常玉芝：《商代宗教祭祀》，中国社会科学出版社，2010年，第553－561页。

第三，对不同类型祭祀仪式的研究不均衡，以及对不同类型祭祀仪式重要性的区别关注不足。学界对于商代仪式的研究，包括对至上神上帝的祭祀，对商王室高祖远公、先王先妣的周祭，对日、云、风、雨、雷等自然神祭祀的研究均已较为成熟。相比之下，由于缺乏有力的古文字和文献材料，建筑类仪式、手工业生产仪式等研究尚处于初级阶段，成果屈指可数。大多数学者在对晚商时期的宗教和政治两方面研究时会偶尔涉及这一问题，但并未给予足够的篇幅进行专题性研究。如胡进驻在研究殷墟晚商墓葬时提到，"本书的主要研究对象是殷墟遗址内发现的商文化晚期正常埋葬遗留的墓葬，各类祭祀遗存，虽然也被提及，但不是本书的研究重点"①。作为一种仪式行为，对这些仪式的举行原因、牺牲使用、祭祀对象、祭祀方法和祭祀制度等的研究必不可少，尤其是这些仪式举行者的身份如何，这些方面的研究尚是空白。江雨德（Roderic B. Campbell）已经开始注意到了商代不同仪式可能有不同的重要性，从空间情境来看，商代祭祀行为主要在建筑基址、墓葬和祭祀坑三个情境中，但相较而言建筑基址和祭祀坑中的牺牲似乎显得不及墓葬中的重要，这说明三者可能使用不同等级的牺牲②。

第二节　研究思路和方法

一、研究思路

本书拟在前人研究成果的基础上，从人类学角度出发，对过去发掘的考古材料进行再研究。通过对商代晚期祭祀仪式考古遗存的全面分析，探讨商代晚期仪式与社会结构之间的关系，以及仪式在政治、社会方面的作用，揭示仪式所反映出的深层次社会问题，力求对商代晚期祭祀有一个全新的认识。

为此，本书将分为六大部分，采用以下研究方法对这一问题进行探讨。第一章系统地梳理商代晚期祭祀考古材料。本书将严格按照考古地层学方法，按照遗迹的开口层位和打破关系对仪式遗存进行甄别。第二章对考古材

---

① 胡进驻：《殷墟晚商墓葬研究》，北京师范大学出版社，2010年，第2页。

② Roderick B. Campbell. On Sacrifice: An Archaeology of Shang Sacrifice. In Press.

料进行分类研究。首先在第一部分研究结果的基础上，结合古文字和文献材料对不同类型仪式的性质进行探讨；然后对各类仪式进行专题性研究，运用统计分析和类型学方法对仪式遗迹进行分类，概括不同类型仪式的特征。第三章分析不同祭祀仪式用品的使用情况，包括祭祀仪式用品的种类选择、处理方式、获取途径等，概括出商人选择祭祀仪式用品的标准。第四章探讨商人对祭祀仪式举行地点的选择，对仪式举行者的身份进行讨论。第五章讨论商文化周边地区的祭祀仪式，分析商文化周边地区祭祀仪式的特点，及其与商文化地区祭祀体系的异同。第六章讨论仪式在晚商社会中的作用。从人类学中相关理论出发，对商代晚期仪式遗存的政治、社会等作用进行分析。

　　本书的主要研究目的是讨论祭祀仪式及其相关的社会结构。一方面需要甄别祭祀仪式遗存，通过仪式用品的数量、种类、规格等来探讨仪式举行者的社会地位，另一方面则需要从遗存出土的空间位置来推测仪式举行者的社会地位，即对祭祀仪式遗存出土情境的微观聚落形态进行讨论。

二、研究方法

1. 仪式遗存的甄别

　　在仪式的考古学研究中，首先要解决的问题就是如何在众多的考古遗存中辨识与仪式相关的遗存，这是所有研究得以开展的基础。然而，如何进行仪式考古遗存的甄别与界定，长久以来学界并未达成共识，部分学者往往把考古发掘中遇到的奇怪的、异常的或不能理解的一切现象都归为仪式遗存①，并没有指出具体的理论依据和实践标准，这显然是不合适的。

　　仪式（ritual）一词所涵盖的现象十分广泛。广义的仪式近似于社会性的泛泛仪式，包括人际交往的规范与行为，如升旗等政治仪式；狭义的仪式，则专指宗教的祭祀与仪式，如天主教的弥撒仪式。尽管绝大多数学者据此认

---

① Colin Renfrew. 1994. The Archaeology of Religion. In *The Ancient Mind: Elements of Cognitive Archaeology*, edited by Colin Renfrew. Cambridge University Press, Cambridge. pp. 47 – 54.

为仪式是一种模糊组合或多义概念①，很难给出一个具体的、放之四海而皆准的定义，但仍然提出了自己对仪式的界定标准。比如，凯瑟琳·贝尔（Catherine M. Bell）认为，只有具有以下全部或部分特征的行为，方可视为仪式，这些特性包括形式性、传统性、不变性、纪律性、神圣性和表演性②；扬·斯诺克（Jan A. M. Sneok）则提出仪式是在特定的时间和地点举行，有目的的、周而复始的、周期性的行为③。这些定义均将仪式视为一种实践行为，而且这种行为与日常生活或世俗的行为有所区别。目前考古学家也主要遵循这一准则，根据仪式独特的组成要素和逻辑结构，从形形色色的考古遗存中甄别出与日常生活不同的仪式遗存。

一是要素分析法。仪式通常具有特定的地点、时间、成员、用品、目的等组成要素。科林·伦福儒（Colin Renfrew）首先提出了宗教仪式至少包括关注的焦点、现实世界与神界的分界、神祇的存在、参拜和供奉四类要素，任何一类要素的相关遗存都有其辨识标准，理论上这些标准发现得越多，推测其为仪式遗存的可能性就越大④。比如，他在希腊米洛斯岛（Island of Melos）发掘费拉科庇圣殿（Phylakopi Sanctuary）时，根据仪式活动使用植物或动物、具有单独的建筑要素（如神坛、水池）等特性，界定这座建筑为圣殿⑤。乔伊斯·马库斯（Joyce Marcus）也提出仪式要素的分析方法，并从中美洲的考古实践中归纳出仪式最起码有八个要素组成（如表绪-1 所示），指出其中只有第 3 项和第 8 项在考古工作中比较容易被发现⑥。

---

① Jan A. M. Sneok. 2006. Defining Rituals. In *Theorizing Rituals*, *Issues*, *Topics*, *Approaches*, *Concepts*, edited by Jens Kreinath. Brill, Leiden/ Boston. pp. 3 - 14.

② Catherine M. Bell. 1997. *Ritual Perspectives and Dimensions*. Oxford: Oxford University Press. pp. 138 - 159.

③ Jan A. M. Sneok. 2006. Defining Rituals. In *Theorizing Rituals*, *Issues*, *Topics*, *Approaches*, *Concepts*, edited by Jens Kreinath. Brill, Leiden/ Boston. pp. 3 - 14.

④ （英）科林·伦福儒、保罗·巴恩著，中国社会科学院考古研究所译：《考古学：理论、方法与实践》，文物出版社，2004 年，第 412 - 422 页。

⑤ Lars Fogelin. 2007. The Archaeology of Religious Ritual, *Annual Review of Anthropology* 36: 55 - 71.

⑥ Joyce Marcus. 2007. Rethinking Ritual. In *The Archaeology of Ritual*, edited by Evangelos Kyriakidis. Cotsen Institute of Archaeology, UCLA, Los Angeles. pp. 43 - 76.

表绪-1　乔伊斯·马库斯提出的中美洲仪式要素组成部分

编号	仪式要素	详　细　内　容
1	表演者	一个或多个
2	对象	人、神灵或祖先
3	地点	庙宇、场地、露台、台阶、洞穴和神坛
4	目的	为了与祖先交流、为新庙开光等
5	意义、主题和内容	（原文未详细提及）
6	时间	小时、天或周
7	行为	唱赞美诗、唱歌、弹奏音乐、跳舞、戴面具和穿传统服饰、焚香、洒血、祭祀人或动物、抽烟、向洞穴或山顶朝圣等
8	用品	黄貂鱼骨、黑曜石片、锥形或球形的珂巴树松香、橡胶球、彩色织带、果汁、肉等

　　总体来看，地点和用品是目前使用最多、最容易被识别的仪式要素。《周礼·夏官·量人》载："营军之垒舍，量其市朝、州、涂、军社之所里。"郑玄注："军社，社主在军者……在军，不用命，戮于社，故将社之石主而行。"①除了像这种在行军途中每至扎营而祭祀军社的仪式等不会有固定的地点外，大部分的仪式都会选择在特定的地点举行。有些仪式会选与日常生活相关的地点，比如在院落庭院举行的宴飨仪式，而有些仪式则会选择具有神秘色彩、专供仪式使用的场所，比如埋葬仪式会在墓地举行，祭祖仪式会在祖庙举行。因此，一旦能够确定所发掘遗迹的性质，便可以确定该处是否为仪式举行的地点或场所。仪式用品是仪式必不可少的另一个重要组成部分，通常具有一定的象征或情感价值，有的是直接用作仪式的对象，如龙山文化的蛋壳陶、商周时期的青铜器等，也有的是用作仪式的辅助工具，如占卜仪式中用来卜问征兆的卜甲、卜骨等。至于如何确定发现的这些物品就是仪式用品，一方面可以根据文献中对仪式所用物品的记载，如《周礼·春

---

① （汉）郑玄注，（唐）贾公彦疏：《周礼注疏》，上海古籍出版社，2010年，第1152页。

官·大宗伯》："以玉作六器，以礼天地四方：以苍璧礼天，以黄琮礼地，以青圭礼东方，以赤璋礼南方，以白琥礼西方，以玄璜礼北方。"①即提及各种玉器在仪式中的使用情况，可以确定其为礼器；另一方面，在缺乏直接文献证据的情况下，可以根据这些遗物的出土情境来判定其是否与仪式相关，比如殷墟大司空村 T0708F45 房基垫土中共发现 14 座埋有儿童的瓮棺葬，虽然文献中并没有记载这些儿童是用作举行奠基仪式牺牲的，但是从其出土情境看，这些儿童显然不会在建筑垫土时恰巧自然死亡，应是有意而为之，可以推断是专门用作奠基仪式的牺牲②。

二是逻辑分析法。要素分析法并不能作为仪式考古遗存甄别的唯一方法，因为生活遗存也会有其独特的要素，古人会在固定的地点加工食物，也会使用特定的汲水器打水，因此也须考虑仪式行为的逻辑结构。仪式与日常生活通常具有不一样的逻辑结构，仪式逻辑更具有不符合技术常理的"非理性"特点，即仪式行为没有实际功能或意义不大。比如日常生活中人们会用实用技术从事生产活动，相对于农耕、制陶、冶铸等与生计相关的实用技术，带有超自然色彩的巫术等似乎并没有多大的实用价值，占卜、丧葬、祭祖等仪式的投入似乎是一种"不理性"的行为③。

据此，可以推测某些不符合理性逻辑，或不具有实用价值的考古遗存可能为仪式遗存④。卜工提出在一般的新石器时代村落中，房址和作为窖穴或垃圾坑的灰坑比例约在 1：1.5 至 1：3 左右，当两者数量比例超过 1：10 时，就超出了普通生活所需房址和灰坑的正常比例，应该分析这些灰坑的内涵，从中甄别出祭祀坑⑤。再比如，1958 年在河南安阳白家坟东北地 VD 区发现了一堆牛角，共四十余只，均较完整，最大的长达 40 厘米，小的亦有20 余厘米，无一定的放置次序，发掘者认为"这么多牛角集放在一起是少见

---

① （汉）郑玄注，（唐）贾公彦疏：《周礼注疏》，上海古籍出版社，2010 年，第 679 页。

② 中国社会科学院考古研究所：《安阳大司空——2004 年发掘报告》，文物出版社，2014 年，第 18 页。

③ Richard Bradley. 2005. *Ritual and Domestic Life in Prehistoric Europe*. Routledge, Abingdon. pp. 3-40.

④ William H Walker. 2001. Ritual Technology in an Extranatural World. In *Archaeological Perspectives on Technology*, edited by Michael B, Schiffer. University of New Mexico Press, Alburquerque. pp. 87-106.

⑤ 卜工：《牛河梁祭祀遗址及其相关问题》，《辽海文物学刊》1987 年第 2 期。

的",故推测这些牛角可能与祭祀活动有关①。

上述两种方法为我们甄别考古仪式遗存提供了理论依据,在具体的实际工作中,笔者认为两种方法相辅相成,必须同时兼顾,这样甄别出来的仪式考古遗存才最为可靠。如果同时考虑以上两个方面,可以甄别出一些与仪式相关的考古遗存,目前常见的商代晚期仪式相关的遗存主要有以下几种。

一是卜骨、卜甲等。占卜是指对未来事情的预测,以及对隐藏的超自然和神奇现象的发现,用来处理内心的不确定性,对人类经验提供有序的理解,并不是一种技术生产行为;而且占卜仪式会使用专门的物品,所用材质呈现出由多元化向单一化的趋势,由开始的猪、羊和牛等动物的肩胛骨和龟的腹甲,发展为商代晚期的牛肩胛骨和龟腹甲②。因此,考古发现的具有攻治、钻凿灼等痕迹的甲骨,无疑是占卜仪式遗存。

二是墓葬。墓葬是人死后埋葬的专门场所,可以体现生者对死者举行葬仪的过程。这一时期的葬仪研究不但有可资利用的历史文献和出土文献,而且从商代晚期殷墟遗址的情况来看,商人已经使用了专供特定社会阶层使用的王族、家族墓地,等级鲜明的墓地选址、葬具、随葬品制度等都进一步反映了当时埋葬仪式的各方面信息。

三是非正常埋葬的人骨。除了墓葬,在商代的灰坑、房址、文化层等单位中,还发现了许多非正常埋葬的人骨,这些遗迹单位的边圹通常不甚清晰,不见或者少有随葬品,且人骨埋葬姿势古怪,部分人骨发现有被捆绑或者被施暴等痕迹,这些遗存显然不是埋葬仪式的遗存,很可能与其他一些仪式有关。比如郑州商城 C5. 1H171 内发现有一个完整的人头骨、两具较为完整的人骨架,其中一具人骨双手背后交叉似捆缚状,一根手指和两足趾似被斩掉无存,另一人骨架两腿交叉呈捆缚状,两手骨不见,这一遗迹现象与人正常死亡后埋入的墓葬不同③,但是否为祭祀仪式遗存还有待讨论。

① 中国社会科学院考古研究所:《殷墟发掘报告(1958—1961)》,文物出版社,1987 年,第 115 页。

② Rowan K. Flad, and Pochan Chen. 2013. *Ancient Central China: Centers and Peripheries Along the Yangzi River*. Cambridge University Press, New York. pp. 222 – 223.

③ 河南省文物考古研究所:《郑州商城》,文物出版社,2001 年,第 484 页。

四是对动物、器物等进行有意识的处理或瘗埋的遗存。在考古发掘中经常会发现一些特殊灰坑，这类灰坑虽然也出土了一些器物、动物骨骼等，但是与日常生活所用的窖穴有所不同。窖穴坑四壁通常经过整治，为了方便上下，可能会有相关的脚窝等加工遗迹，内部的堆积物种类多样、摆放杂乱。而这类特殊灰坑的加工远不及窖穴这般精细，坑内的堆积物更为单一，比如安阳大司空村 F6 夯土下的 H317，坑内填土不分层，为较纯净的红褐色夯土，夯土下有 1 具完整的牛骨架，与 H317 的形制大小相合①，牛骨与灰坑大小的基本吻合说明该坑可能是专门为埋葬牛骨所挖，可能为某种仪式遗存。

五是非生活遗存中的用火、用石等特殊遗迹。考古发掘中经常会发现非生活遗存的用火、用石等特殊遗迹。在江苏铜山丘湾遗址曾发现"有四块大石紧靠在一起，这四块大石都是未经人工制作的自然石块，形状不规则，竖立在土中，中心点一块，南北西又各一块……在葬地内共清理出人骨 20 具，人头骨 2 个，狗骨 12 具。根据人骨、狗骨的分布以及对人骨头部的方向观察，当时的埋葬都是以四块大石为中心，人骨和狗骨从四面围绕着它"②，《淮南子·齐俗训》记载"殷人之礼，其社用石"，又有《周礼·春官·小宗伯》郑玄注"社之主盖用石为之"③，据此可以推测这里可能是一处商代的"社祭"遗存④。文献资料中也有关于仪式中用火的记载，如《尔雅·释天》："祭天曰燔柴，祭地曰瘗埋。"因此，非生活遗存中的用火、用石等特殊遗迹很有可能与仪式有关。

除此之外，古人认为某些神山以其高度比平地更接近于上天，是巫觋登天通神的必由之路，因此会在山顶等地举行仪式活动⑤，如《礼记·曲礼下》载："天子祭天地，祭四方，祭山川，祭五祀，岁遍。诸侯方祀，祭山川，祭五祀，岁遍。大夫祭五祀，岁编。士祭其先。"因此，在山顶、河流旁等特殊位置发现的遗存，也极有可能与某种仪式有关。

---

① 中国社会科学院考古研究所：《安阳大司空——2004 年发掘报告》，文物出版社，2014 年，第 97 - 98 页。
② 南京博物院：《江苏铜山丘湾古遗址的发掘》，《考古》1973 年第 2 期。
③ （汉）郑玄注，（唐）贾公彦疏：《周礼注疏》，上海古籍出版社，2010 年，第 707 页。
④ 王宇信、陈绍棣：《关于江苏铜山丘湾商代祭祀遗址》，《文物》1973 年第 12 期。
⑤ 高广仁：《海岱区史前祭祀遗迹的考察》，《海岱区先秦考古论集》，科学出版社，2000 年，第 304 - 313 页。

2. 聚落考古方法与 GIS 技术

其实学者很早就对商代晚期祭祀仪式遗存的出土情境给予了关注，石璋如曾回忆，"大约是民国六十五年，有一位雷焕章神父，写信来问我，除了殷墟建筑遗存上所附甲骨出土坑位图外，是否另有其他的坑位图。稍后又写信给当时的所长屈万里，追问同样的事情……后来严一萍常常来函以某片甲骨出自某坑相询问，乃至研究甲骨的学者们，如此重视甲骨出土的坑位"，究其原因，石璋如认为大家不仅想明晰甲骨出土的坑位，也希望探究甲骨与其他现象的关系①。之后聚落考古的理论和方法逐渐产生和完善，它是运用考古材料来研究社会关系的考古学分支，聚落形态则是人类活动和社会组织在地面上的分布方式，是社会、政治和宗教结构的反映②，可以为本书空间位置分析提供有效的指导。

在分析空间位置和空间关系时，本书运用的技术主要是地理信息系统（GIS）。地理信息系统在考古学中应用已久，是空间分析的拓展工具③。本书首先在 ArcGIS 对殷墟所在的地图进行配准，然后将出土的祭祀仪式遗存单位标注为一个点（point），最后再对所有的遗迹点进行点密集度（point density）等空间信息分析。这里需要指出，本书在界定遗迹点时，以尽可能细致的原则，如遇到遗迹面积巨大，而遗迹内部遗存边界清楚、彼此之间具有一定的距离时，便以具体的仪式遗存为标记点，如 2004 年大司空村发掘的 D 区 T0708F45，面积近 300 平方米，发现 14 处仪式遗存，且彼此分散，因此以每一处遗存为标记点。

三、相关问题的说明

1. 本书的研究对象

如上所述，绝大多数学者认为仪式是一种模糊组合或多义概念④，很难

---

① 石璋如：《小屯（第一本）·遗址的发现与发掘·丁编·甲骨坑层之一·一次至九次出土甲骨》，"中研院"历史语言研究所，1985 年，第 3 页。

② 陈淳：《安阳小屯考古研究的回顾与反思——纪念殷墟发掘八十周年》，《文史哲》2008 年第 3 期。

③ 惠夕平：《地理信息系统支持下的鲁东南沿海地区史前至汉代聚落考古研究》，山东大学博士学位论文，2011 年。

④ Jan A. M. Sneok. 2006. Defining, Rituals. *Theorizing Rituals, Issues, Topics, Approaches, Concepts, edited by Jens Kreinath, Jan Snoek and Michael Stausberg*. Leiden/ Boston：Brill. pp. 3 – 14.

绪
论

给出一个具体的、放之四海而皆准的定义，并认为每种仪式的产生和使用都有其独特的历史背景，因此需要放在特定的社会、历史和物质情境之下去研究，而普遍性的定义无法做到这一点。每个学者在研究仪式时，都应给出适应自己研究情境的仪式定义①。

本书研究的祭祀仪式遗存，主要是指商代晚期除墓葬和占卜之外的所有祭祀仪式遗存，包括非正常埋葬的人骨，对动物、器物等有意识地处理或瘗埋的遗存，以及非生活遗存中的用火、用石等特殊遗迹。

丧葬仪式、占卜仪式等也是商代晚期非常重要的仪式，但是由于墓葬和占卜材料十分丰富，非本书所能涵盖，且两者的各方面研究也已较为成熟，因此，墓葬内出土的遗存以及与占卜相关的遗存本书暂不考虑。但是不得不指出，有些长方形土坑竖穴墓并非单纯的墓葬，比如丁组基址 89AXT1F1 房基南侧发现的 8 座"墓葬"，形制为长方形竖穴土坑，内有人骨和骨镞、海贝等器物，虽形制、随葬品等和普通墓葬十分相似，但是这些"墓葬"开口却位于房基夯土中，说明这些"墓主"显然不应是在基址的建造过程中恰巧死亡的，而应是用作某种仪式，故在本书讨论范畴之内。此外，对于在发掘过程中发现的非正常埋葬的人骨，发掘者为了方便记录，通常都会给以墓葬的编号，所以报告中部分被视为墓葬的遗存，实际上并不是墓葬，应为仪式遗存，属于本书讨论的范畴。笔者为了方便叙述，在材料描述时也遵循原报告中的称呼和编号称之。

2. **本书所讨论的材料时间范畴**

本书所讨论的时间范畴主要是商代晚期，对应的商王王系为武丁至帝辛时期，对应的考古学文化为殷墟文化。早在上世纪五十年代，学者们就开始讨论殷墟文化的分期和年代问题。邹衡把安阳小屯的商文化划分为早中晚三期②。安阳发掘队将其分为三个不同的发展阶段，即梅园庄一期、大司空村一期和殷代晚期，随后，又在大司空村新出材料的基础上分为"大司空村一

---

① Nawa Sugiyama. 2014. Animals and Sacred Mountains-How Ritualized Performances Materialized State-ideologies at Teotihuacan, Mexico. PhD Dissertation of Harvard University. p. 12.

② 邹衡：《试论殷墟文化分期》，《北京大学学报（人文科学）》1964 年第 5 期。

期"和"大司空村二期"两期①，并最终将殷墟文化分为四期，第一、二期通称早期，第三、四期为晚期，基本上代表了殷墟文化的发展序列。几乎同时，邹衡又将殷墟文化分为四期七组，并结合甲骨文的成果对各期的详细阶段进行了推定②。尽管安阳队的"四期说"和邹衡先生的"四期七段说"不能一一对应，但二者在文化特征演变的论述上并无根本矛盾。郑振香基本赞成"四期说"，但在第一期和第二期中再分别分出偏早、偏晚两个阶段，并将考古学四期文化与文献记载的商王相对应，认为第一期早段年代大体相当于盘庚迁殷至小辛、小乙时代，第一期晚段约相当于武丁早期；第二期相当于武丁晚期、祖庚、祖甲时代；第三期约为廪辛至文丁时代；第四期相当于帝乙、帝辛时代③。她的这一分期使原有的分期体系更加细致化和体系化，已为学界所接受④。

尽管部分祭祀仪式遗存可以根据遗迹本身开口层位或是与周边遗迹的叠压打破关系等判断其年代，也可以根据仪式遗迹中出土的陶器等器物来判断——比如，殷墟遗址大司空村 C 区 F19、F24 为殷墟四期，H138、H384、H357、H331、H431 等为殷墟一期。但是，绝大多数的仪式遗迹由于发掘时间较早，报告中的信息十分有限，且由于出土遗物较少，可利用的分期器物则少之又少，无法作进一步的断代细分。况且，仪式行为属于精神文化的信仰范畴，具有相当程度的稳定性，如不涉及改朝换代之类的政治变革，一般不会发生剧烈的变化。也就是说，仪式行为的变化绝不及陶器等遗物那样迅速，不适宜做细致的期段划分，因此，本书对商代晚期的祭祀仪式遗存不作时间上的细分。

---

① 中国科学院考古研究所安阳发掘队：《1958—1959 年殷墟发掘简报》，《考古》1961 年第 2 期。

② 邹衡：《试论殷墟文化分期》，《北京大学学报（人文科学）》1964 年第 4 期。

③ a. 郑振香：《论殷墟文化分期及其相关问题》，《中国考古学研究——夏鼐先生考古五十年纪念论文集》，文物出版社，1986 年，第 116 - 127 页；

b. 中国社会科学院考古研究所：《殷墟的发现与研究》，科学出版社，1994 年，第 37 - 39 页。

④ 范毓周：《关于殷墟文化考古分期的几个问题》，《中原文物》2010 年第 4 期。

第一章　考古发现

一、殷墟遗址

殷墟遗址内基本均有祭祀仪式遗存分布，包括宫殿宗庙区、王陵区、小屯北地、小屯西地、小屯西北地、小屯南地、后岗、苗圃北地、大司空村、张家坟、白家坟东地、王裕口南地、孝民屯、刘家庄、四磨盘、薛家庄南、东八里庄、梅园庄、花园庄、北园庄、殷墟西区、新安庄西地等。本书将按所出遗址逐一介绍。

1. 宫殿宗庙区

20 世纪初"中研院"历史语言研究所主持发掘时，在小屯村东北地一带共发现建筑基址 53 处，经整理之后归并为甲、乙、丙三组基址群，如图 1 - 1 所示。甲组基址有 15 座，南北长 100、东西宽 90 米；乙组有 21 座，南北长 200、东西宽 100 米；丙组有 17 座，南北长 50、东西宽 35 米。1949 年后，中国社会科学院考古研究所安阳工作队对部分甲组基址进行了再发掘，并在小屯村东面的台地上发现了一处大型建筑群，从其位置和规模来看可能是乙组基址向南的延伸，但两者间具有一定距离，且中间区域尚未开展考古工作，缺乏进一步的了解，故暂编为丁组基址①。在甲、乙、丙和丁四组基址均发现有仪式遗存。

（1）甲组基址

甲一基址东南约 30 米处发现一座长方形竖穴土坑，南北长约 4、东西宽

---

① 　a. 石璋如：《小屯（第一本）·遗址的发现与发掘·乙编·殷墟建筑遗存》，"中研院"历史语言研究所，1959 年。
　　b. 石璋如：《小屯（第一本）·遗址的发现与发掘·丙编·殷墟墓葬之一·北组墓葬》，"中研院"历史语言研究所，1979 年；石璋如：《小屯（第一本）·遗址的发现与发掘·乙编·殷墟建筑遗存》，"中研院"历史语言研究所，1959 年。

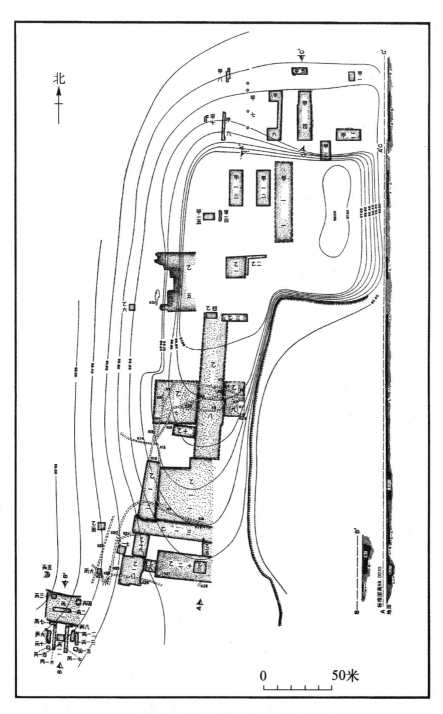

图1-1 抗战前发掘的殷墟宫殿宗庙区基址分布图

约 2.5、深约 2.2 米，坑内填土为夯土，坑底部满铺动物骨骼[①]。

甲十一基址平面呈长方形，南北长 46.7、东西宽 10.7 米。在夯土中发现人头骨 1 个。

甲十二基址平面呈长方形，南北长 20.5、东西宽 8.7 米。先后于 1933 年和 1987 年进行了两次发掘，第一次发掘时并未发现相关仪式遗存[②]，第二次发掘时发现 2 处。

第二次发掘时确定 12 号柱基当是东北角的墙柱柱基，其近底部处发现人头盖骨 1 个，仅保存鼻骨以上部分，并在 17 号柱基之南的夯土中发现人头骨 1 个[③]。第一次发掘时并没有对夯土基址进行进一步清理，因此第二次发掘的这两处遗存应当没有受到扰动，发掘资料可信。

（2）乙组基址

乙组基址的情况最为复杂，不但遗迹本身十分复杂，而且因为战争的影响发掘资料辗转多人之手，许多重要信息已无从考证。因此，本书仅对层位关系等信息较为明确的仪式遗存展开讨论。

乙三基址东部第 1 和第 4 排柱础石之间的夯土下发现了 7：H27，平面呈长方形，内有猪骨 1 具。

乙五基址平面呈凹形，南北总宽约 33、北部东西长 25、南部东西长 21.5 米。3：M14 位于夯土 B 正中的夯土中，是一座长方形土坑竖穴墓，内有人头骨 9 个。M41 位于夯土 B 南部之下，内有人骨 1 具、青铜觚 1 件、青铜爵 1 件。在夯土 A 东南部的夯土中还发现有人头骨 1 个。在基址附近，发现 M41：9、M66：1、3：M14：1、M33：1 和 M57：3 五座墓葬，其中 M66：1 出有铜盖，3：M14：1 出铜觚爵。

乙七基址平面近方形，东西长 26－28、南北宽 25.6 米。夯土下有 3 处

---

① 中国社会科学院考古研究所安阳工作队：《2004—2005 年殷墟小屯宫殿宗庙区的勘探和发掘》，《考古学报》2009 年第 2 期。

② 石璋如：《小屯（第一本）·遗址的发现与发掘·乙编·殷墟建筑遗存》，"中研院"历史语言研究所，1959 年，第 50－53 页。

③ a. 中国社会科学院考古研究所安阳队：《1987 年安阳小屯村东北地的发掘》，《考古》1989 年第 10 期。

　b. 中国社会科学院考古研究所：《安阳殷墟小屯建筑遗存》，文物出版社，2010 年，第 114－119 页。

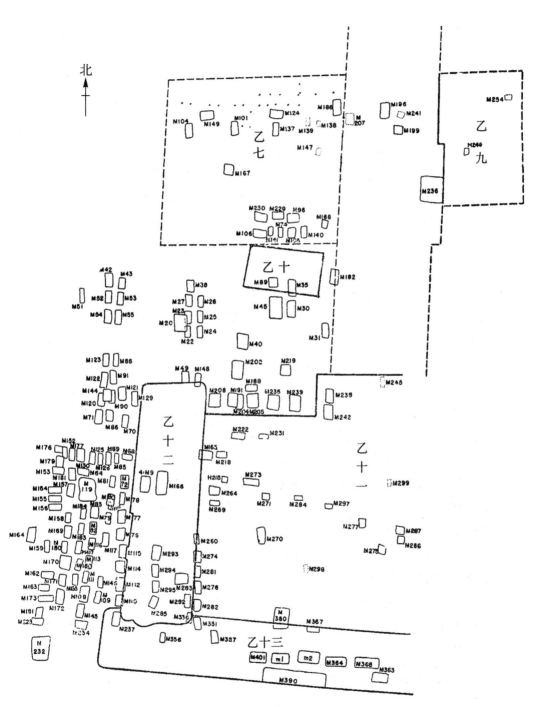

图 1-2　乙组基址仪式遗存分布图

相关遗存：M138 和 M139 位于东北部夯土下，M147 位于东南部夯土下，均埋有狗骨 1 具。东南部夯土中有 9 处相关遗存：M168 内有人骨 1 具；M96 内有牛骨 2 具；M106 内有狗骨 11 具；M229 内有羊骨 2 具、狗骨 1 具；M230 内有牛骨 5 具；M94 内有狗骨 3 具；M105 内有羊骨 3 具、狗骨 3 具；M140 内有牛骨 2 具；M141 内有羊骨 1 具、狗骨 2 具。

在乙七基址门附近，发现 7 处遗存。M149：2 位于门内西侧，埋有大贝、头簪等；M124：3 位于门内东侧，埋有贝和狗骨 2 具；M186：9 位于基址东侧，内埋刀和棍；M101：1 位于门南侧，内有铜戈 1 件；M104：1 位于门西侧；M137：1 位于门东侧，内有铜戈 1 件；M167：1 位于门正南方，内埋戈、盾等物。

乙七基址以南的区域发现有 127 处遗存，可分为北、中、南三组，如图 1-3 所示。南组只有一个规模较大的 M232，南北长约 3.4、东西宽约 2.4 米，发掘者称"从此墓出土的铜礼器等考察，此墓应属殷墟第一期偏早阶段，其年代早于乙七、乙十一、乙十二等基址，应是这些房子建成前埋葬的，从它的内涵看，墓主可能是殷王室成员或贵族"[①]，由此看其性质应为墓葬，故不在本书讨论范围之内。北组区域的范围为东西长 37、南北宽 23 米，发现仪式遗存 47 处，其中包括 5 座车坑。中组区域共有 79 处遗存，共埋有人牲 378 具，部分人牲身上发现铺洒朱砂、断头等痕迹[②]。

乙八基址平面呈不规则形。在后檐墙基下发现 M207 和 M182，分别埋有狗骨 5 具、羊骨 9 具。在房前台阶旁的夯土下发现 M241，内有狗骨 3 具。在房前台阶前的夯土下发现 M236，由于被扰动未发现遗物。此外，在门附近发现 M196 和 M199，但报告中并未提到两墓的出土物。

乙九基址平面近方形，南北长约 20、东西宽 12-13 米。在夯土下发现 M246 和 M254，均埋有狗骨 1 具。

乙十基址平面呈梯形，南北宽 6.5-7.5 米。夯土中有 3 处相关遗存：M35 内有人骨 10 具；M182 内有羊骨 9 具；M67 由于被扰动未发现遗物。位

---

① 中国社会科学院考古研究所：《殷墟的发现与研究》，科学出版社，2001 年，第 62 页。
② 邹衡：《试论殷墟文化分期》，《夏商周考古学论文集》，文物出版社，1980 年，第 31-92 页。

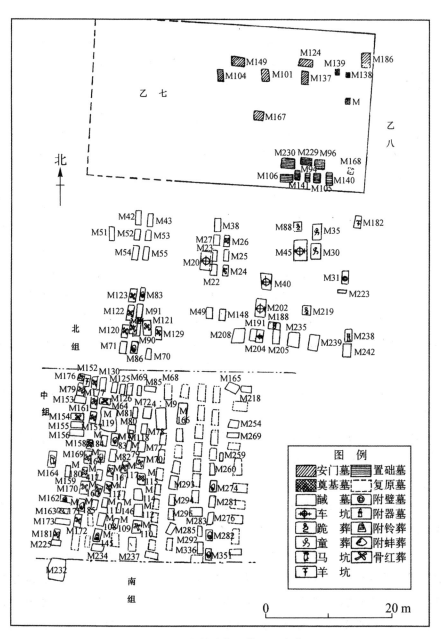

图1-3 乙七基址祭祀坑平面分布图

于夯土下的 M89 内有人骨 1 具。

乙十一基址平面呈不规则形。M231 位于夯土 A 之下，内有人骨 2 具；M245 位于 H2 前，推测可能位于门道附近，内有儿童骨骼 1 具，头朝北；M271 和 M284 位于夯土 C 中，内均有人骨 1 具；M298 位于夯土之下，内有儿童骨骼 1 具；M299 位于夯土 G 之下，内有儿童骨骼 1 具。此外，石璋如先生认为 M273、M218、M270、M222、M275、M277、M286、M287、M297 为基址的安门墓，但出土物等报告中并未提及。

乙十二基址平面呈长方形，中部发现一座长方形竖穴土坑，南北长约 5、东西宽约 3、深约 2 米，底部平坦，坑底部有大量动物骨骼，骨骼下铺有朱砂①。

乙十三基址平面呈长方形，东西长约 47.5、南北宽约 9 米。夯土之下有 7 处相关遗存：M356 内有儿童骨骼 1 具；M363 内有羊骨 17 具；M364 内有狗骨 18 具、羊骨 10 具；M368 内有狗骨 10 具、羊骨 10 具；M380 内有狗骨 20 具、羊骨 31 具；M401 内有狗骨 10 具、羊骨 10 具；M367 内有人骨 1 具。m1 和 m2 均夹在夯土中，均有狗骨 10 具、羊骨 10 具。M390 位于柱础 4、5、6、7、8 之下，内有牛骨 30 具、羊骨 3 具。

乙十六基址平面呈长方形，东西宽 10 米。在西檐柱下发现 M255，内有狗骨 1 具、羊骨 3 具。

乙十七基址没有夯土台基，地坪系用白灰抹成，平面呈方形，东西长约 5、南北宽约 4.5 米。在房基西南部的白灰面下发现一座瓮棺墓 M262，具体信息不详。

乙十九基址平面呈长方形，南北长 7、东西宽 6.55 米。在夯土层中夹有 M348，内有狗骨 1 具，侧卧，头南背东。

乙二十基址平面呈长方形，东西长约 31、西端宽 15.5、东端宽 14.5 米。相关遗存均位于台阶附近。M389 内有人骨 1 具，呈跪状，左手似持有物，右手放在右腿的脚趾上。M414 内有人骨 1 具，似面北跪坐，还发现有石戈 1 件、狗骨 1 具、贝 144 枚。M335 内有人骨 1 具，似面南跪坐，还发现

① 中国社会科学院考古研究所安阳工作队：《2004—2005 年殷墟小屯宫殿宗庙区的勘探和发掘》，《考古学报》2009 年第 2 期。

有石戚 1 件、石刀 1 件、贝 139 枚。M411 内有人骨和狗骨各 1 具，人骨在西，似面南跪坐，狗骨在东。

乙二十一基址的西面础石之下有 M415，内有狗骨 1 具①。

（3）丙组基址

丙组基址共有十七个小基址，与甲、乙基址不同，并不是所有基址都发现有相关仪式遗存，丙组基址还发现有若干柴灰坑及烧牛骨。北部的 M331、M362、M333 和 M388 四座中型墓应是墓葬，不属于本书的讨论范畴。

丙一基址是丙组基址中面积最大的基址，南北宽约 17、东西长 20 米。在东南部夯土中发现 M349，内埋有儿童骨骼 1 具，周围有席痕，推测人骨用席子卷裹。

丙二基址东西长 10.2、南北宽 1.7 米，周围分布着许多"柴灰坑"，形状规整，坑内填满黑灰土及炭烬，部分柴灰坑内发现有骨炭。H313 和 H314 内有柴灰和羊骨。H316 内有柴灰、羊头和灰陶片。H317 内有黑灰土和陶片。H324 内有黑灰土和喇叭筒陶器。H343 内有黑柴灰。H405 内有柴灰和羊头。M338 内有羊骨 7 具、犬骨 3 具和陶盆 1 件。M339 内有羊骨 3 具。M354、M361 和 M375 内各有人骨 3 具，均被砍头。M358 和 M365 内各有人骨 3 具。M366 内有人骨 20 具，均被砍头。M. A. 内发现有烧牛骨。M. B. 内发现有黑灰土和烧牛角。还有部分灰坑内仅发现了黑柴灰，比如 H343、H. T.、H. U. 和 H. V.。石璋如先生认为，这些柴灰坑内的黑土如此之黑，烧火的原料应该不止柴木一种。此外，在南面夯土中出土白璧和苍璧各 1 件，相距 1.8 米，孔中均满布绿松石，孔周呈朱红色，可能使用了朱砂。

丙五基址平面近方形，南北宽约 3.2、东西约 3 米。南面有 M408 和 M409，内有人骨各 1 具。

丙六基址平面呈长方形，南北 3.5、东西 2.8 米。夯土下有 M328，内有人骨 9 具，均俯身。

---

① 石璋如：《小屯（第一本）·遗址的发现与发掘·乙编·殷墟建筑遗存》，"中研院"历史语言研究所，1959 年，第 59－164 页。

丙七基址平面呈长方形，东西长 4.8、南北宽 1.8 米。在正南边发现 M400、M394 和 M397，内均有人骨 1 具。M406 内有人骨 2 具。

丙八基址平面呈长方形，东西长约 4.8、南北宽约 1.8 米。M391 内埋有狗骨 1 具。

丙九基址平面呈长方形，南北长约 8.8、宽 2 米。在基址下面发现 M396、M399 和 M403，内均有人骨 1 具。

丙十基址平面近长方形，南北长 6、东西宽 2 米。在基址下面发现 H425，内有人头骨 1 个。

丙十一基址平面呈长方形，东西长 5、南北宽 3.2 米。在基址下发现 M395，内出人骨 2 具。

丙十二基址呈长方形，南北长 7.5、东西宽 2.5 米。在基址下发现 M393，内出羊骨 5 具、狗骨 7 具。

丙十七呈片段状分布，南北长 15.5、东西宽 2.3 米。北部夯土下发现 M393，内有羊骨 5 具、狗骨 7 具。

此外，在丙一及丙五、丙六之间的区域发现了一些仪式遗存。M362 内有人骨 11 具。M376 内有人骨 4 具。M357 内有羊骨 42 具、狗骨 40 具。M383 内出土物不详。M382 内有羊骨和狗骨各 4 具。M377 内有狗骨 19 具。M410 内有羊骨 1 具。H355 内发现柴灰，以及羊骨、狗骨若干。M．C.内发现有烧牛骨。

（4）丁组基址

在丁组基址 89AXT1F1 房基南侧发现相关遗存 8 处，均为长方形竖穴土坑墓①，如图 1－4 所示。3 处位于房基三门西侧的夯土中：M3 内有人骨 3 具、骨镞 1 件、海贝 1 件、复原陶器 7 件；M2 内有人骨 3 具、骨镞 2 件、复原陶器 8 件；M21 内有人骨 4 具、复原陶器 9 件。M19 位于房基三门东侧的夯土中，内有人骨 3 具、复原陶器 6 件。M18 位于房基二门西侧的夯土中，

①　a. 中国社会科学院考古研究所安阳工作队：《河南安阳殷墟大型建筑基址的发掘》，《考古》2001 年第 5 期。

　　b. 中国社会科学院考古研究所：《安阳殷墟小屯建筑遗存》，文物出版社，2010 年，第 60－104 页。

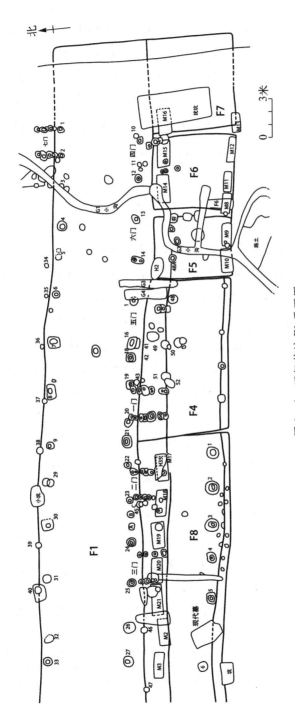

图 1-4 丁组基址 F1 平面图

内有人骨 3 具、骨镞 3 件、复原陶器 8 件。M14 位于房基四门西侧的夯土中，内有人骨 4 具、牛肋骨数根、复原陶器 3 件。M16 位于房基四门东侧的夯土中，内有人骨 3 具、复原陶器 8 件。M15 位于房基四门门道之间的夯土中，内有人骨 3 具、骨镞 2 件、复原陶器 8 件。值得注意的是，在 M15 内的人骨前发现的绿灰土堆积，夹有谷类碎壳，植物硅酸体分析结果显示为粟类作物。发掘者推测"这排祭祀坑据层位是在房基建成后，修建廊庑和门道之前埋入的"①。

在房基东南边发现 6 处长方形竖穴祭祀坑。M10 内有人骨 3 具、复原日用陶器 14 件、管銎斧 4 件、环首刀 3 件、磨石 2 件。M8 内有人骨 3 具、复原日用陶器 4 件，其中有 2 具人骨被砍头。M10 和 M8 内的陶器均被砸碎，陶片布满全坑，人骨被覆盖在陶片层之下。M11 坑内填夯土，坑底埋有人骨 1 具，头骨、肋骨均经夯打破碎，头骨位于人架脊椎前，可能为砍头所致。M12 坑内填黄褐色夯土，坑底埋有人骨 1 具，且出有复原陶器 2 件。M13 坑内埋人骨 1 具，头骨、肋骨均被夯打砸碎，左腿骨被砍断，断痕明显，头骨与颈椎骨不连接，似被砍头。这些坑中所出陶器具有晚期陶器的特点，说明这些牺牲应是在该建筑修建完成后举行某种仪式时埋入的。这些遗迹十分独特：一是所有人骨均被砍头，头骨放于坑内的其他地方；二是所有陶器均被砸碎。墓内陶片数量众多，目前能复原的陶器仅占很小一部分，发掘者认为"将陶器砸碎便于堆放和填土夯打，或许也有宗教迷信的意识"②。

2. 大司空村

1958—1960 年发掘时，发现 3 座埋有马或牛骨架的灰坑。其中，H415 和 H420 埋有马骨架 1 具，骨骼放置规整，H415 马骨的前肢骨之间发现铜镞 1 枚。这三座灰坑离南面的骨料坑距离十分近，可能是和制骨生产有关的祭祀活动③。

1971 年秋在大司空村棉纺织厂内发掘时，发现杀殉坑 71M14，内埋人头

---

① 中国社会科学院考古研究所：《安阳殷墟小屯建筑遗存》，文物出版社，2010 年，第 89 页。
② 中国社会科学院考古研究所：《安阳殷墟小屯建筑遗存》，文物出版社，2010 年，第 67 页。
③ 中国社会科学院考古研究所：《殷墟发掘报告 1958—1961》，文物出版社，1987 年，第 77 - 81 页。

骨 31 个、人躯身 26 具，头颅和躯身分离，说明是被砍后埋葬的。17 号头颅和身躯未完全分离，可能是当时没有被砍断的缘故。发掘者对其中的 5 个头骨进行了鉴定，均为男性，有 2 个为 4－5 岁、6－7 岁的小孩，其余 3 个均是 30 岁左右的青壮年。在坑北部被扰乱部分，还发现有少量的小孩肢骨[①]。

　　2004 年发掘时，在建筑的夯土层或垫土层中发现了很多瓮棺墓，由于多是在解剖夯土时发现的，推测夯土层中尚有更多的瓮棺墓。对于这些瓮棺墓的性质，发掘者认为"直接夹埋在建筑基址的垫土层中或夯土层中者，毫无疑问应是奠基墓"[②]。

　　F3 破坏严重，结构不清，其下发现儿童葬 M199，葬具为陶罐，骨骼全部腐朽成粉状，无法鉴定，但是由于陶罐为所谓的"人头罐"，体积较小，发掘者据此认为即使是刚出生的婴儿也很难葬入，因此可能不是婴儿骨骼。

　　F57 北墙槽内发现 M458 和 M459 两座瓮棺墓，均无墓圹，内为婴儿，骨骼已朽。在夯土中发现 M30，内有狗骨 1 具，如图 1－5 所示。

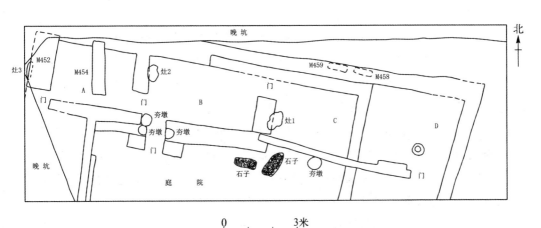

图 1－5　大司空村 F57 平面图

F45 房基垫土中共发现 14 座瓮棺墓，分别编号为 M343、M382、M383、

①　安阳市博物馆：《安阳大司空村殷代杀殉坑》，《考古》1978 年第 1 期。
②　中国社会科学院考古研究所：《安阳大司空—2004 年发掘报告》，文物出版社，2014 年，第 39 页。

M384、M386、M387、M388、M389、M390、M391、M398、M402、M404、M429。其中 M388、M389、M384、M390、M391、M398、M402 和 M429 出土于西配房的垫层中，按其东、南、西、北四个方向分别埋放，且呈规则的南北长方形排列。瓮棺内大多埋葬有婴儿，部分骨骼朽尽，无法进一步鉴定。

F20 夯土层中发现 M239、M265、M266、M268、M269、M270、M273 和 M289 等瓮棺墓。报告中仅提及 M269 的具体信息，葬具为泥质灰陶瓮，内埋儿童骨骼 1 具，骨骼腐朽严重，仅余部分头骨和肢骨，推测应为 1 周岁左右的婴儿，葬式较为常见，是打碎陶瓮后在底部铺一层大陶片，然后葬入婴孩，再在其上覆盖一层陶瓮残片。

F32 夯土层中发现瓮棺墓 M133。由于 F32 仅清理到夯土台基面就没再向下发掘，仅打数条解剖沟了解台基结构，而这座瓮棺墓恰好发现于解剖沟中，故推测 F32 的奠基墓应不止这一座。

F19 的解剖沟中发现 M134、M248 和 M249 三座瓮棺墓，其中 M248 和 M249 位于夯土层下。

F22 是四合院建筑的北殿，其夯土台的宽度为 C 区所有建筑中最宽，应为 C 区的中心建筑，显示出其地位之高。在房基的南、北护坡上，发现螺蛳壳、陶器、牛肢骨、卜骨以及卜甲等遗物，散落的螺蛳摆成特殊图案，在台阶的两侧常见形态较大的陶容器，如图 1-6 所示。

F34 与北殿 F22、西厢 F24 和南庑 F19 共同组成一个四合院建筑。在西部边缘处的夯土层中发现 8 座瓮棺墓，即 M135、M147、M148、M149、M152、M167、M227 和 M238，另外在 F34 东侧的垫土层中发现瓮棺墓 M201 和 M202。10 座瓮棺墓内均埋有婴儿骨骼，除 M149 中的婴儿骨骼腐朽之外，其余瓮棺墓中均保留有部分婴儿头骨和肢骨。从残留的骨骼判断，这些婴儿都不足周岁。F34 中北部的夯土层中还发现了 M204，内埋狗骨 1 具。

F23 是 F22 北侧院落的主体建筑。在解剖沟中发现 8 座瓮棺墓，即 M246、M245、M252、M242、M293、M234、M235 和 M240，在其南侧院落垫土层中发现瓮棺墓 M137 和 M138。其中，M235 和 M234 两墓均以泥质灰陶罐为葬具，墓内大部分骨骼已腐朽，仅余少量肢骨，判断应是不足周岁的婴儿。发掘者推测 F23 的奠基墓应远不止这些。

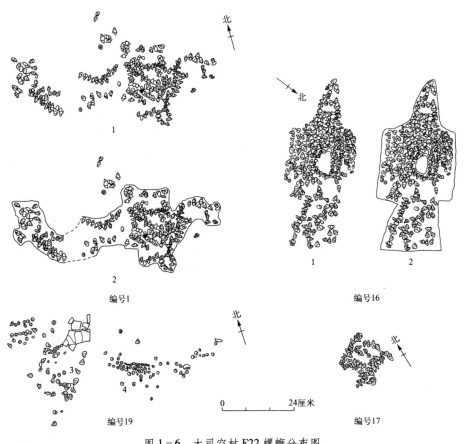

图 1-6　大司空村 F22 螺蛳分布图

1. 螺蛳图案　2. 螺蛳图案外轮廓　3. 卜骨　4. 蜗牛

　　F38 和 F40 已清理的房基平面呈曲尺形，东西向的台基北殿编号 F40，南北向的西配房编号 F38，上、下层夯土之间分别发现 M303 和 M400，F38 西侧的垫土层中发现瓮棺墓 M29。此外，在台基外围西侧护坡垫土层中出土 1 件袋足瓮，形制非常特殊。报告提到"M335、M342 两坑均位于 F38 夯土建筑的西侧，打破垫土层，时代为殷墟四期，推测与 F38 有关，可能是 F38 使用过程中进行祭祀活动的遗存"，但两坑中均出有绿色腐朽物，可能是植物类遗存，也可能是房屋使用中埋放粮食的遗存，暂且不归为祭祀仪式遗存。

F21 应是 C 区建筑群西配院的一座建筑。东侧院落垫土层中发现瓮棺墓 M109、M110 和 M115，内均埋有婴儿骨骼。

F35 夯土层中发现瓮棺墓 M156 和 M157，均沿着夯土台基的边缘埋葬，内出儿童骨骼各 1 具。

F36 夯土层中发现瓮棺墓 M290 和 M291，内出儿童骨骼各 1 具。

F1 具体形状不详。夯土层下发现瓮棺墓 M107，葬具为泥质灰陶瓮，葬式较为简单，仅用打碎的陶瓮残片覆盖儿童胸部以下部分。儿童年龄在 10 岁左右，性别无法判断。

H407 出人骨 5 具（编号 A - E）。A 号人骨俯身直肢，为女性；B 号人骨仰身直肢，头骨和右肱骨可能均被砍掉，为男性；C 号人骨双腿并拢，为男性；D 号人骨俯身直肢，身高和性别不明；E 号人骨是 5 具人骨中年龄最小的一个，埋放时右腿可能被砍掉。坑内还出有海贝 3 枚，可能为坑底人骨所佩饰物。人骨年龄从未成年到中年都有，性别有男有女，发掘者据此认为这 5 具人骨很可能属于同一个或两个家庭。

H431 出有 2 具儿童骨骼和 6 件卜骨。其中坑底南边中部的儿童残骨架，股骨及以下部分缺失，发掘者认为应是被砍去，可能是某种刑罚的遗存。

H310 在坑南部略居中的位置埋有 1 具人骨，俯身屈肢，右臂向上略扬，尺、桡骨底端压于颅骨下，左臂贴身放置作举手遮挡状，部分胫骨和脚骨缺失。骨架形态呈努力向上攀爬的姿势，说明死者可能是被砍去胫骨和脚骨后活埋在此。坑内填土不分层，笔者推测为一次性埋入。

H276 原为具有冷藏作用的窖穴，废弃后作为生活垃圾坑。坑内埋人骨 2 具和牛骨 1 具，这两具人骨均被砍杀致死，可能在封填坑口时举行了重要的仪式活动。

H280 坑内填土分四层，第三、四层各埋葬 1 具马骨，第三层出土的马骨前肢蜷曲呈跪卧状，后肢向后伸开呈侧躺姿势，两具马骨架虽不是很完整，但所保存的骨关节均连接紧密，发掘者推测这两具马架应是用于某种仪式活动。

H305 坑内填土不分层，内出人骨 2 具（编号 1、2 号）、卜骨 1 件，东部凹凳底为一平台，放有 1 件较完整的圜底罐。1 号人骨骨架不完整，只存有头骨、肱骨和部分脊椎骨；2 号人骨骨骼分三部分放置，无髋骨和脊椎部分。两具人骨都可能是被肢解过，应为非正常死亡。此外该坑还出有大量的陶片和兽骨，发掘者推测该坑在废弃时举行过多次仪式活动。

H317 坑内填土不分层，为较纯净的红褐色夯土，夯土下有 1 具完整牛骨，与坑的形制大小相合。

H416 中部近底处发现 1 具人骨，身体缩成一团，似盘腿而坐状。

H91 坑内填土共七层，第三层内出土部分猪骨，应为两个个体，其中有一完整猪头，无颈骨部分，但其右下有一对连接紧密的肱骨，与该骨头应为同一个个体，发掘者推测这可能是一种祭祀现象。

H128 出土人骨 1 具，仅有胸部以上骨骼，胸部以下部位缺失，骨骼残断处有明显的砍痕，故推测此人可能是被胸斩后埋入的，可能曾举行过简单的祭祀活动。

H278 坑内发现人骨 4 具（编号 A－D）。A 可能为成年男性，上半身和下半身脱离；B 为孩童，仰身姿势，缺部分肱骨、手掌骨和脚掌骨。发掘者认为这两具人骨有可能曾被截肢，或遭受过某种刑法，从姿态上看，小孩似乎被成人搂抱在怀内，但两者是何种关系尚不清楚，如图 1－7 所示。

H316 坑底东部的大半部区域铺有一层鸡蛋大小的鹅卵石，靠西边有一块夯土，坑底中间有一夯墩柱底。此坑建在 F50 房基中心部位，修造规整，发掘者推测此坑应有某种特殊的用途，很可能与某种祭祀活动有关。

H250 坑底有 1 具不完整且散乱的人骨，年龄及性别不详。

3. 后岗

1959 年，在高楼庄村北发掘时发现圆形祭祀坑 59AHGH10，坑内堆积共五层，其中有三层发现人骨，多达 63 具[①]。

① a. 郭沫若：《安阳圆坑墓中鼎铭考释》，《考古学报》1960 年第 1 期。

b. 中国科学院考古研究所安阳发掘队：《1958—1959 年殷墟发掘简报》，《考古》1961 年第 2 期。

c. 中国科学院考古研究所安阳发掘队：《1971 年安阳后岗发掘简报》，《考古》1972 年第 3 期。

d. 中国社会科学院考古研究所：《殷墟发掘报告 1958—1961》，文物出版社，1987 年，第 265－279 页。

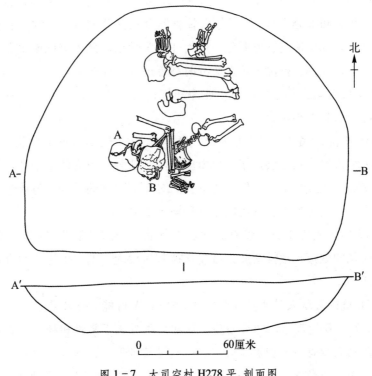

图 1-7　大司空村 H278 平、剖面图

第一层为深灰土，内含大量木炭块和木炭粒，还有被烧过的骨头和蚌壳等，说明此层曾经过火烧。在这层中发现人骨 25 具，其中全躯的 16 具、头骨 7 个、无头躯骨 2 具。最先发现的一具人骨被埋在坑的东侧，其余人骨多集中在坑西北和东南，头骨多位于坑东南部。可鉴定年龄性别的人骨中，青年男性 6 人，壮年男性 3 人，儿童 4 人。在第 15 号人骨的下颌处有明显的刀砍痕迹，多数人骨上铺有朱砂。与人骨同出的还有铜鼎、铜卣、铜爵、铜刀、铜镞以及不知用途的铜器各 1 件，铜戈 2 件，此外，还有贝、谷物、丝麻制品等遗物。

第二层为灰黄土，内杂少量炭粒及红烧土粒，堆积又可细分为三小层。上层为陶片层，碎陶片口底相叠，已复原成 31 件器皿，部分陶罐腹底粘有很多谷物，似是粟粒，说明这些陶器在打碎埋入时是装有谷物的，其他陶器也很有可能装有实物。笔者认为陶器首先有意摆放在坑内，然后被压碎或有意打碎。在部分陶器的表面还涂有朱砂。中层为一层小卵石。下层为人骨层，共有29具人骨，其中全躯的19具、头骨9个、无头躯骨1具。经鉴定，有青年男性8人、儿童5人。头颅多集中在坑的东南边，排列成半圆形，头顶也多朝向东方和南方，与第一层人架相同，说明这一朝向可能是有意识安排的。在人骨上发现有朱砂痕迹。有2具人架南北相对，两臂下垂，两足贴近盆骨，放置规整，似是经捆缚。与人骨同出的遗物还有少量装饰品和一些贝。

第三层为红褐土，土质稍硬，发现人骨架19具，其中全躯者2具、无小腿骨或足骨者5具、人头10个、上颚骨1个、残腿骨1根。经鉴定，有成年男性2人、未成年男性3人、儿童4人、婴儿2人。与人骨同出的遗物仅有少量装饰品和海贝。

发掘者认为这些人牲应全是奴隶①，郭沫若认为圆坑中央侧身屈肢的一具人骨可能是鼎铭中的"戍嗣子"，赵佩馨则认为他们应该是铜鼎所有者"戍嗣子"所统率的一队戍卒。第一、第二两层54具人骨中，头部插有骨笄者8具，有贝饰和随贝者7具，有玉饰者2具，有2具人骨兼有贝、玉。部分饰品制作考究，第一层16号人架左尺骨上的一串最为精美，由45枚海贝串合而成，并缀有铜泡、铜铃等。这些饰品多出土于人牲的腰部、胸部、手臂或手腕等处，显然为装饰品，说明这些人牲生前的地位并不低。

4. 王陵区

殷墟侯家庄西北冈、武官村北地为晚商王陵所在地，经考古钻探和发掘发现祭祀坑2 200余座②，如图1-8所示。

1934年秋到1935年秋，在西北冈发掘小墓1 221座，大部分为祭祀坑，主要分布在王陵区东区大墓的西、南和西南部，集中在M1400大墓以西地区，西区大墓附近也有少量分布③。根据坑口的大小、方向、深度、埋葬内

① 中国科学院考古研究所安阳发掘队：《1958—1959年殷墟发掘简报》，《考古》1961年第2期。

② 井中伟、王立新：《夏商周考古学》，科学出版社，2013年，第158页。

③ 高去寻：《安阳殷代皇室墓地》，《考古人类学刊》第13、14期，1959年。

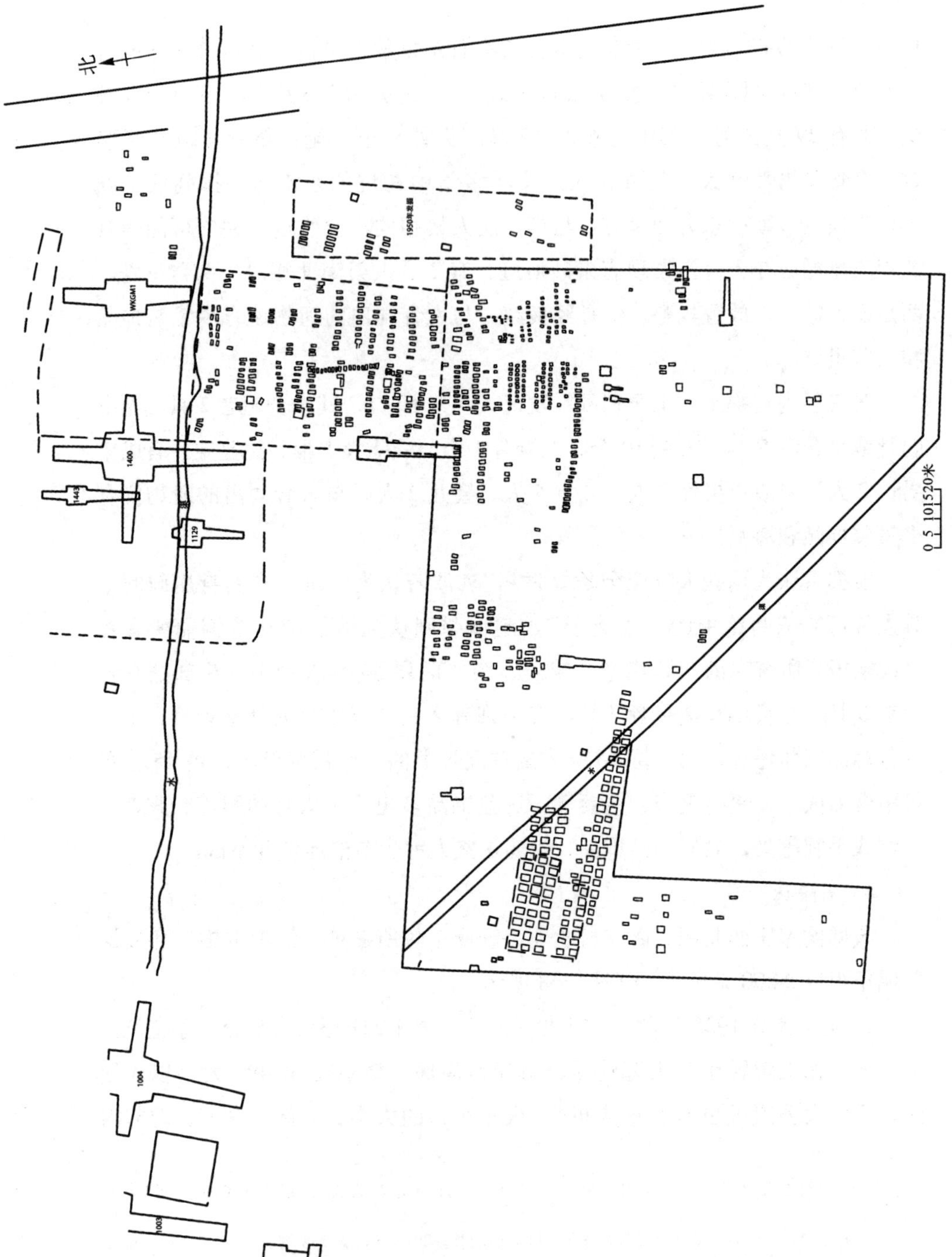

图 1-8 王陵区祭祀坑分布图

容、骨架姿势和数量等，这些密集排列的坑可成不同的组，每组坑的数目从一个到几十个不等，这些祭祀坑连成一片，形成一个庞大的祭祀场①。据高去寻先生描述，"这片墓地的东面还有大部分地方没有经过发掘，我们所掘过的地方仅约相当它的四分之一的东北角地带"，因此，推测可能还有尚未发现的祭祀坑，祭祀场总面积应在十万平方米以上②。

1950年，在武官大墓以南发现了20多个祭祀坑，主要有排葬坑和乱葬坑两种类型。其中排葬坑17座，共出人骨152具，除PI₁骨架凌乱，不能比较外，其余16座的人骨均有身无首。这些排葬坑呈4排分布，均东西成列，排列整齐，各坑在坑口大小、坑深、方向、排列位置、坑间间距等方面均相若。在排葬坑的南边，还有9座排列无序的乱葬坑，彼此间间距不等，这些坑的坑口大小、坑深、埋葬人数等均有所不同，与排葬坑迥异。发掘者据此推测所有排葬坑应是同时有计划地埋葬的，而乱葬坑则可能是多次埋葬的结果。由于武官大墓上层的人骨有首无身，而排葬坑的人骨有身无首，发掘者认为两者存在一定的联系，并进一步推测排葬坑和乱葬坑可能是殉葬与追祭之分的结果，殉葬是与下葬仪式同时举行的，而追祭是在下葬后举行的，由于后祭者不一定能照顾到之前杀祭坑的位置，因此排列比较错乱③。

1958—1959年，在武官村北七百米、武官大墓南约百米处，发现排成一行的祭祀坑10座，共出无头人骨55具。各坑人骨的数目不尽相同，以5具最为普遍，此外还有1具、6具、9具不等。部分经鉴定的人骨均系青年男性。在排葬坑南约5米处，还探出类似的葬坑四排④。

1976年在武官大墓南部探出祭祀坑250座，发掘了191座，排列整齐，大部分坑呈南北向，少数呈东西向，坑内多埋有被砍头的人骨，少数埋有全躯人骨，或猪、马等动物骨骼⑤，如图1-9所示。发掘者根据各坑的坑口大小、方向、坑深、坑间距离、骨架埋葬姿势等，将这191座祭祀坑分为22

①　井中伟、王立新：《夏商周考古学》，科学出版社，2013年，第158页。
②　高去寻：《刀斧葬中的铜刀》，《"中研院"历史语言研究所集刊》（第37本上册），1967年。
③　郭宝钧：《一九五〇年春殷墟发掘报告》，《中国考古学报》第五册，1951年，第1-62页。
④　中国科学院考古研究所安阳发掘队：《1958—1959年殷墟发掘简报》，《考古》1961年第2期。
⑤　中国社会科学院考古研究所：《殷墟的发现与研究》，科学出版社，1994年，第48页。

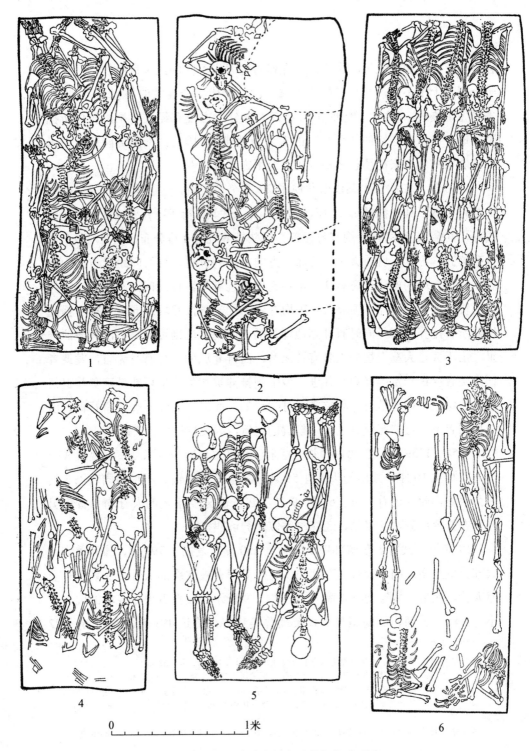

图 1-9 1976 年发掘的部分祭祀坑平面图

1. M26 2. M1 3. M39 4. M61 5. M6 6. M139

组，一组代表的是一次祭祀活动，其中最多的一组有 47 个坑，最少的仅有 1 个坑①。

1976 年的发掘简报中提到 M57 内有 6 人，M58 内有 8 人，M208 内有 7 人。这些人骨均无头骨。但是由于当时的发掘者并未对每个坑中的人骨数量进行严格的体质人类学统计，且人骨并未提取出，因此，2013 年社科院考古所对 1976 年发掘的这三座祭祀坑重新进行了发掘，并重新编号，分别为 M1（原 M57）、M2（原 M58）和 M3（原 M208）。最终，M1 共出土人骨 10 具，有 9 具无头骨，仅 1 具人骨保存部分下颌骨，这些骨架每两具成一排，上下叠压，共 5 层，同层人骨头向相反，故共 5 具人头向北，5 具人头向南。M2 共出土人骨 10 具，皆无头骨，也是同层人骨头向相反，5 具人骨头向北，5 具人骨头向南。M3 共提取人骨 10 具，其中 8 具无头骨，仅 M3：8 和 M3：10 两具人骨保存部分下颌骨②。第二次发掘的结果显然更为科学，这也说明，殷墟早期的发掘工作获取的相关信息不一定完全准确。

1978 年在西区大墓东南约 80 米处曾钻探出祭祀坑 120 座，发掘了其中的 40 座。这些祭祀坑为长方形竖穴坑，排列有序，皆成南北向，坑壁较规整，内填黄夯土，坑底未发现葬具。其中，有 5 座坑分别埋有狗、羊、河狸、猴、狐、牛、象、猪等动物，但是数量都很少，埋人的祭祀坑也仅 5 座，每坑仅埋 1 人。主要的牺牲是马，有 30 座祭祀坑埋有马，共 117 匹，除 M8 和 M20 分别埋马 5 匹和 1 匹外，其余各坑所埋马的数量皆成偶数，其中又以埋 2 匹马（共 12 坑）和 6 匹马（共 11 坑）的为多。发掘者将坑口大小相同以及所埋牺牲数量相似的坑作为一个组合，40 座坑可分为 15 组，一个组的坑可能就是一次祭祀活动的遗存，上述十五组坑就是十五次祭祀活动的遗存，活动当日应是有计划且是严格地按照某种仪式进行的。

1984 年，在 M260 墓道的两侧发现祭祀坑 2 座。M133 位于墓室东侧，坑内埋有无头人骨架 8 具；M256 位于墓室的西侧，未发掘。又在 M259 墓的

① 安阳亦工亦农文物考古短训班、中国科学院考古研究所安阳发掘队：《安阳殷墟奴隶祭祀坑的发掘》，《考古》1977 年第 1 期。
② 唐际根、汤毓赟：《再论殷墟人祭坑与甲骨文中羌祭卜辞的相关性》，《中原文物》2014 年第 3 期。

旁边发现 2 个祭祀坑。东边的 M258 和西边的 M261 分别埋有无头人骨架 6 具、8 具，无葬具，人骨皆俯身直肢，交叉叠压，两脚并拢，似有意识摆放。两座祭祀坑中埋无头人骨架的数量正好与 M259 二层台上所埋人头骨的数量相等，推测这些无头人骨可能为这些头骨的躯体①。

殷墟王陵区的多次发掘和钻探结果表明，王陵区的祭祀场分布着数千座祭祀坑。祭祀场东部的坑中所埋牺牲大多是人，亦有少数坑中埋有马和其他动物，但数量少，分布也很零散。祭祀场西南部的坑中所埋牺牲绝大部分是动物，而且分布集中。这一现象说明，商王室在这里进行祭祀活动时，对人和动物等不同牺牲可能是分区掩埋的②。

此外，《殷墟的发现与研究》提到，"1977 年冬和 1978 年冬，我队用了两个多月的时间在西北冈进行了大规模铲探，发现了 700 多座祭祀坑"，但是这一材料一直未见发表③。

5. 孝民屯

2001AGF6 平面呈长方形，东西长 16.5、南北宽约 10 米，如图 1 - 10 所示。2001 年发掘时，在基址的第二、三层垫土层中发现有 3 座瓮棺墓（W3 - W5）④。2003 年发掘时，"发现众多与殷商时期祭祀有关的遗存，有的与建筑的奠基有关"⑤。

03AXSG1 是一个环状沟，北沟长 33.7、东沟残长 28.8、南沟残长 10.9、西沟残长 25 米。在北沟沟内发现人骨 12 具、铜镞 1 枚，东沟沟内发现人骨 2 具，南沟沟内发现人骨 1 具。发掘者推测这一环状沟似是建筑的基槽，沟内的人骨应为修建此建筑时的遗存⑥。据 03AXSG1 的位置、占地面

---

① 中国社会科学院考古研究所安阳工作队：《殷墟 259、260 号墓发掘报告》，《考古学报》1987 年第 1 期。

② a. 中国社会科学院考古研究所安阳工作队：《安阳武官村北地商代祭祀坑的发掘》，《考古》1987 年第 12 期。

b. 中国社会科学院考古研究所：《殷墟的发现与研究》，科学出版社，1994 年，第 48 页。

③ 中国社会科学院考古研究所：《殷墟的发现与研究》，科学出版社，1994 年，第 101 页。

④ 中国社会科学院考古研究所安阳工作队：《2000—2001 年安阳孝民屯东南地殷代铸铜遗址发掘报告》，《考古学报》2006 年第 3 期。

⑤ 王学荣：《殷墟孝民屯大面积发掘的重要收获》，《中国文物报》2005 年 6 月 15 日第 001 版。

⑥ 殷墟孝民屯考古队：《河南安阳市孝民屯商代环状沟》，《考古》2007 年第 1 期。

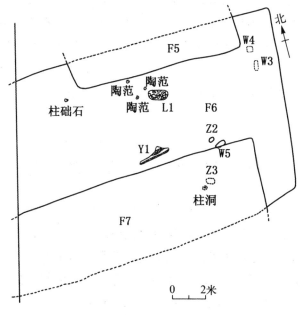

图 1-10　孝民屯 2001AGF6 平面图

积、形状、结构及沟内遗存推测，03AXSG1 围起来的区域可能为一处祭祀场所，可能是用来祭天地或祖神的祭坛，沟内的人骨、兽骨应为修建该祭坛时的遗存；而打破 03AXSG1 的一些遗迹单位内的人骨、兽骨应是后期祭祀用的人牲、兽牲。经初步鉴定，沟内人骨多为青年男性，尸骨多不全，其中一具人骨内有一铜镞，故初步判断所用牺牲为异族战俘。

2003—2004 年发现若干个祭祀坑，埋有人、马、牛、猪、狗等牺牲，可能与铸铜时的仪式活动有关。H265 平面呈椭圆形，东西长 6.22、南北宽 5.25、深 1.9 米，位于铸铜遗址的南部，北距铸铜工棚式建筑 F43 仅数十米，出土了少量陶片、牛下颌骨及 3 600 多颗牛门齿，或许与 F43 内大型青铜容器的铸造活动有关[①]。

经过数次发掘，在孝民屯遗址所发现的铸铜遗迹的范围和出土遗物均大

①　殷墟孝民屯考古队：《河南安阳市孝民屯商代铸铜遗址 2003—2004 年的发掘》，《考古》2007 年第 1 期。

大超过原孝民屯村东南的铸铜遗址，孝民屯西地、村南和村东南地可能在广义上属同一大型商代铸铜作坊遗址，统称为"孝民屯商代铸铜作坊遗址"，面积超过 5 万平方米，是殷墟迄今发现的最大的一处商代铸铜遗址。孝民屯商代铸铜作坊遗址以生产礼器为主，所浇铸的青铜礼器种类齐全，不少陶范反映了极高规格青铜礼器的制作，表明其可能是一处在商王室控制下的铸铜作坊遗址①。

6. 小屯东北地

除了小屯村东北部的宫殿宗庙区，在小屯村中及其附近也发现了相关的仪式遗存。

1936 年殷墟第十三次发掘时，在小屯村北张家七亩地中发现甲骨坑 YH127，因为距乙十二基址较近，推测可能也属于宫殿宗庙区。该坑平面呈圆形，直径约 1.8、深 4.8 米，共发现刻辞甲骨 17 096 片，是甲骨发掘史上数量最多、刻辞内容最丰富的一次发掘②。坑内龟甲堆积可分为三层，呈北高南低的斜坡状，龟甲排列并非井然有序，面朝上朝下、大小版、有字无字、完整残缺、腹甲背甲等龟甲，彼此叠压③。在字甲层中发现一具全躯人骨，呈单膝跪坐姿势，下肢埋于字甲层中，上身也盖有字甲。发掘者推定该人应系倾入龟甲时埋入，石璋如先生根据这具人骨与窖中字甲的密切关系，认为该人可能是管理甲骨的人员④。

7. 小屯西北地

F7 平面呈长方形，南北长 15 - 15.4、最宽处宽 9 米。在 14 和 15 号柱洞之间的房基夯土中发现了瓮棺墓 M9，平面呈长方形，内有儿童骨骼 1 具，葬具陶罐似是有意砸碎后埋入的。在房屋西侧发现 M15 和 M16，M15 内有儿童骨骼 1 具，M16 是一座瓮棺墓，内有儿童骨骼 1 具、陶罐 1 件。

---

① 殷墟孝民屯考古队：《河南安阳市孝民屯商代铸铜遗址 2003—2004 年的发掘》，《考古》2007 年第 1 期，第 14 - 25 页。

② 杨锡璋、刘一曼：《殷墟考古七十年的主要收获》，《考古学集刊 15》，文物出版社，2004 年，第 18 - 30 页。

③ 石璋如：《殷墟最近之重要发现附论小屯地层》，《中国考古学报 2》1947 年，第 41 页。

④ 石璋如：《小屯（第一本）·遗址的发现与发掘·丁编·甲骨坑层之二·十三次至十五次出土甲骨·上》，"中研院"历史语言研究所，1992 年，第 75 页。

F6 平面呈圆形，直径为 3.4 米，如图 1－11 所示。在东南部房基中发现一座圆形小坑，内有儿童骨骼 1 具，似作蜷曲状。

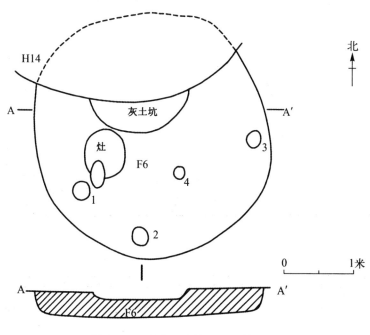

图 1－11　小屯西北地 F6 平、剖面图

1－3. 柱洞　4. 儿童墓葬

F22 平面呈长方形，南北长 5.2、东西宽 4.5 米。在东北部的房基内发现一座瓮棺墓 M30，内有儿童骨骼 1 具、陶盆 1 件。

F14 平面呈长方形，东西长 8.5－8.7、南北宽 4.9 米。在柱洞 5 西北的房基下发现瓮棺墓 M10，内有儿童骨骼 1 具，如图 1－12 所示。

F13 平面呈长方形，东西长 5－5.3、南北宽 3.8 米。在房屋南侧 1.3 米处发现 H49，内有狗骨 1 具。发掘者推测"此狗坑或许与 F13 修建时的祭祀有关"[1]。

①　a. 中国社会科学院考古研究所安阳工作队：《1976 年安阳小屯西北地发掘简报》，《考古》1987 年第 4 期。

b. 中国社会科学院考古研究所：《安阳小屯》，世界图书出版公司，2004 年，第 19－56 页。

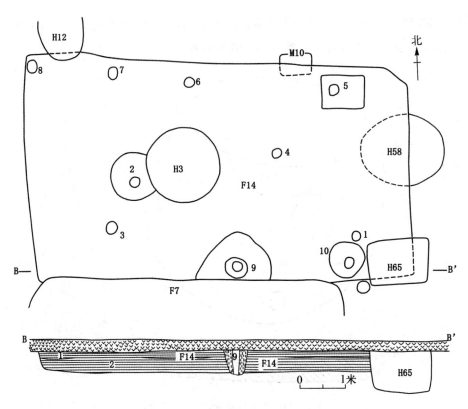

图 1 - 12　小屯西北地 F14 平、剖面图

1 - 10. 柱洞与柱基

F29 为长方形地面式建筑，可能是不同氏族的人分别祭祀祖先的宗庙性建筑，东西长 11.4、南北宽 8.4 米，面积约 96 平方米。在房基之南约 5 米处，东西长约 10、南北宽约 8 米的范围内，分布有儿童墓和祭祀坑共 17 座，均为基址建成后埋入的，从其中一座儿童墓打破两座祭祀坑来看，儿童墓的年代应稍晚。由于这些祭祀坑有打破关系，发掘者推测坑内的人牲是数次举行仪式时埋入的，儿童墓可能也是具有祭祀性质的人牲坑[1]。然而，笔者在阅读报告时发现，这些儿童墓墓圹规整，骨骼完整，且有少量较为精致的随葬品，其中 M52 内的两具儿童骨骼，一具骨骼下压有细碎的绿松石片，

---

① 中国社会科学院考古研究所：《殷墟的发现与研究》，科学出版社，1994 年，第 74 - 76 页。

另一具胸下有玉柄形器 1 件、长条形蚌饰多件和 1 个蚌坠，像是一串佩饰，M50 甚至出土了一组由 1 件玉柄形饰、6 件条形蚌饰、1 件穿孔蚌饰等组成的佩饰。这些现象都与周围同出的被砍头、肢体残缺且无任何随葬品的成人祭祀坑形成了鲜明的对比。因此，笔者认为 M45、M39、M49、M50、M42、M52、M46 和 M51 八座儿童墓并不是祭祀坑，只是普通的儿童墓葬，而其他的九座祭祀坑圹穴窄而长，修建得十分草率，通常埋有无头人骨 2-3 具，头骨另放于坑内，均无随葬品，应确为祭祀坑无疑。

此外，发掘报告还提到"破坏 F29 北边房基槽的 M61 出土陶鬲 1 件……此墓可能与修建房基时的祭祀有关"[①]。但报告并未提供两者的层位关系等信息，M61 也有可能是建筑使用或废弃后留下的普通墓葬，因此本书暂不将其列入讨论范围。

H149 东西长 1.66、南北长 1.5 米，坑壁整齐，有台阶，内有人骨 3 具，均俯身。其中，下层的两具人骨一具头向南，一具头向北，头向南的人骨左腿弯曲呈跪状，骨架压着头向北的人骨架。两人均系女性，年龄在 25 岁以下。发掘者推测该坑可能本是窖穴，废弃后埋入人架，具有祭祀性质。

H175 口部呈圆形，直径 1.7-1.8 米，坑壁整齐，坑的东壁和南壁均经火烧烤，十分坚硬。在坑的西部发现人骨 1 具，俯身屈肢，脚趾贴坑边。坑内填夯土，人架肋骨被夯碎，人骨下也有一层黄夯土。

M64 内有人骨 1 具，头盖骨被压于胸下，下颌骨与颈椎相连，上肢被反绑于背后，系砍头后先扔入人头，再放入躯体。

M53 内发现人骨 2 具，均被砍头，编号甲、乙。甲为 30-35 岁男性，头骨放在颈椎旁，下颌骨被压在身下，紧靠颈部，右颊骨上发现一近水平方向的砍切痕面，下肢并拢，双手似被反绑；乙为 25-30 岁男性，头骨放在坑之东南侧，紧靠左下肢，头骨右乳突根部有一水平方向砍切痕，双手亦似被反绑。从人架叠压情况看，当系先放入乙，再放入甲。

M56 内发现被砍头的人骨 2 具，头骨分别放在坑的南、北两端，躯体都

① 中国社会科学院考古研究所：《安阳小屯》，世界图书出版公司，2004 年，第 41 页。

被砍成数段，头在北的人骨右颞骨乳突山脊处有明显的砍切痕，头在南的一具右乳突被砍掉，仅留乳突根部，均为 22－24 岁左右的男性。

M62 内发现人骨 2 具，均被砍头，编号甲、乙。甲、乙的头骨分别置于坑的东南角和西北角，无下颌骨，躯骨俯身，十分凌乱。甲不小于 45 岁，乙不小于 25 岁，均为男性。似是砍头后先放入甲，再放入乙。

M57 内发现人头骨 2 个，在东面人头的东部散置有动物肩胛骨 3 块，在两人头之间有一块牛腿骨，周围未见人的躯骨。

M54 内发现人骨 3 具，均被砍头，分别编为甲、乙、丙。从人架叠压情况看，似是先放入丙，再放入甲、乙。

M58 内发现狗骨 1 具，已残破，四肢略蜷曲，发掘者认为是杀后而埋。

M55 内出土人骨 2 具，因被后期遗迹打破仅存下肢骨。

M60 内出土人骨 1 具，下肢被破坏。

8. 小屯南地

1973 年，在 F8 房基东北角中发现一座长方形竖穴土坑墓 M22，南北向，内有人骨 1 具，人骨架上下均有席纹痕迹。发掘者认为此人"可能是 F8 夯土基址的奠基者"。但是该房址并没有清理完毕，简报提供的信息也十分有限。

H33 坑底的中部有一东西向的长方形坑，内埋马骨 1 具，在马骨的周围有 5 具人骨，其中 3 具为成人、2 具为幼童，如图 1－13 所示。坑北部的成人骨为侧身屈肢，身前放一猪头骨；坑西南部的人骨为俯身直肢，被砍头；坑东南部的人骨为仰身直肢，两臂屈于胸前，左腿内上髁处有 1 枚铜镞，人口张开作挣扎状；两具幼童骨架散乱在马架南，发掘者推测可能是被肢解后弃置的①。

9. 小屯村北

1975 年冬，在小屯村北、丙组基址西边缘处发掘时，发现一座平面呈长方形的地穴式建筑 F11，南北长 5.95、东西宽 2.5、深约 3 米。出土有 600

---

① 中国科学院考古研究所安阳工作队：《1973 年安阳小屯南地发掘简报》，《考古》1975 年第 1 期。

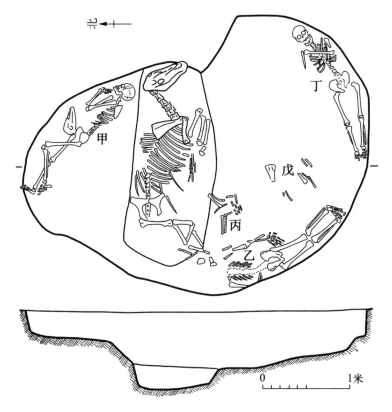

图 1 - 13 小屯南地 H33 平、剖面图

余件圆锥形石料、260 余块长方形磨石残块、少量精致的小型玉石雕刻品、原始瓷器等遗物，推测 F11 可能是商代晚期一个为王室磨制玉石器的场所。在房子中部的居住面下有一个长宽约 0.8、深 1.08 米的长方形祭祀坑，坑内无火烧痕迹，与房内周围经过火烧的硬面不同，故推测该坑的使用应在房子建成以后。祭祀坑内埋有 1 具被肢解的人骨，坑内自上而下依次发现有人牲下肢骨、人牲上肢骨、人牲头骨、带铭文的铜器盖。铜器盖上刻有"王作女𡚦弄"的铭文，大意是王为女𡚦姓妇女作弄器①。

---

① 中国科学院考古研究所安阳发掘队：《1975 年安阳殷墟的新发现》，《考古》1976 年第 4 期。

10. 小屯西地

1958 年，在小屯村西、甲组基址西南处发现一条大灰沟，总长度约 1 100 米，东西长约 650 米，一般宽约 10 米，最宽处在 20 米以上，深约 5 米，本次实际发掘长度 20 米。沟内填土中清理出人骨架 24 具，其中无头人骨 1 具、无足人骨 2 具、无左腿人骨 1 具、无下肢人骨 1 具。除 M119 的 1 具人骨上附有粗织物痕迹外，其余均无任何葬具和随葬品。发掘者推测这些人牲大概是惨遭奴隶主刑戮和被迫害致死的奴隶，后被随意挪入沟内①。发掘时还发现一处础石遗存，共有 18 块础石，在础石范围内发现与础石同层的人骨 4 具（编号 M01－M04），均无圹穴和葬具。M01 头骨上有裂痕；M03 无足骨，在两腿间发现骨镞 1 枚，另在头骨西南处有陶罐 1 个；M04 右下肢残缺②。

11. 小屯村东南

1955 年发掘时发现 H1，平面呈椭圆形，东西长 4.26、南北宽 3.01、深 2.1 米。在坑内发现字骨 1 片、完整人骨 2 具。一具人骨在灰坑中部，另一具人骨架在第一具人骨偏东处，两腿作蜷曲状。发掘者推测，这两具人骨都是在灰坑废弃后，被随便抛入坑中的③。

12. 白家坟东地

1958 年在白家坟东北地 VD 区发现了一堆牛角，共四十余只，但无一定的放置次序。牛角堆距地表深 3.55 米，均较完整，最大的长达 40 厘米，小的亦有 20 余厘米，如图 1－14 所示。发掘者认为"这么多牛角集放在一起是少见的，其含义有待探索"④，"可能与祭祀有关"⑤。

1997 年安阳白家坟东地发掘时，在黑河路南段发掘出一座大型地面建筑

①　a. 郭沫若：《安阳新出土的牛胛骨及其刻辞》，《考古》1972 年第 2 期。
　　b. 中国社会科学院考古研究所：《殷墟的发现与研究》，科学出版社，1994 年，第 154 页。
②　中国社会科学院考古研究所，《殷墟发掘报告 1958—1961》，文物出版社，1987 年，第 94－99 页。
③　河南省文化局文物工作队第一队：《一九五五年秋安阳小屯殷墟的发掘》，《考古学报》1958 年第 3 期。
④　中国社会科学院考古研究所：《殷墟发掘报告 1958—1961》，文物出版社，1987 年，第 115 页。
⑤　中国社会科学院考古研究所：《殷墟的发现与研究》，科学出版社，1994 年，第 98 页。

图 1-14　白家坟东北地 VD 区牛角堆

基址。基址的前中部系一大间，犹如"厅"。在"厅"内的地基夯土中埋有十余座儿童瓮棺墓①。

13. 新安庄西地

2007 年发掘时，发现一四合院式建筑群，应是该区域某一族群的中心居住区，时代属殷墟四期，在建筑群内发现一些祭祀仪式遗存。

F10 为四合院的西屋，在其北部最底层的垫土内发现 1 具人骨，仅有盆骨、脚骨和腿骨，发掘者认为"应是建 F10 奠基时的人牲"。

F13 为四合院的南屋，其西部垫土中有 M148，为长方形竖穴土坑墓，内

① 中国社会科学院考古研究所安阳工作站：《安阳白家坟东地殷代遗址》，《中国考古学年鉴·1998》，文物出版社，2000 年，第 154-156 页。

有儿童骨骼 1 具，仰身直肢，头南足北，面向上，无脚，身高约 0.73 米。垫土最底层有瓮棺墓 W5 和 W6，呈东西向排列，各有儿童骨骼 1 具，W5 内仅存少量头骨， W6 仅存少量肢骨。

此外，本次发掘还发现了 4 座祭祀坑，另有多处灰坑或水井内发现人或动物骨骼。

H11 平面呈椭圆形，为一次性堆积，年代不晚于殷墟四期。坑底发现 9 具人骨，其中 4 具为未成年人、5 具为成年人。有 2 具未成年人仅有头骨，另 2 具未成年人均少一只脚，5 具成年人的骨骼也均不完整。

H207 平面略呈椭圆形，年代为殷墟二期。坑底有一具完整马骨，骨骼保存较好。

H221 长 14、宽 7.9、最深 1.9 米，年代为殷墟三、四期。坑内出土少量陶片及大量人骨、牛骨、马骨、狗骨、猪骨等，人和动物骨骼几乎无完整个体①。

14. 苗圃北地

F8 房基大部遭破坏，仅残存几块断断续续的夯土，在房基范围内发现一个圆坑，"在坑底中部有两个人头骨，东西并列，头顶向南，均向下。在西边一个头骨的下面还压有一块肋骨和一枚牙齿。两个头骨都很薄，似为儿童"②，发掘者认为此坑是奠基坑。

此外还发现了 5 座牛坑和马坑。PNH202 坑口近圆形，在距坑口深一米处出土牛骨 1 具，牛头在南，躯体沿坑壁蜷伏，四肢内屈，作捆缚状，骨架放置规整，似是被杀后埋入的，同出的还有碎陶范 90 件、熔炉残块 11 块、磨石 3 个以及陶片若干。PNIVT3A④H36 为不规则的长方形坑，坑底埋有马骨 1 具，四肢蜷曲，似为杀后而埋，坑内堆积为灰土，除马骨外只出土少许陶片，如图 1-15 所示。ⅠT1④牛坑坑底埋牛骨 1 具，跪卧，四肢似呈捆绑状，可能为杀后而埋。T130⑤H25 北部埋无头

①　中国社会科学院考古研究所安阳工作队：《河南安阳市殷墟新安庄西地 2007 年商代遗存发掘简报》，《考古》2016 年第 2 期。

②　中国社会科学院考古研究所：《殷墟发掘报告 1958—1961》，文物出版社，1987 年，第 19-28 页。

马骨 1 具，东部有 2 块人的下肢骨。T129⑤H39 内也埋无头马骨 1 具。简报提到，"这种土坑里所埋的牛或马显然是有一定意义的，可能是一种与铸铜有关的祭祀用牲"①。

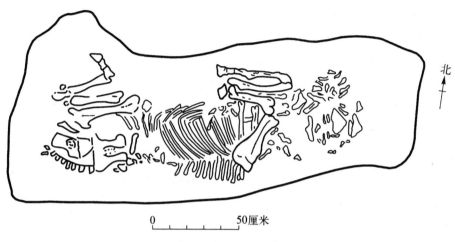

图 1-15 苗圃北地 PN Ⅳ T3A④H36 平面图

15. 王裕口南地

1997 年试掘的 F1，平面呈圆角长方形，东西残长 4.8、南北残宽 3.5 米。房基由 7 层夯土构成，在第 7 层夯土下的中心部位，发现一层厚约 1-3 厘米的黑色炭屑和白色植物朽灰。

F2 平面呈长方形，东西残长 4.7、南北残宽 4.1 米。在房基北部的夯土中，发现 4 座东西向、排列规整的瓮棺墓，各埋有儿童骨骼 1 具，葬具皆为陶罐。发掘简报提到，"4 座瓮棺是被一次性地置于夯土中的，其用意或许与奠基仪式有关"②。

H3 平面呈圆形，坑内堆积可分 4 层，其中第 3、4 层含有大量炭屑和烧

---

① 中国社会科学院考古研究所：《殷墟发掘报告 1958—1961》，文物出版社，1987 年，第 26-27 页。

② 中国社会科学院考古研究所安阳工作队：《河南安阳市王裕口南地殷代遗址的发掘》，《考古》2004 年第 5 期，第 10 页。

土粒，第3层无出土物，第4层出土有陶鬲、钵、豆等陶器残片和若干动物骨骼，中部发现1件完整的陶鬲和1件大鹅卵石，陶鬲通体被熏黑，鹅卵石有一面被烤成红色，说明该坑曾被火烧过。发掘者推测，H3可能在一段时间内被用作祭祀坑。

2009年发掘时共发现6座祭祀坑，简报中列举了其中两例。

H509平面呈椭圆形，整坑填土较为一致，可能是一次祭祀活动形成的。坑内分三层放置人和动物牺牲。第一层放置3具人骨（编号A—C）和1具动物骨骼。A双腿并拢，下颌骨左侧已残缺；B侧身屈肢，左手上举，右手侧压于身下；C右臂没有尺桡骨和掌骨，左臂肘部向上弯曲，双腿分开直放，无脚部骨骼；C旁有动物骨骼D，背部以上骨骼缺失，后肢略蜷曲，可能是兔子。第二层有2具人骨（编号E、F）以及若干鱼骨，人骨相互叠压，E无右掌骨，F的双臂肘部和膝部弯曲，胫骨向后折回，呈跪式。第三层仅有1具人骨（编号H），上肢弯曲，左臂与躯体分离。经初步鉴定，A、E、H为女性，B、F为男性，C不详。人骨可能存在砍头、断手、刖足等现象。

J5原是一眼水井，废弃后用作祭祀坑，平面近椭圆形，口长径2.4、短径1.5、深9.1米。填土大致可分四层。第一层有5具叠压的人骨（编号A—E）及1个马头骨，相互叠压，较为凌乱。A双腿弯曲，右胫骨以下及左股骨缺失；B双臂压于身体下侧，腰椎与髋骨不相连；C双臂肘部弯曲，腿骨弯曲曲折回压于上半身之上，无头骨、指骨；D双臂肘部弯曲呈举手状，不见下颌骨及脚骨；E肘部弯曲，双掌置于面部，膝部略弯曲；马头骨面向下倒放，无下颌骨。第二层有1具人骨，骨架完整（编号为G）。第三层有大量散乱的兽骨，另有1片卜骨和2片肩胛骨。第四层有大量散乱的动物脊椎骨、肋骨、趾骨等，另有1件完整的陶鬲和1个猪头骨。经初步坚定，A、C、G为成年男性，B、D为成年女性，E为7—9岁的儿童①。

16. 刘家庄

2008年，在刘家庄北地发现了多处仪式遗存，主要集中在道路两侧，部分在房基附近，清理了其中的18处，发现了大量人及动物骨骼。人牲多为

---

① 中国社会科学院考古研究所安阳工作队：《河南安阳市殷墟王裕口村南地2009年发掘简报》，《考古》2012年第12期。

青壮年，也有部分属未成年人；动物种类有牛、马、猪、狗、羊等，其中马最常见，狗和羊数量较少。这些遗存的年代主要为殷墟三、四期，且存在打破的现象，说明在此区域举行的仪式活动较为频繁。

简报详细介绍了 H524 的情况，该坑平面呈椭圆形，长径 8、短径 5.5 米，如图 1-16 所示。坑内上层填土可分两小层。第一层填土中出土了 3 具人骨、2 具马骨、少量泥质灰陶盆和硬陶片。人骨皆为女性，马为雄性，均为全躯。第二层填土出有 3 具人骨、14 具马骨、9 具牛骨、5 具猪骨，以及若干泥质陶片和硬陶片等。人骨均残缺不全，一具缺左胫骨，为男性；一具仅残存头骨、尺骨和桡骨，疑为男性；另一具仅有头骨，性别不详；年龄均在 16-30 岁之间。14 具马骨中只有 2 具比较完整，其余均残缺不全，疑为肢解后埋入。9 具牛骨不太完整，不排除多个骨架为同一个体的可能性。

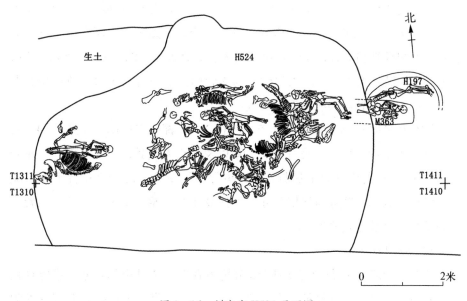

图 1-16　刘家庄 H524 平面图

还发现有数处用成堆的卜甲、猪骨、牛腿骨或积石进行祭祀的现象，也有把牛腿骨和狗腿骨盛箱埋藏的情况，但简报中并未给出详细信息。发掘者推测这些遗存也应与某种祭祀活动有关①。

此外，还在水井里发现了一些仪式遗存。J31 平面呈不规则状，最长径 5.16、短径 2.66、深 10.3 米，建造考究，井口上原来应有建筑物遮挡，井底用柏木交叉搭成"井"字形框架，框内发现红陶罐和灰陶罐各 3 件，另有铜爵、残铜瓿、铜甗盖、铜罍肩部兽首所衔圆环各 1 件，以及铜罍、铜提梁卣等若干铜器残片，还发现有 4 件鹿角锥和 1 件石器等。J30 平面呈椭圆形，长径 3.65、短径 2.7、深 10.7 米。在井底发现有 2 件灰陶罐、2 件红陶罐和 1 件四足铜盉（J30：15）。

2010—2011 年发掘时，发现了多个种类的祭祀坑，有人祭坑、人牛混祭坑、牛角祭祀坑、猪祭坑等，因为分布在制陶作坊附近，发掘者推测这些祭祀坑应与制陶作坊有一定的关联。简报中详细介绍了 2 座祭祀坑。

H77 平面呈不规则形，南北长 15、东西宽 14.75、深 1.8 米。坑内堆积分三层，其中第二、三层发现有人骨。第二层内有 4 具人骨（编号为 A-D），大体摆成半圆形，A 和 B 仅存上半身；C 无头骨，仅存中半身，男性；D 无腰椎骨和盆骨，女性。第三层内有 2 具人骨（编号为 E、F），E 保存完整，F 仅存上半身，均为男性。与人骨同出的还有铜印章 1 枚和陶鸮人面像 2 座，发掘者认为应是祭祀用具。

H1050 平面呈圆形，口径 1.5、底径 1.7、深 1.74 米，如图 1-17 所示。坑内出卜骨 1 块，坑底有人头 2 颗以及无头人肢骨、牛骨各 1 具（编号为 A-D）。A 人头骨无下颚骨，B 人头骨亦不完整，人肢骨 C 置于牛后腿上，仅存有胸部、肋骨与脊椎部分。牛骨 D 十分规整，基本上沿坑底放置，应是处死后摆放于坑底的②。

17. 花园庄南地

1986—1987 年在花园庄南地 M3 墓坑内发现了 2 具少年骨架，皆俯身直肢，北边的一具双手被砍掉，南边的一具左手、右脚指被砍掉。发掘者推测

① 中国社会科学院考古研究所安阳工作队：《河南安阳市殷墟刘家庄北地 2008 年发掘简报》，《考古》2009 年第 7 期。
② 中国社会科学院考古研究所安阳工作队：《河南安阳市殷墟刘家庄北地 2010—2011 年发掘简报》，《考古》2012 年第 12 期。

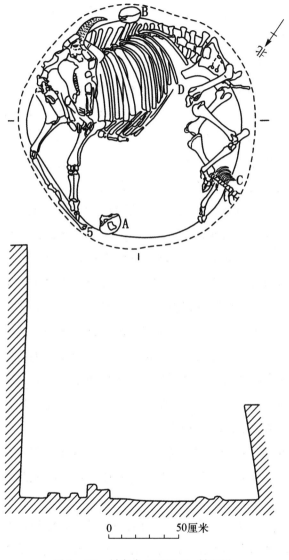

0   50厘米

图 1-17　刘家庄 H1050 平、剖面图

A-B. 人头骨　C. 人肢骨　D. 牛骨

此墓坑可能是祭祀坑①。

18. 张家坟

张家坟 H7 第一层填土中发现人骨 1 具，头骨置于大腿骨旁侧，面向上，躯体俯身，两下肢交叉，似经捆缚，可能是杀后挪入②。

19. 辛店

在辛店 B 区中部发现了大型的具有礼仪性质的建筑基址，经勘探发现该基址东西长约 300 米，南北宽约 80 米，已经考古发掘的区域发现有 3 处大型四合院式的建筑，这些建筑基址全部为夯土，较厚，多叠压、打破铸铜遗址，并与墓葬相互叠压。建筑基址内发现有多排完整的柱础石、陶排水管网等。属于辛店遗址高层管理者的工作、生活场所。

在发掘区 C 区、D 区发现有多处与铸铜活动相关的祭祀遗迹，其中包括殉牲坑、殉人坑等。殉牲坑有殉马、殉猪、殉羊坑等。殉人坑分为单人坑、多人坑和人牲共殉坑。其中 D 区 H340 椭圆形窖穴内殉祭多层猪骨架和一具人骨，共清理出猪骨架约 40 具、狗骨架 2 具、人骨架 1 具。此祭祀坑内出土的猪骨，有完整骨架、截肢分解骨架、散乱骨架三种，分多层填埋，每层骨架相互叠压。由此推测该祭祀坑应为多次祭祀活动形成。坑内殉祭牲畜一层完整骨架上会有一层截肢分解骨架和散乱骨架，现象较为特殊。这些迹象表明，在商代晚期青铜铸造活动是一件很神圣的事情，在青铜铸造开始前、事中及完成后都要举行不同形式的祭祀仪式，用以祈求先公先王、神灵的保佑，并庆祝青铜铸造活动的成功等。

2018—2019 年，在辛店遗址考古发掘的范围内还发现有与铸铜作坊相关的商周时期墓葬 46 座，时代从殷墟二期可延续到西周时期，这些墓葬大多随葬在铸铜遗迹周边、房址周边或者废弃的铸铜遗迹内，体现了墓葬主人与铸铜紧密的关系。D 区是一处以铸铜为主的大型铸造作坊，但该区域考古发掘未发现墓葬，显示出铸铜作坊的专一性。但在 B 区发现的大型房基上、下

---

① 中国社会科学院考古研究所安阳工作队：《1986—1987 年安阳花园庄南地发掘报告》，《考古学报》1992 年第 1 期。

② 中国社会科学院考古研究所：《殷墟发掘报告 1958—1961》，文物出版社，1987 年，第 105 页。

及院内均发现有墓葬，且这些墓葬共分南北两排，每排内左右相连的两座墓葬可分为数组，每组之间有明显的排列与组合关系。在这些墓葬中有出土青铜礼器、漆器的墓葬9座，共计出土青铜鼎、簋、卣、尊、方彝、觚、爵、盂等青铜礼器近50件及大量兵器、工具、玉石器等。这些墓葬的主人与铸铜有着密切的关系。其中出土带有"戈"字铭文青铜器的墓葬共有7座，青铜器上的铭文大多为"戈""戈齐""戈丁""陶戈"等，另有极少量"天""天黾父丁"等铭文，体现了"戈"族与该遗址紧密的关系，表现出较强的家族式控制与管理铸铜活动的模式①。

二、河南荥阳关帝庙

2006—2008年对河南荥阳关帝庙遗址的发掘发现聚落主体外有围沟，聚落内有居住区、祭祀区、墓葬区和陶窑作坊。其中发现的商代晚期房址均为半地穴式，简报提到"在一座房址的底部活动面下，发现了排列有序的小圆坑，填土较纯净，坑底分别放置陶器或蚌壳、石块等，应为建筑物的奠基之类的遗存"②。发掘区南部是遗址地势最高的地方，分布有较大的祭祀场，这些祭祀遗存似乎有祭祀的中心点，共发现祭祀坑17座。在坑内大多有完整的或经过大块肢解的牛骨，个别坑有猪骨，部分坑发现人骨。见诸详细报道的有H228和H924。H228的坑底发现一具完整的牛骨。H924坑内发现完整猪骨1具，以及陶片、草木灰等。此外遗址还发现有卜骨、卜甲、海贝等遗物。

三、河南辉县孟庄

1992—1995年在河南辉县孟庄遗址发掘时，曾发现商代晚期的城址。城址平面呈方形，尚存有三面城墙，东城墙长375、北城墙残长260、西城墙长330米。在龙山城墙东侧发现了商代夯土，呈斜坡状，从外向内堆积。在夯土下面紧贴龙山城墙处发现了一个椭圆形坑H18，内有完整的猪骨1具。发

---

① 孔德铭、孔维鹏：《论安阳辛店商代晚期铸铜作坊的布局》，《南方文物》2020年第4期。
② 河南省文物考古研究所：《河南荥阳市关帝庙遗址商代晚期遗存发掘简报》，《考古》2008年第7期，第33页。

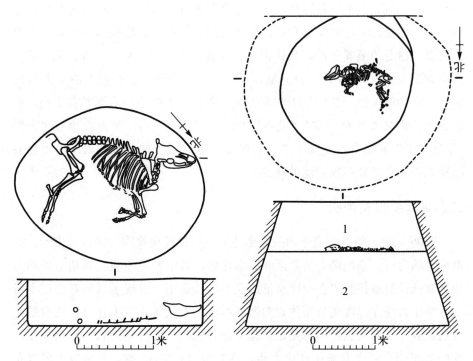

图 1－18　H228 和 H924 平、剖面图

右图 1. 浅灰色土　2. 灰褐色土

掘者推测 H18 应为商代建城墙时的奠基遗存①。

四、河南夏邑清凉山

F5 平面呈方形。在房基南部的散水下发现了狗骨 1 具，四肢呈捆绑状，似是有意埋入。发掘者认为狗骨"可能为建房时举行奠基仪式所埋"②。遗址内还发现了 2 片卜甲和较多卜骨，多系牛肩胛骨，个别为羊肩胛骨，有钻、凿痕迹。

---

① 河南省文物考古研究所：《辉县孟庄》，中州古籍出版社，2003 年，第 306 页。
② 北京大学考古学系、商丘地区文管会：《河南夏邑清凉山遗址发掘报告》，《考古学研究（四）》，科学出版社，2000 年，第 499 页。

五、陕西西安老牛坡遗址

老牛坡商代第四期文化发现了两处冶铜遗存，两处文化堆积应属于同一冶铜作坊的不同遗存。二者相距约八十米，一处是冶铜炼渣堆积坑，另一处是铸铜陶范的出土地点。遗址还出土了四期卜骨百余片，以牛肩胛骨为主，羊、猪肩胛骨次之，未曾发现龟甲，大部分肩胛骨都进行过切、削等整治①。这些卜甲可能和同期的铸铜活动有一定关系，不排除铸铜活动中进行占卜的可能性。

老牛坡遗址的商人拥有某种程度的政治实体和军队，有大型的夯土台基建筑和各类手工业作坊，不仅能够专门烧陶和制作骨器、玉器，还能铸造生活用器、生产工具、装饰品和兵器等简单的青铜器，在处理铜液的物化性能、提高铸件的质量上也有一定的进步。老牛坡是目前陕西境内发现的面积最大的一处商文化遗址，发掘者认为该遗址最初可能是商王朝西进政策的产物，是商王朝在西部的一处军事据点，以屏藩西部边陲，随后发展为方国都邑②。老牛坡商代四期文化的年代相当于殷墟文化四期。

六、河北邢台粮库遗址

邢台粮库遗址陶窑 IY1 操作坑南侧不足 3 米处有一牛坑，平面呈圆角方形，坑内土质纯净，似经夯打，坑底正中有小牛骨架 1 具。此牛坑可能是陶窑 IY1 的祭祀遗存③。

---

① 刘士莪：《老牛坡：西北大学考古专业田野发掘报告》，陕西人民出版社，2002 年，第 382 - 397 页。

② 刘士莪：《老牛坡：西北大学考古专业田野发掘报告》，陕西人民出版社，2002 年，第359 页。

③ 河北省邢台市文物管理处编著：《邢台粮库遗址》，科学出版社，2005 年，第 170 - 171 页。

第二章　祭祀仪式遗迹的分类

　　社会中通常存在着多种仪式类型或系统，不同种类的仪式可能和不同的世界观、社会组织或自我意识等有关，其举行时间、地点、主持者、参加者、供献方法、牺牲种类和数量等会有所差别，也可能随着社会、政治等方面的变化而发生一定的改变①。不同类型的仪式之间或关系紧张，或和谐共存。

　　在仪式种类的划分上，人类学家曾给出过具体的划分方法。涂尔干将仪式分为积极仪式和消极仪式两类，积极仪式是指促进人与神之间接触的仪式，消极仪式主要指的是戒律。维克多·特纳把仪式分为生命危机仪式和减灾仪式，前者指生命的"通过仪式（Rites of Passage）"，后者则指减少神灵降灾的仪式②。哈维兰认为仪式有许多种，其中最为重要的是通过仪式和强化仪式，前者是在个人生命周期里的各个重要阶段举行的仪式，比如出生、成年、结婚、为人父母以及死亡等；后者是在一个群体陷入危机时举行的仪式，比如干旱威胁农作物生长、疫情横行等情况③。在之后的人类学研究中，仪式的分类逐渐突破了传统的二分思维。彭兆荣指出仪式可以归纳为三类，除了哈维兰提出的通过仪式和强化仪式外，还有时序仪式，即与四季变迁相关的仪式④。凯瑟琳·贝尔根据仪式的性质，将仪式分为通过仪式、历

---

① 詹鄞鑫：《神灵与祭祀——中国传统宗教综论》，江苏古籍出版社，1992年，第174页。
② 彭文斌、郭建勋：《人类学视野下的仪式分类》，《民族学刊》2011年第3期。
③ （美）威廉·A·哈维兰著，瞿铁鹏、张钰译：《文化人类学》，上海社会科学出版社，2006年，第403－406页。
④ 彭兆荣：《人类学仪式的理论与实践》，民族出版社，2007年，第182页。

法仪式、磨难仪式、节日仪式、交换及共享仪式、政治仪式六类①，这一分类广为学界所引用。

甲骨学家根据卜辞记载的祭祀时间、祭祀对象、祭品、祭祀方法等，对卜辞中提到的祭祀进行了卓有成效的划分。按照祭祀对象，基本上可以划分为对至上神上帝的祭祀，对商王室高祖远公、先王先妣的周祭，对日、云、风、雨、雷等自然神的祭祀三类。但在每类祭祀的细分上，学者们的观点略有不同。朱凤瀚将其分为四类，即对帝（上帝）、自然神（包括社、方等）、有明显自然神色彩的祖神（河、岳等）、非本于自然神的祖神（远祖、先公、先臣等）的祭祀②。赵林则粗分为神灵祭祀和祖先崇拜两类③。按照祭祀方法，可以分为伐祭、卯祭、燎祭、岁祭、沉祭、埋祭等。按照祭祀时间，可以分为翌祭、夕祭、旬祭、旦祭、朝祭、昏祭、暮祭等。

无论是人类学家对仪式的划分，还是甲骨学家对卜辞中仪式的分类，均不能完全适用于本书提到的商代晚期祭祀考古材料。人类学中的通过仪式等在考古材料中难以有所体现，考古发现的祭祀仪式遗迹也很难与卜辞中提到的所有祭祀一一对应起来，而且按卜辞内容进行的祭祀划分本身也存在一些争议。近年来有学者逐渐否定以"祭名"笼统地概括所有祭祀的观点，刘源就认为"祭名"不能作为判断祭祀仪式类型的标准，因为"祭名"这一概念的内涵不清晰，在具体研究中也不易把握④。加之语法学开始应用于甲骨学的研究中，越来越多的学者倾向用"祭祀动词"来取代之前的"祭名"⑤。从目前考古发掘的实际情况来看，商人的祭祀仪式种类是极其繁多且复杂的，因此笔者认为首先应当根据祭祀仪式遗迹的考古出土情境来进行划分，然后再尝试将这些仪式遗存与历史文献和甲骨卜辞中的记载对应起来，对其内涵进行进一步研究。

---

① Bell Catherine M. 1997. *Ritual, Perspectives and Dimensions*. Oxford: Oxford University Press. p. 185.

② 朱凤瀚：《商人诸神之权能与其类型》，《尽心集——张政烺先生八十庆寿论文集》，中国社会科学出版社，1996 年，第 57－59 页。

③ 赵林：《商代宗教信仰的对象及其崇拜体系》，《国立政治大学学报》1996 年第 72 期。

④ 刘源：《商周祭祖礼研究》，商务印书馆，2004 年，第 19 页。

⑤ 张宇卫：《甲骨文武丁时期王卜辞与非王卜辞之祭祀研究》，国立成功大学硕士论文，2007 年，第 78 页。

第一节　宗庙王陵类仪式

在商代晚期的殷墟宫殿宗庙区和王陵区附近发现了大量仪式遗迹，具体地点位于与祖先有关的宗庙或墓地附近。《史记·殷本纪》详细记载了商王谱系，大致如图 2 − 1 所示，后来甲骨卜辞的发现在许多方面证实了该谱系的正确性，学者们也对某些方面进行了补订和修正①，商王祖先包括三类：上甲以前的祖先为高祖；上甲、报乙、报丙、报丁、示壬、示癸为先公；大乙至帝辛的各位祖先为先王。在商人的观念中，诸神里面帝或上帝的地位最高，是天地间与人间祸福的主宰②，但当商王对帝有所请求时，并不直接祭于上帝，而是由商王先诉其请求于先祖，再由已故的先祖晋谒于上帝，这一行为称为"宾"，如卜辞"贞下乙宾于帝"（《合集》③1402 正）。此外，也有学者提出卜辞中上帝与祖先的区别并无严格的界限，即在商人的世界观里，"帝"很可能是先祖的统称或者是先祖观念的一个抽象。艾兰指出在中国古代宗教信仰体系中神与人的祖先没有太大的区别④，张光直则提出上帝的观念是一个抽象概念，而个别的子姓祖先代表其实质⑤。因此，商代的先公先王不仅与商王有着血缘上的关系，而且与以上帝为首的天神也有着某种紧密联系，具有较强的神力，因而商人对先公先王极其尊崇，建有专门的宗庙供奉先公先王，并在宗庙举行频繁且隆重的祭祖仪式，如"于岳宗酒，又雨"（《合集》30298）、"自上甲血，用白豭九……在大甲宗卜"（《屯南》⑥2707）。宗庙和王陵附近发现的部分仪式遗迹极有可能与祭祖仪式有关，一旦确定了这些建筑的性质，便可以推测这些仪式遗迹的类型。

---

① a. 王国维：《殷卜辞中所见先公先王考》，《观堂集林》，中华书局，1959 年，第 409 −436 页。

b. 常玉芝：《商代宗教祭祀》，中国社会科学出版社，2010 年，第 210 页。

② a. 胡厚宣：《殷卜辞中的上帝和王帝（上）》，《历史研究》1959 年第 9 期。

b. 胡厚宣：《殷卜辞中的上帝和王帝（下）》，《历史研究》1959 年第 10 期。

③ 郭沫若主编：《甲骨文合集》，中华书局，1978—1982 年。

④ （美）艾兰著，汪涛译：《龟之谜——商代神话、祭祀、艺术和宇宙观研究》，商务印书馆，2010 年，第 56 页。

⑤ 张光直：《中国青铜时代》，三联书店，1999 年，第 371、414 页。

⑥ 中国社会科学院考古研究所：《小屯南地甲骨》，中华书局，1980 年。

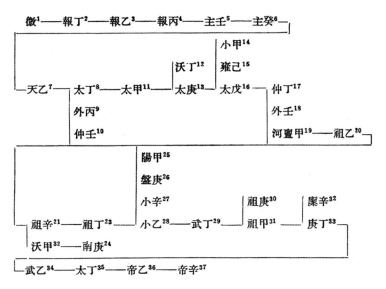

图 2-1 《史记·殷本纪》记载的商王世系表

商王室的宫殿宗庙区由甲、乙、丙、丁四座基址群组成，从功能上讲，可以分为宫殿、宗庙、祭坛、住宅以及一些简陋房舍等。甲组基址群可能为商王室所居之寝室，发现的仪式遗迹较少[1]。甲四、甲十一、甲十二、甲十三等基址，从其规模、间数等方面来看，可能是商王室的寝殿和享宴之所；甲一、甲三、甲五、甲十五等基址的形制较小，基面上无础石，可能是侍者的住处[2]。

乙组基址群的性质比较复杂。乙五基址可能是一处铸铜的场所[3]；乙七、乙八两处基址可能属宗庙性质的建筑[4]，杜金鹏进一步推测乙七基址可能为甲骨卜辞中的"右宗"[5]；乙四、乙六、乙十四、乙十七等基址，可能

① 石璋如：《河南安阳小屯殷代的三组基址》，《大陆杂志》1960 年第二十一卷一、二期合刊；陈志达：《安阳小屯殷代宫殿宗庙遗址探讨》，《文物资料丛刊》第 10 辑，文物出版社，1987 年，第 68—79 页。

② 中国社会科学院考古研究所：《殷墟的发现与研究》，科学出版社，1994 年，第 56 页。

③ 中国社会科学院考古研究所：《殷墟的发现与研究》，科学出版社，1994 年，第 92—93 页。

④ a. 中国社会科学院考古研究所：《中国考古学·夏商卷》，中国社会科学出版社，2003 年，第 327 页。

b. 北京大学历史系考古教研室商周组编：《商周考古》，文物出版社，1979 年，第 68 页。

⑤ 杜金鹏：《殷墟宫殿区建筑基址研究》，科学出版社，2010 年，第 176—179 页。

为居址①；乙二十基址为"凹"字形基址，可能是当时的宫殿建筑②。

对于丙组基址群的性质，石璋如说："这些基址的形式都很小，至少有一部分其上不可能有房子的建筑，颇似坛的形式。"③丙三、丙四、丙五、丙六等基址平面为方形，面积较小，多数不足十平方米，且基址上不见础石，的确很有可能是祭坛之类的建筑，与乙组基址中的宗庙建筑有密切关系；丙二、丙十二、丙十三等基址可能为居址④。

丁组基址从其所在位置、建筑规模及门前埋有祭祀坑等现象来看，均与乙组基址群中的某些基址比较相似，可能是乙组基址向南的扩展与延伸。郑振香曾指出："从 F1 无隔墙、无居住痕迹、门外有祭祀坑等现象分析，这座基址大概是用于祭祀的宗庙性建筑。"杜金鹏从该建筑的方位关系、祭祀遗迹和建筑形制三方面进行了讨论，最终赞同郑振香的观点⑤。在丁组基址 F1 二号门西侧埋有 1 件封口盉，錾下有"武父乙"三字铭文，应是武丁之父小乙的意思，故此件铜盉可能是武丁为其父小乙所作。又甲骨卜辞中有祭祀"三父"（即盘庚、小辛、小乙）的记载，可据此推测 F1 可能是武丁即位之后，为其父小乙或其"三父"所建的宗庙性建筑⑥。

乙七基址南面发现大批成排分布的长方形竖穴土坑，发掘者曾将这些坑划分为北、中、南三组。石璋如认为"如果是在落成之后埋入的……也可以说为'落成牲'。这个用意固然在庆祝房屋的落成，同时也希望这些武装的灵魂保护着住在宗庙内的灵魂的安全"⑦。但是邹衡从祭祀坑的布局来看，认为中组墓中的南北向坑早于东西向坑，说明人牲的杀祭至少在两次或两次

① 陈志达：《安阳小屯殷代宫殿宗庙遗址探讨》，《文物资料丛刊》第 10 辑，文物出版社，1987 年，第 71 页。

② 井中伟、王立新：《夏商周考古学》，科学出版社，2013 年，第 151 页。

③ 石璋如：《小屯（第一本）·遗址的发现与发掘·乙编·殷墟建筑遗存》，"中研院"历史语言研究所，1959 年，第 10 页。

④ 中国社会科学院考古研究所：《殷墟的发现与研究》，科学出版社，1994 年，第 66 页。

⑤ a. 中国社会科学院考古研究所安阳工作队：《河南安阳殷墟大型建筑基址的发掘》，《考古》2001 年第 5 期。

　　b. 杜金鹏：《殷墟宫殿区建筑基址研究》，科学出版社，2010 年，第 392－395 页。

⑥ 中国社会科学院考古研究所：《安阳殷墟小屯建筑遗存》，文物出版社，1994 年，第 108 页。

⑦ 石璋如：《小屯（第一本）·遗址的发现与发掘·乙编·殷墟建筑遗存》，"中研院"历史语言研究所，1959 年，第 300 页。

以上，因此北组和中组墓葬并非都是同时埋入的，应当是多次大规模的杀牲祭祀活动留下的遗迹，从年代来看大概是从武丁前后开始一直延续到商代末年①。杜金鹏也不赞成石璋如的看法，认为这些葬坑并非同时形成的，应该不是落成仪式的遗迹，由于这些遗迹位于乙七基址的附近，为祭祖仪式遗迹的可能性更大，有可能是祭祀祖先所留下的②；且分布在丙二基址周围的小葬坑，也有可能是祭祀宗庙中先公先王的结果③。

丙组基址群许多坑内充满着柴灰与骨炭，有学者根据文献记载提出可能与祈雨仪式有关。这种焚烧祭祀的方法，卜辞称为"燎"，陈梦家曾将这种用牲法祭祀的对象列表示例，表中燎牲的对象都是祖先，用牲的种类大都是羊和牛，而且燎羊的数量占大多数，与考古发现所见的情形相似④。若用卜辞来解释这些柴灰坑与烧羊骨、烧牛骨，其祭祀的对象仍以祖先更为合理⑤。

从王陵区东区的排葬坑的分布与排列情况来看，不可能专属某座商王大墓，因而推断这些葬坑不是下葬时的杀殉坑。从坑内出土的遗物可知，这些祭祀坑的年代约为武丁至廪辛时代，说明武丁至廪辛这一时期曾在这里举行过很多次祭祀活动，这些祭祀坑可能是多次祭祀活动后留下的遗迹。根据甲骨卜辞记载，商王在举行祭祖活动时，可以单祭一个祖先，也可合祭几个祖先，可以祭祀盘庚以后埋于此的先王，亦可以祭祀盘庚以前不埋葬在殷墟的先公先王⑥。因此祭祖仪式不一定要在所祭先王的陵墓附近举行，这一地点也可能就是商王室专门用于祭祀祖先的一处公共祭祀场所⑦。但是如若这

① a. 北京大学历史系考古教研室商周组编：《商周考古》，文物出版社，1979年，第68页。
b. 邹衡：《试论殷墟文化分期》，《夏商周考古学论文集》，文物出版社，1980年，第31－92页。
② 中国社会科学院考古研究所：《中国考古学·夏商卷》，中国社会科学出版社，2003年，第237页。
③ 中国社会科学院考古研究所：《殷墟的发现与研究》，科学出版社，1994年，第66页。
④ 陈梦家：《殷虚卜辞综述》，中华书局，1988年，第602页。
⑤ 石璋如：《小屯（第一本）·遗址的发现与发掘·乙编·殷墟建筑遗存》，"中研院"历史语言研究所，1959年，第59－164、309、316页。
⑥ 安阳亦工亦农文物考古短训班、中国科学院考古研究所安阳发掘队：《安阳殷墟奴隶祭祀坑的发掘》，《考古》1977年第1期。
⑦ a. 中国社会科学院考古研究所编：《新中国的考古发现和研究》，文物出版社，1984年，第230页。
b. 杨宝成：《殷墟文化研究》，武汉大学出版社，2003年，第97－118页。

样，坑中的这些牺牲可能是献给一个先王先公的，也可能是同时献给多个先王先公的，很难具体判断某个祭祀坑中所掩埋的牺牲是给某一或某些具体先王先公的①。

第二节　建筑营造类祭祀仪式

商人在营建建筑的过程中会举行一些祭祀仪式。前文提到，20 世纪 50 年代，石璋如最早在《殷墟建筑遗存》里提出乙组建筑基址的"基下墓"可能与建筑建造中的仪式有关，并提出这种祭祀可以分为奠基、置础、安门和落成四个步骤，每个步骤在用牲种类和规模上都有所不同，且只有在建造重要建筑时才举行祭祀②。这一观点得到李济和胡厚宣等人的赞同③。

然而，在考古工作中比较容易发现奠基和置础仪式遗迹，却很难辨别安门和落成仪式的遗迹，因此也曾有学者对奠基之外建筑营造类仪式的存在提出质疑。张光直在分析小屯北地三组宫殿基址时说："把所有祭祀坑都与营建仪式联系起来，未免勉强，有些可能与这些建筑完全无关。"④杜金鹏认为除了奠基基本没有问题以外，置础似乎根本不存在，安门也没有确凿的依据，而石璋如认为最为隆重的落成仪式，其遗迹似乎不是一次形成的，更像是在建筑使用过程中为供奉神主而埋置的⑤。因此，本书在研究中，主要讨论奠基（包括置础）的考古材料，对安门和落成仪式仅以文献记载为主。

笔者在甄别奠基（包括置础）仪式遗迹时，依照标准是遗迹开口层位是否在居住面以下，或遗迹是否在建筑范围之内。开口层位在居住面以上或打破建筑的遗迹有可能是建筑使用或废弃后留下的。在建筑范围之外的遗迹，除非其填土与建筑用土一致（比如填土经过夯打），否则无法确定遗迹与建筑的关系。

---

① 王平、（德）顾彬：《甲骨文与殷商人祭》，大象出版社，2007 年，第 9 页。
② 石璋如：《小屯（第一本）·遗址的发现与发掘·乙编·殷墟建筑遗存》，"中研院"历史语言研究所，1959 年，第 281－301 页。
③ a. 李济：《安阳》，河北教育出版社，2000 年，第 136 页。
　　b. 胡厚宣：《殷墟发掘》，学习生活出版社，1955 年，第 106－107 页。
④ （美）张光直著，张良仁等译：《商文明》，辽宁教育出版社，2002 年，第 84 页。
⑤ 杜金鹏：《殷墟宫殿区建筑基址研究》，科学出版社，2010 年，第 181 页。

一、商代建筑营造过程

本节所讨论的建筑营造类祭祀均是在建筑的建造过程中举行的。因此，有必要对商代建筑的主要建造程序进行归纳，将相关仪式遗迹与建筑的建造程序对应起来，探讨不同程序举行的仪式是否存在异同。商代晚期房屋建筑形制较史前更为多样，已普遍流行地面式、地穴式、半地穴式、窑洞式、干栏式建筑，就目前发现的使用建筑营造类仪式的建筑而言，基本都为地面式，这类建筑的建造过程主要分为四步。

第一步，处理地基。地基的处理方式有两种：一种是不挖基坑，只将原来洼地或早期遗迹等的填土挖出，再用垫土填实，待地面平整后即在拟建范围内施夯，再挖坑立柱①。例如，藁城台西 F2 建房时先挖去地面下 50 厘米厚的灰土，然后再填土进行夯打②。另一种是挖基坑，先挖一个面积小于或略同于拟建基址大小、口部略大于底部的平底基坑，然后从坑底分层填土夯筑，待夯筑出地面之后再向周围扩大面积夯筑出高出地面的夯土台基。后者被广泛应用于宫殿宗庙基址和大型房屋的建造中，郑州商城的大型夯土基址多采用此种方式③。有些建筑的台阶是在主体基址完成后才修建，比如发掘者在对洹北商城宫殿区 1 号基址解剖后提出步骤应是：挖开基槽、夯打基槽、夯筑台基、夯筑台阶、完成基址的地面结构部分④。

第二步，筑墙。墙体可分为两种。一是使用木柱的墙体，包括木骨泥墙和以木柱为骨的夯土墙。当地基夯打到预定高度时，即在上面挖墙基或柱坑，底部用垫土（或碎陶片等）夯实，然后再放入础石立柱。值得注意的是，大部分建筑均是在地基处理完之后才筑墙的，但也有少数建筑是在地基夯打到一定厚度时便挖柱坑立柱，然后再继续逐层夯打房基。安阳小屯 F7便是在地基夯打到厚约 50－60 厘米时挖柱坑立柱，再往上与基址同时夯筑⑤

① 王慎行：《商代建筑技术考》，《殷都学刊》1986 年第 2 期。

② 河北省文物研究所：《藁城台西商代遗址》，文物出版社，1985 年，第 19 页。

③ 河南省文物考古研究所：《郑州商城》，文物出版社，2001 年，第 241 页。

④ 中国社会科学院考古研究所安阳工作队：《河南安阳市洹北商城宫殿区 1 号基址发掘简报》，《考古》2003 年第 5 期。

⑤ 中国社会科学院考古研究所安阳工作队：《1976 年安阳小屯西北地发掘简报》，《考古》1984 年第 4 期。

的。二是未使用木柱的墙体，主要指土坯墙和不以木柱为骨的夯土墙。由于墙体越往上施夯就越困难，因此有些建筑墙体上半部用土坯垒砌。如藁城台西 F2 发现有残留的夯土墙和土坯[①]。

第三步，修盖屋顶。墙体筑好后便架梁盖顶。甲骨文中与建筑有关的字，如宫、宅、寝、家、室等，都从"宀"，说明"宀"是商代主流的屋顶形式。《说文·宀部》云："宀，交覆深屋也。象形。"[②]从甲骨文象形含义和遗址中未发现砖瓦遗存来看，商代建筑屋顶应与《礼记·明堂位》记载的"以茅盖屋"类似[③]。

第四步，安门窗等。门窗的位置在筑墙时就已经预留了出来，待屋顶盖好后再安置木质的门窗。虽然木质的门窗无法保存至今，但依然能从考古遗存中找到线索。例如，藁城台西 F6 北房东西室间的隔墙上部有一长 45、宽 23 厘米的"风窗"，北门宽 45、南门宽 70 厘米。

值得注意的是，以上几道工序并不一定完全按照时间的先后顺序进行。商代的建筑技术较为发达，已有完备的建造规划，如在藁城台西 F2 墙基的底部发现有用云母粉事先划定的轮廓线[④]。商人为了提高效率，会同时进行好几道工序，正如部分建筑是在地基尚未夯打完时便立柱筑墙的。

从相关祭祀仪式遗迹的位置来看，建筑的地基底部、垫土中、夯土中、柱洞下、墙基槽底部、门及台阶附近都发现了仪式遗迹，说明商人在建造这些部分时均举行了祭祀，即仪式遗迹大多与修建时的第一、第二和第四步有关，第三步由于屋顶等材料难以保存的原因目前尚未发现相关的仪式遗迹，但是并不排除这一步曾使用仪式的可能性。尽管第一、第二和第四步工序中均会举行祭祀，但在埋放位置、出土物种类、出土物处理方式等方面，这些工序中的祭祀遗迹又表现出明显的差异性，应当是根据各个工序的特点举行了不同类型的建筑营造类祭祀。比如，由于墙体所占平面面积有限，与筑墙有关的仪式遗迹中就很少发现边线明晰的遗迹，出土物大多为人头等所占空

---

① 河北省文物研究所：《藁城台西商代遗址》，文物出版社，1985 年，第 19 页。
② （汉）许慎撰，（清）段玉裁注：《说文解字注》，上海古籍出版社，1981 年，第 337 页。
③ （汉）郑玄注，（唐）孔颖达正义：《礼记正义》，上海古籍出版社，2008 年，第 1257 页。
④ 河北省文物研究所：《藁城台西商代遗址》，文物出版社，1985 年，第 170 页。

间不大的物品，似乎是为建造工序"量身定做"的。

二、建筑营造祭祀仪式种类

1. 奠基仪式

尽管文献中没有关于地基处理仪式的相关记载，但是甲骨文中却有"奠"祭相关的记载。甲骨文中"奠"字有四种用法：一是用作地名，如"丑卜，行，［贞］……在奠"（《合集》24258），这个意思同金文中"奠"字的意思一样，均与"郑"字相通；二是假借为"甸"字，如"南奠"（《合集》8818），"贞我奠受年"（《合集》9767）；三是用作人名，如"奠入十"（《合集》13390 反）、"奠来五"（《合集》10345 反）等①。"奠"字在甲骨卜辞中的前三种用法均是用作名词，而第四种用法是用作动词，例如：

> 贞勿于□奠。 　　　　　　　　　　　　　　（《合集》2137）
>
> 贞奠于丘敊。 　　　　　　　　　　　　　　（《合集》4248）
>
> ……乃……奠。十二月。 　　　　　　　　　（《合集》9499）
>
> 辛丑，贞王令□以子方奠于并。 　　　　　（《合集》32107）

如图 2-2，从字形上来看，甲骨文中的"奠"字，上部像尊酉之器，置于某物之上。《说文·丌部》曰："奠，置祭也。从酋。酋，酒也。丌其下也。"②又《诗经·国风》曰："于以奠之。宗室牖下。"注曰："奠，置也。"③有学者根据"奠"字的"置"这一含义，认为"奠"通"寘"。比如，吴其昌认为"委尊于丌或禁上，是寘也。故'奠'又通'寘'。"④饶宗颐也同意此说，认为"示为寘，与奠通，故卜辞里的'奠'、'示'义为寘豕奠豕，乃致牲之事也"⑤。显然，"奠"字在甲骨文中的第四种用法指的是一种祭祀。《诗经·大雅》云："上下奠瘗，靡神不宗。"毛亨注："奠谓置之于地，瘗谓埋之于土，礼与物皆谓为礼，事神之物，酒食牲玉之属也。"

---

① 于省吾：《甲骨文字诂林》，中华书局，1999 年，第 2688-2691 页。
② （汉）许慎撰，（清）段玉裁注：《说文解字注》，上海古籍出版社，1981 年，第 200 页。
③ （汉）毛亨传，（汉）郑玄笺，（唐）孔颖达疏：《毛诗正义》，北京大学出版社，2000 年，第 87 页。
④ 吴其昌：《殷虚书契解诂》，武汉大学出版社，2008 年，第 276 页。
⑤ 饶宗颐：《殷代贞卜人物通考》，香港大学出版社，1959 年，第 835 页。

郑玄注："奠其礼，瘗其物。"①这种祭祀应当是置祭的一种，即将牺牲置于某物之上，但牺牲和下面承接物的形式多种多样，牺牲可以是酒、动物等，并无定数。甲骨文字形中，"奠"字用酒来泛指了所有种类的牺牲，正如《说文·丌部》段玉裁注："置祭者，置酒食而祭也。故从酋丌。丌者，所置物之质也……置之物多矣。言酒者，举其一专也。"②

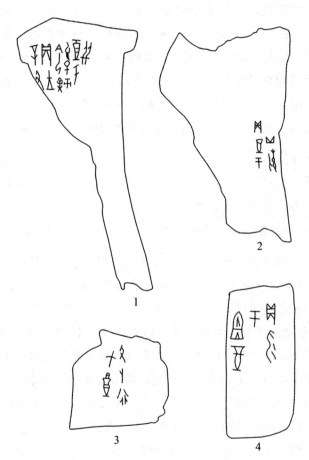

图 2－2　含"奠"字的卜辞摹本

1.《合集》32107　2.《合集》4248　3.《合集》24258　4.《合集》2137

① （汉）毛亨传，（汉）郑玄笺，（唐）孔颖达疏：《毛诗正义》，北京大学出版社，2000年，第1405页。

② （汉）许慎撰，（清）段玉裁注：《说文解字注》，上海古籍出版社，1981年，第200页。

文献中关于"奠"祭的记载，正好与前文考古发现的在地基的底部、垫土中或夯土中的仪式遗迹的基本特点相吻合。这说明在建筑建造之初，商人会举行"奠"祭，即在地基底部、垫土中或夯土中等地方放置儿童、动物等牺牲，有时再用土瘗埋。这种"奠"祭实质上是一种置祭。如今，一些非常重要的建筑在动工之初，依然会举行正式的庆贺性活动，俗称"奠基"仪式，这可能是商代"奠"祭的遗风。

　　2. 祀墙仪式

　　《说文·土部》曰："垣，墙也。"段玉裁注："此云垣者，墙也。浑言之。墙下曰垣，蔽也。析言之。垣蔽者，墙又为垣之蔽也。垣自其大言之。墙自其高言之。"①又《广韵·阳部》曰："墙，垣。《尔雅》云'墙谓之墉'，《说文》曰'墙垣蔽也'。《尔雅·释宫》'墙，谓之墉'。《左传》曰'人之有墙，以蔽恶也，故曰垣蔽'。"②从这些文献中不难看出，墙垣是把建筑内外的两个世界分隔开来的现实屏障，在古人的思想体系中具有"蔽恶"的作用。因此，古人也会在墙垣处举行祭祀，以此来排斥外部邪恶，获得一种保护居住者的心理慰藉，如《左传·昭公十八年》曰："祈于四墉。"③而商人在筑墙的时候，也会进行占卜，如卜辞：

　　　　甲申卜，我墉于系，多氏人，

　　　　甲申卜，我墉于系，七月。　　　　　　　　　　　　　（《缀》136）

　　其中的"墉"字用作动词，谓修筑城垣之事④。虽然文献中没有关于筑墙时举行祭祀的记载，但是考古发掘中在柱洞下或墙基下发现的仪式遗迹应当是筑墙时举行祭祀的铁证。

　　3. 祀门仪式

　　门、户两字在甲骨文中为"�門"、"𘓗"。《说文·门部》曰："门，闻

---

① （汉）许慎撰，（清）段玉裁注：《说文解字注》，上海古籍出版社，1981年，第684页。

② 赵少咸著，余行达、易云秋、赵吕甫整理：《广韵疏证》，巴蜀书社，2010年，第1092页。

③ （周）左丘明传，（晋）杜预注，（唐）孔颖达正义：《春秋左传正义》，北京大学出版社，1999年，第1584页。

④ 温少峰、袁庭栋：《殷墟卜辞研究——科学技术篇》，四川省社会科学院出版社，1983年，第385页。

也。从二户。象形。"①《说文·户部》曰："户，护也。半门曰户。象形。"②可知双扇称"门"，单扇称"户"。门、户是建筑内外两个世界相沟通的地方，且与居住者的出入有关，因此在古人心中有十分重要的地位，古人经常在此举行祭祀。如《礼记·祭法》曰："王为群姓立七祀，曰司命，曰中霤，曰国门，曰国行，曰泰厉，曰户，曰灶。"注曰："中霤，主堂室居处。门、户，主出入。"③《礼记·曲礼下》曰："天子祭天地，祭四方，祭山川，祭五祀，岁遍。诸侯方祀，祭山川，祭五祀，岁遍。大夫祭五祀，岁遍。"郑玄注："五祀，户、灶、中霤、门、行也，此盖殷时制也。"④《周礼·天官》曰："女祝，掌王后之内祭祀，凡内祷祠之事。"注曰："内祭祀，六宫之中灶、门、户。"⑤甲骨卜辞中也有在门和户两地举行祭祀的记载，如：

> 贞奏尹门。　　　　　　　　　　　　　　　　（《合集》13604）
>
> 其用在父甲升门有正，吉。　　　　　　　　　（《屯南》2334）
>
> 己巳卜，其启庭西户祝于妣辛。　　　　　　　（《合集》27555）

屈万里认为甲骨卜辞中有些"门"字指的是一种祭祀行为，"卜辞'门，其雨？'（《殷虚文字·甲编》1324）。门，作动词，疑谓修门或祭门也。"⑥宋镇豪也认为，在上古时期古人会在国门、城门、宫门、室门、家门、房门的建造及使用中举行"祀门"之礼⑦。《淮南子·齐俗训》曰："夏后氏，其社用松，祀户，葬墙置翣，其乐夏籥九成，六佾、六列、六英，其服尚青。殷人之礼，其社用石，祀门，葬树柏，其乐大护、晨露，其服尚

---

① （汉）许慎撰，（清）段玉裁注：《说文解字注》，上海古籍出版社，1981年，第587页。

② （汉）许慎撰，（清）段玉裁注：《说文解字注》，上海古籍出版社，1981年，第586页。

③ （汉）郑玄注，（唐）孔颖达正义：《礼记正义》，上海古籍出版社，2008年，第1799－1802页。

④ （汉）郑玄注，（唐）孔颖达正义：《礼记正义》，上海古籍出版社，2008年，第203－204页。

⑤ （汉）郑玄注，（唐）贾公彦疏：《周礼注疏》，上海古籍出版社，2010年，第270页。

⑥ 屈万里：《殷虚文字甲编考释》，《屈万里先生合集》，联经出版事业公司，1984年，第187页。

⑦ 宋镇豪：《商代史·卷七：商代社会生活与礼俗》，中国社会科学出版社，2010年，第63－67页。

白。"①因此，在商代就已经存在祀门祭祀②。

4. 落成仪式

宫室的建成在当时是一件大事，《礼记·檀弓下》曰："晋献文子成室，晋大夫发焉。"③由于缺少与建筑直接的叠压打破关系，我们无法判定建筑附近的祭祀遗迹是否与建筑的建造有关。但可以肯定的是，文献记载表明古人在建筑建成时的确会举行祭祀，如《左传·昭公七年》曰："楚子成章华之台，愿与诸侯落之。"杜预注："宫室始成，祭之为落。"④《礼记·杂记下》载："成庙则衅之。其礼：祝、宗人、宰夫、雍人，皆爵弁纯衣。雍人拭羊，宗人视之，宰夫北面于碑南，东上。雍人举羊，升屋自中，中屋南面，刲羊，血流于前，乃降。门、夹室皆用鸡。先门而后夹室。其衅皆于屋下。割鸡，门当门，夹室中室。有司皆乡室而立，门则有司当门北面。既事，宗人告事毕，乃皆退。反命于君曰：'衅某庙事毕。'反命于寝，君南乡于门内朝服。既反命，乃退。路寝成则考之而不衅。衅屋者，交神明之道也。"孔颖达疏："宗庙初成，则杀羊取血以衅之，尊而神之也。"⑤

第三节　手工业作坊类仪式

部分祭祀仪式遗迹位于手工业作坊内或附近，多是埋人或动物等的祭祀坑，包括小屯村北玉器作坊遗址 F11 内的长方形祭祀坑，苗圃北地铸铜作坊遗址 F1 附近的马坑 H36、T130⑤H25、T129⑤H39 和牛坑 IT1④，孝民屯铸铜作坊遗址 F43 南部的 H265，刘家庄北地制陶作坊遗址附近的人祭坑、人牛混祭坑、牛角祭祀坑、猪祭坑等。此外，在薛家庄南地探沟烧陶窑的灰层中出土了带字卜甲。从遗迹的出土背景来看，这些遗迹或与手工业生产中的仪式相关⑥，

---

① 张双棣：《淮南子校释》，北京大学出版社，1997 年，第 1151 页。
② 宋镇豪：《中国春秋战国习俗史》，人民出版社，1994 年，第 231－234 页。
③ （汉）郑玄注，（唐）孔颖达正义：《礼记正义》，上海古籍出版社，2008 年，第 431 页。
④ （周）左丘明传，（晋）杜预注，（唐）孔颖达正义：《春秋左传正义》，北京大学出版社，2000 年，第 1426 页。
⑤ （汉）郑玄注，（唐）孔颖达正义：《礼记正义》，上海古籍出版社，2008 年，第 1683 页。
⑥ 谢肃：《商文化手工业作坊内的祭祀（或巫术）遗存》，《江汉考古》2010 年第 1 期。

是仪式化生产（ritualized production）的结果①。从上述遗迹的出土情境来看，主要集中在制陶和铸铜作坊，学界对手工业生产中的祭祀仪式有不同的看法。有的学者认为这只是一种迷信活动，属于手工业生产习俗或禁忌；有的学者则从复杂的功能主义角度进行解释，"当没有可书写的文字，当没有所谓的化学配方时，就必须有一个明确的仪式来固定操作过程，使得操作精准且可以铭记"②，且设置禁忌和通过仪式等，可以确保学徒被尽可能有限地传授知识，关键技术依然保留在本行业团体内，尤其是年长的从业者手中③。

后世文献和民族学材料显示，在手工业重要生产步骤之前、之中和之后都会举行一系列仪式活动。生产活动结束之后，会对新生产的器物举行衅物仪式，主要是指用血铺洒在新造器物之上。《说文》载："衅，血祭也。"段玉裁注："凡言衅庙、衅钟、衅鼓、衅宝镇宝器、衅龟策、衅宗庙，名器皆同。以血涂之，因荐而祭之也。"④《周礼·大祝》载："隋衅、逆牲、逆尸，令钟鼓，右亦如之。"郑玄注："隋衅，谓荐血也。凡血祭曰衅。"⑤《礼记·杂记》载："凡宗庙之器，其名者成，则衅之以豭豚血涂之也……不及庙，故不用羊也。"⑥又《左传·昭公四年》载："叔孙为孟钟，曰：'尔未际，飨大夫以落之。'"古代凡用器，如钟、鼓之类，及宗庙之器，先以猪、羊或鸡之血祭之，曰衅。然后飨宴，则名之曰落，犹今言落成典礼⑦。《孟子·梁惠王上》载："王坐于堂上，有牵牛而过堂下者，王见之曰：'牛何之？'对曰：'将以衅钟。'王曰：'舍之，吾不忍其觳觫，若无罪而就死

---

① Terry Childs. 1998. Social Identity and Craft Specialization among Toro Iron Workers in Western Uganda. In Craft and Social Identity. Cathy L. Costin and Rita P. Wright, eds. Archeological Papers of the American Anthropological Association, 8. Arling-ton, VA: American Anthropological Association. pp. 109 – 121.

② 转自 Nikolaas J. van der Merwe, and Donald H. Avery. 1987. Science and Magic in African Technology: Traditional Iron Smelting in Malawi. *Africa* 57(2): 143 – 172.

③ （德）雅各布·伊弗斯著，胡冬雯、张洁译，肖坤冰校：《人类视野下的中国手工业的技术定位》，《民族学刊》2012 年第 2 期。

④ （汉）许慎撰，（清）段玉裁注：《说文解字注》，上海古籍出版社，1981 年，第 106 页。

⑤ （汉）郑玄注，（唐）贾公彦疏：《周礼注疏》，上海古籍出版社，2010 年，第 965 页。

⑥ （汉）郑玄注，（唐）孔颖达疏：《礼记正义》，上海古籍出版社，2008 年，第 1684 页。

⑦ 杨伯峻：《春秋左传注》，中华书局，1981 年，第 1257 – 1258 页。

地。'对曰：'然则废衅钟与？'曰：'何可废也，以羊易之。'"

甲骨卜辞中也有衅物的相关记载，如"丁亥卜，大……其铸黄吕……作凡利……"（《合集》29687）。林沄认为"黄吕"是指黄色的铜料，"铸黄吕"就是铸铜，"衅血"是用牲血祭新铸的铜器①。可见新生产的器物会用猪、牛或羊等牺牲的血衅之。

关于衅的目的，《孟子·梁惠王上》孙奭疏："盖古者器成而衅以血，所以厌变怪，御妖衅。"周柄中在《四书典故辨正》中提道："衅之义有三：一是祓除不详；一是弥缝罅隙，使完固之义；一是取其膏泽护养精灵。"由此可见，衅物主要是为了让器物更加坚固，尤其是青铜器等礼器，是仪式中通神的工具②，如果能以血（尤其犬、豕、羊等家畜的血）衅物，则会让这些器物更为坚固、富有灵性，金文中"彝"字从手持鸡，鸡头已被砍掉，颈中滴血。彝字为礼器通称，可见杀牲沥血的重要性。《荀子·强国篇》也载："刑范正、金锡美、工冶巧、火齐得，剖刑而莫邪已。然而不剥脱，不砥厉，则不可以断绳。剥脱之，砥厉之，则劙盘盂，刜牛马，忽然耳。"然而，由于衅物仪式主要是用的动物鲜血，这在考古遗迹中并不容易被发现。

这些祭祀仪式的对象可能是手工业生产相关的行业神和保护神，工匠要在适当的时候举行仪式来拜祭这些行业神和保护神。《陶冶图说》中曾记载了景德镇陶工祭祀窑神的情况，"迄今屡著灵异，窑民奉祀维谨，酬献无虚日，甚至俳优奏技数部簇于一场"③。非洲马拉维的楚路部落在冶铁熔炉挖基址的时候，仪式主持者（即最年长的工匠）会唱道："我们建造这个熔炉，不希望邪恶降临，我们只想要和事佬。我们修建这个熔炉是因为我们很贫穷。我们向神灵和祖先祈祷我们能够成功。"之后，仪式主持者跑开一小段距离，表示邪恶的离开，这些行为都将熔炉奉为神灵，保护它不受到破坏④。中美洲阿兹特克文明中龙舌兰酒酿酒师、药用油的制造者、席子的编

---

① 燕耘：《商代卜辞中的冶铸史料》，《考古》1973 年第 5 期。
② 张光直：《中国青铜时代》，三联书店，1999 年，第 274 - 276 页。
③ 周媛：《论〈陶冶图〉与〈陶冶图说〉的研究价值》，《陶瓷研究》2011 年第 4 期。
④ Nikolaas J. van der Merwe, and Donald H. Avery. 1987. Science and Magic in African Technology：Traditional Iron Smelting in Malawi. *Africa* 57(2)：143 - 172.

织者等手工业生产者祭祀的都是他们的保护神①。

除了举行仪式，民族学材料中还提到手工业生产中有大量的禁忌。比如非洲马拉维的楚路（Chulu）部落在冶铁中要保持与外界的隔离（尤其是妇女）、独身生活、不洗澡等。在撒哈拉以南的非洲，陶工在去挖黏土的过程中都必须避免性行为、交谈等行为②。浙江北部杭嘉湖平原养蚕的人们中会有"蚕禁忌"，《湖州府志》云："蚕时多禁忌，虽比户不相往来……官府至为罢征收，禁勾摄。为止'关蚕房门'。"在语言上也有一些禁忌，比如要避讳"亮"这个词，因为"亮蚕"是一种蚕病，也要避讳"伸"这个词，因为蚕死了才伸直③。

第四节　其　　他

已发现的这些大类，可能也可以细分为许多小类，比如宫殿宗庙类中不排除有登尝、告秋等仪式，但实践中很难再进行细分。除了以上三大类，还在殷墟发现了水井仪式。殷墟部分水井底部出土了与汲水无关的重要礼器。比如，在刘家庄 J31 底部发现铜爵、残铜觚、铜觥盖、铜罍肩部兽首所衔圆环各 1 件，以及铜罍、铜提梁卣等若干残片；在刘家庄 J30 井底发现 1 件四足铜盂④，如图 2－3 所示。妇好墓旁发现的特型墓 M34，南北长 6.4、东西宽 5.7－6.2 米，平面略近方形，与殷墟常见的平面为长方形的墓葬不同，且发现螺旋式的生土台阶，钻探出两件带有金属性质的遗物，一件较大，直径约有 60 厘米左右；另一件较小，因此，发掘者暂将其定为"特型墓"，并指出"其性质有可能是用于祭祀的"⑤。后学者推测可能是水井，或是具有冷

① Katherine Spielmann. 1998. Ritual Craft Specialists in Middle Range Societies. In *Craft and Social Identity*, Vol. 8, edited by Cathy L. Costin, and Rita P. Wright. Arlington, VA: American Anthropological Association. pp. 153－160.

② Oliver P. Gosselain and Alexandre Livingstone Smith. 2005. The source clay selection and processing practices in sub-saharan Africa. In *Pottery Manufacturing Processes: Reconstruction and Interpretation*. Alexandre Livingstone Smith(eds.) Oxford: Basingstoke Press. p. 40.

③ 顾希佳：《桑蚕生产民俗的文化生态保护：以杭嘉湖为例》，《文化遗产》2011 年第 1 期。

④ 中国社会科学院考古研究所安阳工作队：《河南安阳市殷墟刘家庄北地 2008 年发掘简报》，《考古》2009 年第 7 期。

⑤ 中国社会科学院考古研究所：《安阳小屯》，世界图书出版公司，2004 年，第 152－153 页。

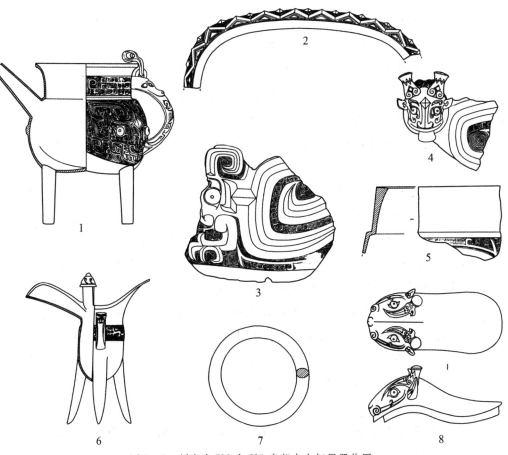

图 2-3 刘家庄 J30 和 J31 底部出土铜器器物图

1. 铜四足盉(J30:15)　2. 铜提梁卣残片(J31:11a)　3. 铜提梁卣残片(J31:11d)
4. 铜提梁卣残片(J31:11c)　5. 铜提梁卣残片(J31:11b)　6. 铜爵(J31:1)
7. 铜罍残体(J31:2)　8. 铜觥盖(J31:4)

藏功能的窖藏坑[①]，但从 M34 距地表深 13.5 米已超过地下水位的情况，且在井底未发现动物骨骼、谷物等其他遗物来看，笔者认为其为水井的可能性更大。王裕口南地 J5 水井所出的相关祭祀遗迹，均是在水井被废弃后形成的，

———————————

① 苗霞：《殷墟小屯宫殿区"特型墓 M34"的性质探析》，《中原文物》2015 年第 1 期。

是否与水井有关尚无法确定①，暂且不论。

《礼记·月令》记载在仲冬之月："天子命有司祈祀四海、大川、名源、渊泽、井泉。"郑玄注："顺其德盛之时祭之也。"②从文献记载来看，可以分析出水井祭祀的几个要素，即祭祀举行的地点是在水井及其附近，时间多在仲冬时期，目的是祈求水源充裕、水质良好乃至祈雨等，使用品有铜爵、铜觚、铜盉等。井底出土的部分铜礼器十分精美，并不太可能用来汲水，显然不具有实用功能，铜器在商代是珍贵的礼器，出现在井底是一种"非理性"行为。

除了以上几类仪式，商代还有许多其他已知的祭祀仪式。比如，在江苏铜山丘湾遗址发现的社祀遗迹，位于遗址地之南、居址下方的中央部位，总面积约75平方米。中心处立有四块天然大石，周围共出有人骨20具、人头骨2个、狗骨12具，骨骼互相混在一起，没有发现墓圹、葬具或随葬品等。人骨均是俯身屈肢葬，且多是双手被反绑在背后，经鉴定有男性6具、女性4具，皆为青中年，有一半左右的头骨破碎，有的在头骨旁或腕骨旁出有石块，似表明主要是被砸死的③。《周礼·春官·小宗伯》郑玄注："社主盖以石为之。"《淮南子·齐俗训》载："殷人之礼，其社用石。"俞伟超认为中央大石当是社主，这一遗迹应与社祀有关④。

卜辞和文献中也有许多祭祀仪式的记载，但在考古发掘中难以被发现，比如商代的祈雨仪式。《吕氏春秋·季秋纪·顺民篇》载："昔者，汤克夏而正天下，天大旱，五年不收。汤乃以身祷于桑林曰：'余一人有罪，无及万夫；万夫有罪，在余一人。无以一人之不敏，使上帝鬼神伤民之命。'于是翦其发，磨其手，以身为牺牲，用祈福于上帝。民乃甚说，雨乃大至。"⑤卜

---

① 中国社会科学院考古研究所安阳工作队：《河南安阳市殷墟王裕口村南地2009年发掘简报》，《考古》2012年第12期。

② （汉）郑玄注，（唐）孔颖达正义：《礼记正义》，上海古籍出版社，2008年，第731－732页。

③ 南京博物院：《江苏铜山丘湾古遗址的发掘》，《考古》1973年第2期。

④ 俞伟超：《铜山丘湾商代社祀遗迹的推定》，《考古》1973年第5期。

⑤ （秦）吕不韦编，许维遹集释：《吕氏春秋集释》，中华书局，2009年，第200－201页。

辞记载祈雨仪式中往往会举行"舞"和"烄"等活动，舞是执羽而舞，烄按字形来讲，似乎应该是焚烧人牲而求降雨[1]，如"勿隹烄亡其雨"（《乙编》[2]5836）、"于丙烄雨，于壬烄雨"（《京都》[3]2372）。

①　张秉权：《殷代的农业与气象》，《"中研院"历史语言研究所集刊》第四十二本第二分册，1971年。
②　中国科学院考古研究所：《小屯（第二本）·殷虚文字·乙编》，商务印书馆，1948年。
③　贝塚茂树辑著：《京都大学人文科学研究所藏甲骨文字》，日本京都大学人文科学研究所，1959年。

第三章　祭祀仪式用品的使用

仪式用品是祭祀仪式中必不可少的一个组成部分，是体现仪式举行者和仪式对象之间关系的重要媒介，也是仪式举行者实现诉求的一种途径。涂尔干认为，尽管人们依靠神灵，但是这种依靠是相互的，这些神灵也需要人们，没有祭品或牺牲，这些神灵会死掉，因此两者的关系并非一种不平等的关系，仪式举行者并不比仪式对象低人一等，他们只是使用物质来实现其诉求①。一旦建立起这种人与人之间、人与神之间的交往或交换关系，献祭就成为必需，这是一种必要的互相酬答的给予行为，而非单纯的物质交换，不献祭就会变得危险②。商代的祭祀仪式实质上就是这种神与人的交易。商人与诸神的关系是一种相互平等的礼尚往来的关系，通过祭祀仪式商人感到他们可以和神灵建立起盟约式的双方关系，祭祀仪式用品就是实现这种关系的媒介，因而有必要对祭祀仪式用品进行全面分析。此外，祭祀仪式用品的使用情况也充分地反映了当时的社会结构等信息，不同社会身份的人，在仪式举行时在用品选择、用品处理和用品来源等方面都会存在一定的差异，本书将依次对各个部分展开讨论。

---

① Emile Durkheim. 1912. *Selections from The Elementary Forms of Religious Life*. Lambeck. pp. 34 - 49.

② Marcel Mauss. 1990. *The Gift: The form and Reason for Exchange in Ancient Societies*. London：W. W. Norton & Company. pp. 15 - 16.

Edmund Leach. 1976. *Culture and Comminication: The Logic by Which Symbols Are Connected*. Cambridge：Cambridge University Press. pp. 81 - 93.

第一节　祭祀仪式用品的种类选择

在对祭祀仪式用品进行分析时，本书主要从绝对数量和出土概率两个方面统计。尽管绝对数量可以让我们更为直观地看到仪式用品的数量，但是部分遗存由于受到扰动，出土物的保存状况并不是很好，比如有些骨骼只能辨别出种属却无法统计出最小个体数，如乙七基址中组墓葬 M293 "内仅遗有人骨数块，究竟原来为若干具人骨无法推定"。在这种情况下，出土物的绝对数量统计结果显然难以反映商人对仪式用品选择和使用的真实情况，因此本书采用了计算出土概率的统计方法。具体计算方法为：出土物出土概率＝某种出土物在仪式遗迹中出现的次数／仪式遗迹总数×100%。出土概率是指发现某种出土物的可能性。这种统计方法的特点是不考虑出土物的绝对数量，而是仅以"有"和"无"作为计量标准，可以减少出土物绝对数量分析的缺陷[①]。出土概率揭示的是某种出土物在仪式遗迹中的"普遍性"或者是"出现次数"，可以用来衡量不同出土物在仪式中的重要性。从逻辑上讲，某种出土物的出土概率越高，说明该出土物在当时使用的次数越多，在仪式中也越重要。

一、主要种类

从图 3-1 和图 3-2 来看，在殷墟遗址祭祀遗存中，绝对数量中成人人牲、青铜器、陶器等数量最为突出，动物牺牲中羊、狗的数量较多。出土概率中成人人牲和儿童的概率最高，动物牺牲中狗、马和羊的概率较高，器物中青铜器和陶器较为突出。

1. 成人人牲

人牲是商代祭祀仪式中规格最高的牺牲，祭祀仪式中使用人牲是商代社会的一种普遍现象，在商代晚期尤甚。甲骨卜辞和文献记载表明，商人在祭祀祖先、祈年求雨、征伐前后等，都会大量使用人牲。考古发现中的人牲，根据年龄的不同可以分为成人人牲和儿童人牲两大类。以殷墟为例，成人人

---

① 刘长江、靳桂云、孔昭宸：《植物考古：种子和果实研究》，科学出版社，2008 年，第 29-30 页。

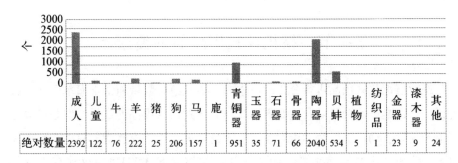

图3-1　殷墟祭祀仪式用品绝对数量统计图①

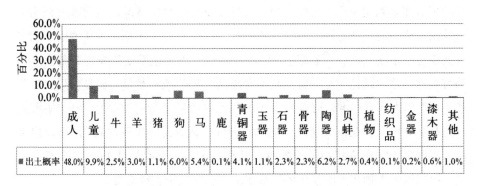

图3-2　殷墟祭祀仪式用品出土概率统计图

牲几乎发现于所有种类的祭祀仪式遗迹中，且在绝对数量和出土概率中都位居前位，其出土概率更是高达48%，说明商人在仪式中十分倾向于使用成人人牲。

发现的这些成人人牲大部分没有任何随身物品，表明其社会身份十分低下，可能是毫无生产资料的底层人民，但也有少部分成人人牲可能是具有一定财富的民众或职官。比如，大司空村H407内有海贝3枚，可能为坑底人骨的佩饰物。王陵区东区祭祀坑M4中的2具女性人骨附近发现玉饰和玉笄各1件。乙七基址北组墓葬M242内有人骨7具，各具人骨的头旁均有绿松石制成的饰品，可能为头饰；M86、M88人头骨附近出土有蚌饰，应是死者

---

① 在统计殷墟遗址祭祀仪式用品数据时，辛店遗址的发掘材料尚未发表，故殷墟遗址祭祀仪式用品的相关数据均未包括辛店遗址的材料，下文同。

生前所戴头饰，如图 3-3 所示；M20 的人牲配有成套武器等。这些在成人人牲附近发现的相关随身物品[1]，大多为饰品或武器，说明这些人牲可能具备一定的社会财富。

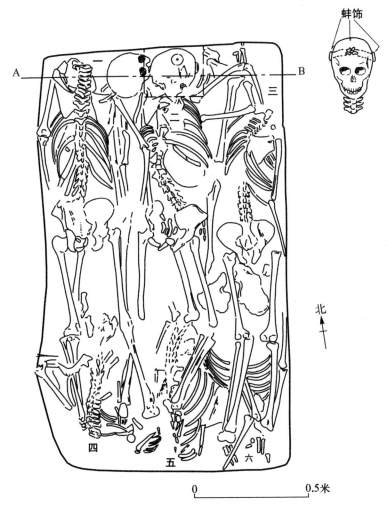

图 3-3　乙七基址北组墓葬 M86 蚌饰出土示意图

① a. 石璋如：《小屯（第一本）·遗址的发现与发掘·丙编·殷墟墓葬之一·北组墓葬》，"中研院"历史语言研究所，1979 年，第 350 页。
　　b. 林沄：《商代兵制管窥》，《吉林大学社会科学学报》1990 年第 1 期。

在一些祭祀遗迹中也发现了成人人牲和其他仪式用品一同埋葬的情况，推测这些人牲的身份可能与仪式用品有关，或为掌管这一仪式用品的职官。比如，殷墟王陵区西区祭祀坑 M39、M40 和 M41 三坑中均发现了与马同埋的成年男子，发掘者推测这些成年男子生前很可能是从事养马或驭马的人。乙七基址北组墓葬 M188 内 8 件青铜器的旁边发现两具人骨，石璋如根据器物和人骨的位置关系，推测这两人应是管理这些器物的职官，且根据其附近的器物推定了他们的职责——靠近东面一具人骨的器物有觚、爵，该人可能为司饮的人；而接近西面一具人骨的器物有鼎、甗、斝、瓿，该人可能为司煮的人①。乙七基址 M101、M137 和 M167 的人骨旁边均发现有铜戈，推测这些人牲的身份可能为武士。小屯东北的甲骨窖穴 YH127，内有甲骨 3 760 余块，在龟甲的堆积中发现了一个蜷曲侧置的人骨，身体大部分已被埋在龟甲之中，头骨及上躯露出龟甲以外，发掘者认为"这个人架的姿态，与龟甲堆积的情形，有密切的关系，由我们的观察推定他们是同时埋入的……这个人架，或为当时管理龟甲的公务员了"②。

2. 儿童人牲

除了成人人牲，祭祀仪式中还大量使用了儿童作为人牲，主要见于建筑营造类仪式，有的使用瓮棺葬的形式，有的则是直接埋放。曾有学者提出这些儿童可能是房屋居住者的初生子女，特别是长子③。也有学者认为这些儿童只可能是奴隶或奴隶的子女④。虽然这些儿童的身份尚无法确定，但是发现的儿童数量如此之多，说明这些儿童显然不会是在建筑建造时恰巧自然死亡的，应当是商人有意为之的，或许与商代的弃婴（尤其是女婴）行为有关。胡厚宣曾指出甲骨卜辞"贞妇鼠娩，余弗其子。四月"（《合集》

---

① 石璋如：《小屯（第一本）·遗址的发现与发掘·丙编·殷墟墓葬之一·北组墓葬》，"中研院"历史语言研究所，1979 年，第 350 页。
② 石璋如：《殷墟最近之重要发现附论小屯地层》，《中国考古学报》第二册，1947 年，第 41 页。
③ 黄展岳：《古代人牲人殉通论》，文物出版社，2004 年，第 3-4 页。
④ 曹桂岑：《论龙山文化古城的社会性质》，《中国考古学会第五次年会论文集（1985）》，文物出版社，1988 年，第 1-7 页。

14116）中"弗其子"的意思是不承认初生婴儿，即弃子①。李志刚分析了与生育相关的甲骨卜辞，认为商王所生之子必经过占卜选择，卜之不吉的婴儿则弃之②。后世文献中更有杀女婴的相关记载，如《韩非子·六反》曰："产男则相贺，产女则杀之。"③可见当时存在弃婴的现象，这些弃婴很可能被商人当作人牲用在祭祀仪式中。

3. 动物牺牲

动物牺牲中，牛、羊、狗、马和猪等几种牺牲的绝对数量和出土概率数值都占明显的优势。其中，猪的绝对数量和出土概率都非常低，说明在商代晚期的祭祀仪式中商人不太倾向于使用猪，这可能和猪作为主要的肉食来源有关④。除此之外，还发现了极少数的野生动物，种类有鹿、鹰、河狸、猴、象、虎、狐、鲸鱼等。从文献记载、古文字研究和考古材料三方面来看，商人在商代晚期祭祀仪式中所用的动物牺牲，似乎以家养动物为主。后世文献中，有为祭祀而圈养动物的明确记载。《国语·观射父论祀牲》载："王曰：'刍豢几何？'对曰：'远不过三月，近不过浃日。'王曰：'祀不可以已乎？'对曰：'祀所以昭孝息民、抚国家、定百姓也，不可以已。夫民气纵则底，底则滞，滞久而不震，生乃不殖。其用不从，其生不殖，不可以封。'"⑤《管子·轻重戊》载："殷人之王，立皂牢。"杨升南认为"皂牢"即槽牢也，是商人栏圈饲养动物的证据⑥。甲骨文中的牢、宰等字，指代的都是畜养的牛和羊等动物，如卜辞"畜马在兹牢"（《合集》29416）和"王畜马在兹牢……母戊，王受……"（《合集 29415》），说明马、牛、羊一类牲畜是圈内饲养的⑦。商王对这些动物的畜养十分重视，会亲自前往或

---

① 胡厚宣：《殷代婚姻家族宗法生育制度考》，《甲骨学商史论丛初集》，河北教育出版社，2002 年，第 126 页。

② 李志刚：《中国上古时期的"生子不举"》，《古代文明》2011 年第 3 期，第 59 - 70 页。

③ （战国）韩非著，陈奇猷校注：《韩非子新校注》，上海古籍出版社，2000 年，第 1006 页。

④ （日）冈村秀典：《商代的动物牺牲》，《考古学集刊》（第 15 集），文物出版社，2004 年，第 216 - 235 页。

⑤ （春秋）左丘明：《国语》，上海古籍出版社，1988 年，第 565 页。

⑥ 杨升南：《商代的畜牧业》，《华夏文明》（第三辑），北京大学出版社，1992 年，第 138 页。

⑦ a. 张光直：《商文明》，辽宁教育出版社，2002 年，第 223 页。
b. 张秉权：《祭祀卜辞中的牺牲》，《"中研院"历史语言研究所集刊》第三十八本，1968 年。转引自《甲骨文献集成（第三十册）》，四川大学出版社，2001 年，第 351 - 363 页。

派人前往饲养基地视察动物的生长情况，卜辞中的"省"指省视、视察、巡视，"省牛""省象"等即是视察牛、象等动物之义①，如：

> 丙午卜，房贞，呼省牛于多郑。
> 贞，勿呼省牛于多郑。　　　　　　　　　　（《合集》11177）
> 贞，王往省牛。
> 贞，王勿往省牛。　　　　　　　　　　　　（《合集》11176）
> 壬戌卜，今日王省。于癸亥省象。易日。　　（《合集》32954）
> 贞令亢省象，若。　　　　　　　　　　　　（《合集》4611）

王陵区东区 M110 内的两匹马架嘴边有铜镳，说明商人对马的习性等认识也十分深入，有学者从甲骨文里以马字为偏旁的一系列字中，发现有许多字是马的专名，认为殷人已能按马的毛色、特性、外形等对马加以区别，当时已经有了"相马术"②，完全有饲养马等动物的能力。

4. 器物

在殷墟遗址祭祀仪式遗存中发现的青铜器，主要器类有铜鼎、铜甗、铜斝、铜瓿、铜卣、铜觚、铜爵、铜戈、铜刀、铜镞、铜铃、铜斗、铜盖、铜印章，以及铜车马器等。发现的青铜器大多为小件的青铜兵器等，铜鼎等重器数量寥若星辰，此外，尽管青铜器出土的绝对数量比较多，达 951 件，但是出土概率仅有 4.1%，出土的青铜器主要集中在少数的几个遗迹单位中。玉器器形有玉柄形器、玉笄、玉璧、玉环、玉蝉、玉鱼，以及玉饰若干，主要以装饰品为主。石器器形有石镰、石戈、石刀、石璧、石杵、石锤、石戚、石斧、磨石等。陶器器形有陶纺轮、陶罐、陶壶、陶盆、陶觚、陶爵、陶鬲、陶器盖、陶尊、陶罍、陶豆、陶盂、陶瓮。骨器主要有骨镞、骨笄、骨锥等工具和饰品。贝蚌主要有蚌镰和海贝等饰品。另外还发现有少量金器。

商代晚期祭祀仪式遗存中出土的这些器物，无论在数量上还是品质上，都与墓葬和青铜窖藏中发现的器物情况大不相同。说明可能除了本书提到的

---

① 彭明瀚：《商代养牛业简论》，《农业考古》1991 年第 3 期。
② 中国社会科学院考古研究所：《殷墟的发现与研究》，科学出版社，1994 年，第 178 页。

这些祭祀仪式外，还有其他非常重要的仪式，在这些重要的仪式中使用了大量重器，而在本书讨论的祭祀仪式遗存中，则并未使用。

5. 其他

此外，还有少量的漆木器、纺织品和谷物等出土，这类物品由于本身的易腐性，并不容易保存下来，所以发现的数量并不多。考古工作中发现较多的仪式遗物，基本都是材质不易腐烂的物品，如甲骨、青铜器、玉器等，而鲜花、酒精、肉类、鲜血、植物、纺织品等易腐类祭祀仪式用品并不容易被发现。在考古中曾发现了一些特别的"空坑"。如河南安阳洹北商城宫殿区1号基址平面呈"回"字形，由主殿、主殿廊庑、西配殿、南庑和门塾等部分组成，在主殿东部夯土中、台阶附近、西配殿附近，都发现埋有人、猪、羊、玉柄形器等的祭祀坑，但在南庑和门塾发现的25座祭祀坑，除了门塾庭院外的JK14内发现1具人骨之外，其余24座祭祀坑坑内并无任何遗物，发掘者推测"可能是某种特殊祭祀方式的遗存"[①]。河南安阳殷墟王陵区西区发现的M14、M15和M16三座祭祀坑，坑内填有很坚实的夯土，但也无任何遗物，与周围大量埋有人牲和动物牺牲的祭祀坑有显著的不同，发掘者认为可能是"原先预定举行一次祭祀活动，后来因故没有举行或没有按原计划屠杀牺牲，所以便留下了空坑"[②]。但从这些"空坑"附近的其他祭祀坑都出土了一定的牺牲来看，更可能的情况是这些"空坑"当时也埋有相应的实物，只是这些实物可能是不易保存下来的易腐类物品。

古代祭祀仪式中经常会用到易腐物品，甲骨卜辞中曾多次提到商人祭祀时用酒，如卜辞"乙亥卜，蒸罍三祖丁牢，王受又，吉"（《合集》27180）；也提到在登祭、拜祭和周祭中会使用粟、黍等农作物，如卜辞"丙子卜，其登黍于宗"（《合集》30306）、"己卯，贞拜禾于示壬三牢"（《合集》33314）。至于如何甄别出易腐类仪式用品，更多地还需依赖于自然科学技术的应用，目前已有科技考古工作者注意到了这一问题。曼弗雷德·罗什

---

① 中国社会科学院考古研究所安阳工作队：《河南安阳市洹北商城宫殿区1号基址发掘简报》，《考古》2003年第5期。

② 中国社会科学院考古研究所安阳工作队：《安阳武官村北地商代祭祀坑的发掘》，《考古》1987年第12期。

其（Manfred Rösch）对山西绛县西周倗国墓地出土的铜盉和铜觯进行了残留物化学分析，发现器物内壁的黑色薄层内含有酒石酸，说明举行葬仪时这两件器物中盛有酒①。河南安阳殷墟丁组基址 F1M15 内的人骨前发现有绿灰土堆积，经植硅体分析得知其为粟类作物②。安阳王裕口南地 F1 房基第 7 层夯土下发现了约 1－3 厘米的黑色炭屑和白色植物朽灰③，虽然没有做进一步的鉴定和分析，但应当是某种农作物留下的遗存。后岗祭祀坑出土了一堆谷物，且在陶罐内部的腹底、铜鼎、铜戈上也有谷物的印迹，有些保存较好，能看出其籽粒的形状，发掘者推测应是粟粒④。不过，相比较而言，目前对易腐类仪式物品的研究依然是凤毛麟角，有待于今后更多类似工作的开展。

需要指出的是，尽管考古发现与甲骨卜辞在商代晚期祭祀仪式用品的种类方面有很大程度的重合，但是在数量上却不尽一致。卜辞记载商代祭祀每次用牲自一至十、百、千不等，部分卜辞记载用牲数量十分巨大，如：

> 丁卯……百羊……
>
> 丁巳卜，又燎于父丁百犬、百豕，卯百牛。　　　　　　（《掇》34）
>
> 五百牢。　　　　　　（《乙》9098）
>
> 丁巳卜，争贞，降，曹千牛。
>
> 不其降。曹千牛、千人。　　　　　　（《合集》301）

但实际上，笔者的统计结果与这一记载并不一致，在本书研究的商代晚期祭祀仪式遗存中，并未发现上百乃至上千的情况。

二、选择标准

祭祀仪式用品的种类选择体现出仪式举行者的思想观念。《礼记·祭

---

① Manfred Rösch. 2005. Pollen Analysis of the Contents of Excavated Vessels-Direct Archaeobotanical Evidence of Beverages, *Vegetation History and Archaeobotany*, 14(3)：179－188.

② 中国社会科学院考古研究所：《安阳殷墟小屯建筑遗存》，文物出版社，2010 年，第 60－104 页。

③ 中国社会科学院考古研究所安阳工作队：《河南安阳市王裕口南地殷代遗址的发掘》，《考古》2004 年第 5 期。

④ 中国社会科学院考古研究所：《殷墟发掘报告 1958—1961》，文物出版社，1987 年，第 278 页。

统》载:"凡天之所生,地之所长,苟可荐者,莫不咸在,示尽物也。"①文献记载当时对祭祀仪式用品的选择具有广泛性,但通过前文的分析可以看出,商人对祭祀仪式用品的选择实则有较为明显的倾向性,并非所有物品都可以用在仪式中,商人在祭祀仪式用品的选择上可能遵循了以下几个标准。

1. 祭祀仪式用品的洁净性

在前文的仪式定义中,涂尔干对世界万物进行了两极划分——神圣的和世俗的,两者是一种绝对的对立,毫无重叠之处。为了能选出用作仪式的神圣物品,人们会对仪式用品进行分类。以动物牺牲为例,仪式举行者会根据动物的外在特征、生活习性和行为举止等将动物分为若干种类,再据此选择用作牺牲的动物,动物也就有了社会意义。每一个民族或族群都会根据其对动物的基本分类来确定仪式牺牲。以色列人将动物的偶蹄和反刍视为一种原则,与之相悖的动物则是肮脏的或危险的,如表3-1所示。牛、绵阳和山羊同时满足偶蹄和反刍的条件,所以被以色列人所喜爱乃至被用作仪式牺牲②,猪虽偶蹄但不反刍,因而是肮脏的、危险的。小亚细亚马格涅西亚城(Magnesia)为了举行牲牛仪式会有专门的选牲程序。首先,公务人员会在每年岁末时到庙会上挑选一头公牛,这头公牛必须是所有公牛中最健硕的。商代祭祀仪式中的这些仪式用品应当也是商人有意选择、甚至专门为祭祀仪式而准备的,正如《礼记·祭义》载:"古者天子、诸侯必有养兽之官,及岁时,斋戒沐浴而躬朝之,牺牷祭牲必于是取之,敬之至也。君召牛,纳而视之,择其毛而卜之,吉,然后养之。"③

表3-1 以色列人对动物的基本分类表

	鸟类	兽类	爬行动物	水生动物
可食的				
宜为牺牲的	斑鸠	牛		

---

① (汉)郑玄注,(唐)孔颖达正义:《礼记正义》,上海古籍出版社,2008年,第1868页。
② 彭兆荣:《人类学仪式的理论与实践》,民族出版社,2007年,第214页。
③ (汉)郑玄注,(唐)孔颖达正义:《礼记正义》,上海古籍出版社,2008年,第1839页。

	鸟类	兽类	爬行动物	水生动物
	鸽子	绵羊		
		山羊		
宜上桌的	麻雀	小鹿	蚱蜢	鱼类
	鹌鹑	羚羊	蝉	
		朱鹭		
		瞪羚		
不可食的	枭、猫头鹰	骆驼	蛇	虾
不洁净的动物	鹰	蹄兔	鼬鼠	儒艮
	秃鹰	猪	蜥蜴	
	戴胜科鸟	野兔		

　　神圣物品和世俗物品的异质性导致了两者的敌对性。神圣物品绝不允许受到世俗物品的触碰或伤害，因此神圣物品会受到专门的保护和隔离，随之会有许多的禁忌①。为了保持这些牺牲的神圣性，人们在选牲完成之后、仪式举行之前，都会有意识地将用作仪式的动物牺牲与其他动物分离开来。比如，在瑶族的"还盘王愿"仪式中会用猪作为牺牲，被确定为牺牲的那头猪会提前一年被精心圈养②。小亚细亚马格涅西亚城的牲牛仪式在选出公牛之后会举行盛大的巡游，由于这头千挑万选出来的公牛非常神圣，任何不祥之物都禁止接近它，因此巡游仪式结束后这头公牛会与牛群分开单独饲养，得到人们的小心呵护，直到来年四月用作仪式牺牲为止③。古希腊仪式活动中牺牲必须是洁净的，而且还需对其进行某种程度的装饰，比如以缎带缠绕牺

---

　　① Emile Durkheim. 1912. *Selections from The Elementary Forms of Religious Life*. Lambeck. pp. 34 – 49.

　　② 彭兆荣：《人类学仪式的理论与实践》，民族出版社，2007年，第221页。

　　③ （英）简·艾伦·哈里森著，刘宗迪译：《古代艺术与仪式》，三联书店，2008年，第55页。

牲，并在牺牲的犄角上镀金等①。

商代晚期祭祀仪式中所用的部分野生动物具有明显的驯服痕迹，比如殷墟王陵区西区 M4 内的猴子系有一铜铃，M35 内的幼象骨架背脊处有一铜铃，M19 内的两具牛骨架颈部各系一铜铃等。这些系有铜铃的、用于祭祀仪式的野生动物应与其他的野生动物有所区别，说明商人已经为了祭祀仪式的举行而有意识地选择了一些野生动物，并饲养了一段时间之后才将牺牲用在祭祀仪式中，以确保仪式用品的纯净性。但这些野生动物是否与其他野生动物区别开来单独饲养，目前的考古学证据尚不充分。

为了确保这种祭祀仪式用品的神圣性，不光对祭祀仪式用品的纯净与否有所要求，也对可以接触到这些用品的仪式举行者有所限制，并非人人都可以碰触。小亚细亚马格涅西亚城的牲牛仪式在选出公牛之后会举行盛大的巡游，参加巡游仪式的童男女必须是双亲俱全的，他们不能与死亡之事有任何沾染，不能触犯任何禁忌②。古希腊人认为，献祭神灵的仪式是一项神圣的行为，因此在仪式开始前所有参与者均需沐浴更衣、头戴花环、身着盛装，以示与日常生活相区别，且在仪式即将开始时需要将水依次浇洒在每个参祭者的手上，这些都是对仪式参与者的一种净化行为③。

而在仪式结束之后，为了继续保持这些物品的纯净性，这些用品会被销毁而不至于被玷污。在斐济，有一个专有名词叫做"卡纳·拉玛（kanalama）"，指的是吃了酋长的饭菜或穿了酋长的衣服而得的病。酋长这类人是神圣的，他们的物品也获得了神圣的特性，普通人不可触摸，否则会祸至。在古代中国，天子所拥有的物品也可被称作神器，普通人是不能觊觎的。班彪《王命论》载："不知神器有命，不可以智力求。"李善注引韦昭曰："神器、天子灵符服御之物。"又引老子曰："天下神器，不可为也，为者败之也。"

---

① 吴晓群：《古代希腊的献祭仪式研究》，《世界历史》1999 年第 6 期。

② （英）简·艾伦·哈里森著，刘宗迪译：《古代艺术与仪式》，三联书店，2008 年，第 55 页。

③ 吴晓群：《古代希腊的献祭仪式研究》，《世界历史》1999 年第 6 期。

2. 祭祀仪式用品的重要性

祭祀仪式中所使用用品的重要性取决于那个时代和地区人们的观念。比如，在印度，为了平息洹河神灵的愤怒和赢得神灵的喜悦，印度人将人间所享用的一切，包括满足于听觉、嗅觉、味觉、视觉等感官的最美好物品，皆转移于神灵，会在仪式中使用他们认为最为重要的物品①。

商人在祭祀仪式中使用的人牲、大型哺乳动物、青铜器、玉器等，皆是当时最为珍贵的物品。在依靠人力而非机械的前工业化社会里，人牲是最宝贵的祭品②。在祭祀仪式中大量地使用人牲这一现象也广泛存在于世界其他地区的原始文化中，展示了一种为全球普遍接受的行为③。在对动物牺牲的选择上，卜辞还记载商人会选择带有颜色的动物牺牲④，如"白豕""白牛""白黍""白豭""勿牡""勿牝""勿牛""戠牛"等，如卜辞：

叀白牛燎。	（《屯南》⑤231）
乙丑卜，燎白豕。	（《合集》34463）
辛丑卜，旅贞，祖辛岁，叀勿牝。	（《合集》22985）
丙申卜，贞，康祖丁，其牢。其戠牛，兹用。	（《合集》35995）

商人在祭祀仪式中使用的青铜器、玉器等，均代表了当时手工艺技术巅峰的物品。乙七基址北组墓葬 M20、M45、M188 和 M238 出土的青铜器、玉器、蚌饰等十分精美，是殷墟遗址出土同类器物中的精品。在乙七基址北组墓葬中还发现了许多人骨铺洒朱砂的情况，尽管朱砂并不具有青铜器、玉器等制作所需要的技术含量，但因为北方地区朱砂原料稀有，朱砂上有远途贸易或纳贡所产生的附加值，因此在商代晚期变得十分珍贵⑥。

---

① 王平，（德）顾彬：《甲骨文与殷商人祭》，大象出版社，2007 年，第 78 页。

② （美）伯恩著，杜杉杉译，刘钦审校：《文化的变异》，辽宁人民出版社，1988 年，第 494 页。

③ Anawalt, Patricia. R. 1982. Understanding Aztec Human Sacrifice. *Archaeology* 35(5): 38 – 45.

④ （英）汪涛著，郅晓娜译：《颜色与祭祀——中国古代文化中颜色涵义探幽》，上海古籍出版社，2013 年，第 83 页。

⑤ 中国社会科学院考古研究所：《小屯南地甲骨》，中华书局，1980 年。

⑥ 方辉：《论史前及夏时期的朱砂葬——兼论帝尧与丹朱传说》，《文史哲》2015 年第 2 期。

3. 祭祀仪式用品的功能性

张光直认为，祭祀仪式用品是神祇和生者进行沟通的必备之物，其中动物是巫觋沟通天地的助手，最通行的召唤办法是以这些动物作牺牲，使他们的精灵自躯体中解脱和升华出来，而占卜本身就是借助动物甲骨来实现的，可见以动物祭祀是实现天地神人交流沟通的一种具体方式①。《左传·庄公三十二年》载："秋七月，有神降于莘。惠王问诸内史过曰：'是何故也？'对曰：'国之将兴，明神降之，监其德也；将亡，神又降之，观其恶也。故有得神以兴，亦有以亡，虞、夏、商、周皆有之。'王曰：'若之何？'对曰：'以其物享焉，其至之日，亦其物也。'"这里的"物"因神而异②。由于人的喜好不一，不同的神灵也有各自的喜好③。科林·伦福儒指出："要从其他活动中分别出宗教仪式，很重要的一点是不要忽视那些神秘的超自然的仪式活动用品。"④因此，分析祭祀仪式用品的内涵显得十分有必要。

前文提到，商人举行建筑营造类仪式的动机主要是希望所建的建筑能够坚固。在建筑营造类仪式中，商人使用最多的动物牺牲莫过于狗，商人之所以频繁地用狗，是因为狗在商人的思想意识中具有"宁风"的作用⑤。在甲骨卜辞中，往往会有"宁风"时用狗的记载，如：

> 宁风，巫九犬。 　　　　　　　　　　　　　　　　（《合集》34138）
>
> 宁风，北巫犬。 　　　　　　　　　　　　　　　　（《合集》34140）

关于"宁风"，《广韵·清部》曰："宁，定息。"⑥又《尔雅·释诂》曰："定，止也。"⑦因此，"宁风"的意思即是止风，说明商人在祭祀中用狗是希望能够让风停止，如《尔雅·释天》曰："祭风曰磔。"郭璞注曰：

---

① a. （美）张光直著，郭净译：《美术、神话与祭祀》，民族出版社，1999 年，第 43、52 页。
　　b. （美）张光直：《中国青铜时代》，三联书店，1983 年，第 311、327 页。
② （美）张光直著，郭净译：《美术、神话与祭祀》，民族出版社，1999 年，第 51 页。
③ 王平、（德）顾彬：《甲骨文与殷商人祭》，大象出版社，2007 年，第 78 页。
④ （英）科林·伦福儒、保罗·巴恩著，中国社会科学院考古研究所译：《考古学理论、方法与实践》，文物出版社，2004 年，第 410 页。
⑤ （日）井上聪：《殷墓腰坑与狗巫术》，《华东师范大学学报（哲学社会科学版）》1992 年第 5 期。
⑥ 赵少咸著，余行达、易云秋、赵吕甫整理：《广韵疏证》，巴蜀书社，2010 年，第 1166 页。
⑦ （晋）郭璞注，（宋）邢昺疏：《尔雅注疏》，北京大学出版社，2000 年，第 43 页。

"今俗当大道中磔狗，云以止风。"①在商代这种生产力并不发达的农业社会时期，商人对自然环境的依赖较大。风灾对农作物危害较大，其对建筑的建造以及建筑物本身也会产生一定的影响，甚至会让刚建成的"茅茨土阶"建筑毁于一旦。因此，在建筑营造类祭祀中商人选择具有抵御或减轻风灾的动物狗作为牺牲，也就顺理成章。另外，商代甲骨卜辞中有"四方风"的记载。胡厚宣等在对有"四方风"的卜辞进行释读后认为，所谓的"四方风"名者在商人心目中是一种神灵，即"四方风神"。商人相信风由"四方风神"掌管，"四方风神"彼此之间又有分工，掌管不同的风，如东方和南方风神专管"出入风"②。因此商人又用其他家畜作为牺牲，对四方风神进行献祭，其目的是减少风灾对建筑及其建造行为的阻力。

第二节　祭祀仪式用品的处理方式

在卜辞中，有记载祭祀过程中具体活动的动词，如伐、埋、卯、沉等③，部分活动在考古材料中也有所体现，可以看出商人对祭祀仪式用品曾采取过一些处理方式，主要有斩首、肢解、毁器、焚烧、铺洒朱砂和土埋等④。

一、砍头

在部分祭祀仪式遗迹中仅发现人头骨，如殷墟甲十一基址的夯土中出土人头骨1个⑤。也有头骨和肢体分离的情况，如安阳殷墟丁组基址89AXT1F1

---

① （晋）郭璞注，（宋）邢昺疏：《尔雅注疏》，北京大学出版社，2000年，第200页。
② a. 胡厚宣：《释殷代求年于四方和四方风的祭祀》，《复旦学报（人文科学版）》1956年第1期。
　　b. 李学勤：《商代的四风与四时》，《中州学刊》1985年第5期，第99-101页。
　　c. 郑慧生：《商代卜辞四方神名、风名与后世春夏秋冬四时之关系》，《史学月刊》1984年第6期。
③ 刘源：《商周祭祖礼研究》，商务印书馆，2004年，第19页。
④ 唐际根、汤毓赟：《再论殷墟人祭坑与甲骨文中羌祭卜辞的相关性》，《中原文物》2014年第3期。
⑤ 石璋如：《小屯（第一本）·遗址的发现与发掘·乙编·殷墟建筑遗存》，"中研院"历史语言研究所，1959年，第50-53页。

出土的人骨和头骨分开放置①；小屯西北地 M64、M53、M56、M62、M57 和 M54 六座祭祀坑中均发现了与躯体分离的人头，且在部分头骨上残留有清晰的砍痕②；后岗祭祀坑 15 号人骨架的前额有明显的刀砍痕迹，表明当时人牲是被斩首而亡。

在甲骨卜辞中，这种砍头方法被称作"伐"和"䣆"。"伐"从字形上看可能是用戈或其他武器砍下人牲的头来献祭，"伐"可以是指砍人的头，也可以是指砍牲畜的头，但一般多指砍人头以祭③。"䣆"字字形像是把人牲的双手反缚，抓住其发辫，用斧钺断其头颅④。"伐""䣆"等处理方式多用于祭祖仪式中，如：

伐五羌，十牢。　　　　　　　　　　　　（《合集》19000）

□未卜……升岁大乙伐二十，十牢。　　　（《屯南》2200）

甲午卜，贞䣆多仆。二月。　　　　　　　（《合集》564）

商人祭祀仪式中的砍头形式主要有两种。一种是先挖好形状规整的祭祀坑，人牲在砍头之后，将躯体按照一定的方向依次埋入，再将人头放置入内，当人牲数量较多而坑的空间有限时，还会出现分层叠压的情况。乙七基址中组墓葬 M85、M81 和 M80 中人骨的放置多是一具在上层、两具在下层；M112 为一个埋有 12 人的祭祀坑，其内的人牲摆放为六具躯体向北在下层、六具躯体向南在上层；M237 为埋有 10 人的祭祀坑，也是分两层摆放，上下层各放五人。砍杀后的人牲大部分都是躯体和人头一起埋放，但是也有少数分开埋葬的情况。王陵区东区祭祀坑 M39、M20、M96 等都仅发现无头人躯，如图 3 - 4 所示。1950 年发掘的殷墟王陵区东区祭祀坑中，出现了人头数和骨骼数严重不符合的情况，比如 WKm2 中出土的无头人躯仅 4 具，而人头骨则有 15 个；WKm3 出土无头人躯 2 具，人头骨 5 个；附近的 WKm4 等

①　中国社会科学院考古研究所：《安阳殷墟小屯建筑遗存》，文物出版社，2010 年，第 60 - 104 页。

②　安阳亦工亦农文物考古短训班、中国科学院考古研究所安阳发掘队：《安阳殷墟奴隶祭祀坑的发掘》，《考古》1977 年第 1 期。

③　常玉芝：《商代宗教祭祀》，中国社会科学出版社，2010 年，第 233 页。

④　王平、（德）顾彬：《甲骨文与殷商人祭》，大象出版社，2007 年，第 79 - 81 页。

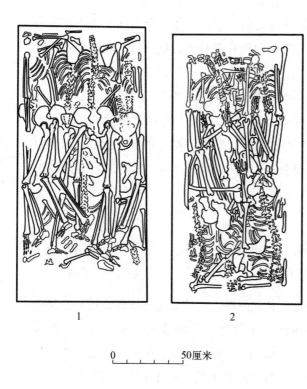

0　　　　　50厘米

图3-4　无头人牲祭祀坑平面图
1. M20　2. M96　3. M39

则仅发现无头人躯，未发现人头骨，这一现象说明人牲在被砍杀之后不一定完全按个体来埋葬，有混乱的情形。另一种是直接在祭祀坑中砍头。在宫殿宗庙区发现了许多呈跪姿的人牲，如丁组基址M18、M14，且在M18内的人牲身上发现有捆缚的痕迹，应是将活人捆绑后推入坑中，令其呈跪姿后再砍头。从可观察出的砍头行为来看，第一种模式居多。

至于这些砍头的工具，目前仅在乙七基址中组墓葬M259中被砍头人牲左膝东边靠近东墙的地方，发现半块石刀，残存尖部，而被砍下的人头也恰好放在两膝间，笔者推测这半块石刀可能为砍头时使用的工具，因某种原因碎裂并随被砍下的人头一起落入坑中。

二、肢解

有些成人人牲的骨骼并不完整，部分人骨上具有明显的肢解痕迹。比如，1976年安阳祭祀坑M1内的5具人骨、M2内的7具人骨，躯干和四肢皆被肢解，M214的人骨手指被砍，M141的人骨也被砍断肢解。王陵区东区M140坑底埋有10块被砍断的人肢骨和躯干骨，在填土中也发现有零碎的人骨十几块，大多为四肢骨；M161内的8具人骨头部皆被砍去，而且大部分手指和脚趾也被砍去；M214东南角上有1具人骨双手被缚，手指被砍去，如图3-5所示；丁组基址M16内人骨的上肢也有明显的砍断痕迹。对于肢解行为的观察比较困难，因为在人骨上没有明显肢解痕迹留下的情况下，骨骼的残缺也有可能是骨骼保存状况不佳所致，如丁组基址89AXT1F1M11坑内人骨不见左手骨，M12坑内人骨无右手，右侧肋骨残缺，很难确定是被肢解的结果。所幸的是卜辞中对肢解有详细的记载，如：

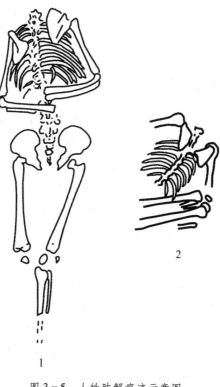

图3-5　人牲肢解痕迹示意图
1. M214　2. M141

　　辛亥卜，毛上甲牛，三报羊，二示牛。
　　辛亥贞，毛自上甲，三报羊，二示牛。　　　　　　（《合集》32349）
　　伐仆二人。　　　　　　　　　　　　　　　　（《合集·补编》13181）
　　□已贞，甲午又升岁于上甲五牢。　　　　　　　（《合集》32322）
　　辛亥卜，甲子又升岁于上甲三牛。　　　　　　　（《合集》32324）

于省吾认为，䰀字作为杀牲之法，其意义与《庄子·胠箧》中"昔者龙逢斩，比干剖，苌弘胣，子胥靡"中的"胣"的用法相同，即裂腹剖肠之意，操作手段大概是解剖人牲的肢体，继而向神灵献祭①。"岁"，即"刿"，意为割，即割杀牲以祭②。删、刊古音叠韵，二字可以互通，因此"册"以册为音符，应该读如"删"，通"刊"，俗作"砍"③，卜辞有"册祖丁十伐，十宰。"（《合集》914）。可知"䰀""毛""岁"都为用牲之法，指仪式时肢解、割裂牲体。

三、毁器

尽管与人牲和动物牺牲相比，商代晚期祭祀遗迹中发现的器物数量相对较少，商人对这部分器物也进行了一定的处理，部分青铜器、玉器、陶器和卜甲上发现了有在埋入前被人为打碎的现象。比如，殷墟遗址乙七基址北组墓葬 M188 出土的 8 件铜器，其中"爵形器，墓内东南隅，口部向东南，三足向北上，略向南倒卧，已残破为两段，可能是打破埋入的，残破为三十余块"；北组墓葬 M238"东南的容器大都为铜器，而且大都破烂"；刘家庄 J30、J31 内出有打碎弃置的青铜盉等④。在殷墟丁组基址 F1 的 8 个祭祀坑和小屯西北地 F7 的 M9 中发现了大量可复原的碎陶器，丙区墓葬 M331 中也有类似情况，报告中提到"按本墓葬中的随葬物大都为打破以后而埋入的，有的且斗合不全，如白陶罐，意思是说有一部分根本没有放入墓中……字骨经过两面锯断，下段经过敲击，也可能经打破而埋入了一部分"。

有学者将这种现象称为"毁器"⑤。《左传·昭公八年》载："袁克杀马

---

① 于省吾：《双剑誃殷契骈枝续篇·三编·校补》，华东师范大学中国文字研究与应用中心藏，第 46－47 页。转引自王平、（德）顾彬：《甲骨文与殷商人祭》，大象出版社，2007 年，第 88 页。

② 唐兰：《天壤阁甲骨文存·考释》，北京辅仁大学 1939 年版，第 30－31 页。转引自于省吾：《甲骨文字诂林》第三册：中华书局，1996 年。

③ 于省吾：《甲骨文字释林》，中华书局，1979 年，第 172－173 页。

④ 中国社会科学院考古研究所安阳工作队：《河南安阳市殷墟刘家庄北地 2008 年发掘简报》，《考古》2009 年第 7 期。

⑤ 郜向平：《商墓中的毁器习俗与明器化现象》，《考古与文物》2010 年第 1 期。

毁玉以葬。"①尽管没有直接的关于毁器的卜辞，但是在一些卜骨上，整条卜辞中的字绝大多数是完整的，只有个别指器物名称的字字形残缺不全，如"鼎""尊"字有部分残缺，很可能是毁器这种处理方式的表达②。对于毁器行为的内涵，石璋如在整理丙组墓葬时曾指出，"这种打破随葬物的举动，可能含有宗教的意义"③。何崝则认为这是一种规格较高的祭法，是受祭者地位的一种象征④。

四、焚烧

在祭祀仪式遗存中发现了大量焚烧的痕迹。如殷墟遗址宫殿区丙组基址 M. A. 内的一只牛角经火烧过后由中间断裂为两节；安阳王裕口南地 H3 祭祀坑内的堆积中发现了大量的炭屑和烧土粒，一件完整陶鬲通体被熏黑，大卵石的一面被烤成红色，说明该坑被火烧过。甲骨文中有提到焚烧的情况，多为"燎"，如：

甲申卜，宾贞，翌辛卯燎于王亥三牛。　　　　　（《合集》14743）

贞，燎于上甲于河十牛。　　　　　　　　　　　（《合集》1186）

□□卜，其燎于上甲三羊，卯牛三。雨。　　　　（《合集》32358）

焚烧很有可能是整个祭祀仪式过程中比较偏后的一种行为，发生在肢解等其他处理方式完成之后。

五、铺洒朱砂

在一些祭祀仪式遗存中，发现了部分人骨和动物骨骼被染成红色的现象。比如，后岗祭祀坑共发现人架 54 具，分为上下两层。上层有 25 具人骨，骨骼上染有一层红色；没有固定的葬式，15 号人架的前额有明显的刀砍

---

① 杨伯峻编著：《春秋左传注（修订本）》，中华书局，2011 年，第 1304 页。

② 何崝：《商代卜辞中所见之碎物祭》，《商文化管窥》，四川大学出版社，1994 年，第 211 - 231 页。

③ 石璋如：《小屯（第一本）·遗址的发现与研究·丙编·殷墟墓葬之五·丙区墓葬》，"中研院"历史语言研究所，1980 年，第 157 页。

④ 何崝：《商代卜辞中所见之碎物祭》，《商文化管窥》，四川大学出版社，1994 年，第 211 - 231 页。

痕迹。下层发现人架 29 具，绝大多数骨架上也有红色①。

殷墟宫殿宗庙区乙七基址北组墓葬和中组墓葬的许多祭祀坑中，也发现了部分骨骼上有红色痕迹，尽管报告并没有进一步指出这种红色物质为何物，但应为朱砂无疑。如北组墓葬 M20 为一车墓，3 具人骨上均有红色物质；M40 内有人骨 3 具，其中 1 具人骨上有红色痕迹；M123 内有人骨 7 具，其中 2 具人骨上有红色痕迹；M122 内有人骨 7 具，其中 1 具人骨上有红色痕迹；M120 内有人骨 5 具，其中 2 具人骨上有红色痕迹；M88 内有人骨 5 具，其中 4 具人骨上有红色痕迹；M86 内有人骨 6 具，其中 1 具人骨上有红色痕迹；M144 和 M121 内有人骨 5 具，M129 内有人骨 3 具，均有红色痕迹；M26 和 M24 内均有 3 具人骨，仅 1 具人骨上有红色痕迹；M191 内有人骨 5 具，部分人骨上有红色痕迹，但报告并未提到多少。

中组墓葬中的 M176 有人骨 4 具，M172 和 M179 有人骨 6 具，均有红色痕迹；M154 中有 7 具人骨，其中 1 具有红色痕迹；M181 中有人骨 1 具，有红色痕迹；M177 中有人骨 5 具，4 具有红色痕迹；M161 中有人骨 7 具，5 具上有红色痕迹；M169 和 M170 中都有人骨 8 具，6 具人骨有红色痕迹；M171 中有 8 具人骨，2 具有红色痕迹；M64 和 M160 中分别有 8 具和 4 具人骨，均有 2 具有红色痕迹；M116 中有 7 具人骨，其中 5 具人骨涂朱砂；M113 中有人骨 6 具，4 具人骨有红色痕迹；M76 中有人骨 9 具，7 具涂有红色痕迹；M163、M180、M158、M83、M274 和 M351 中的人骨上也发现有红色痕迹，但是报告中并没有详细的人骨数量。

武官村北祭祀坑的发掘者也注意到了这一问题，指出"M20 马头部有朱砂"②。

现在看来这些遗迹现象应当是使用朱砂所致，但是骨骼上的红色是如何涂上的，是将朱砂直接铺洒在骨骼上，还是铺洒在坑底，抑或是从人牲身穿的红色服饰上染来的③，由于报告信息十分有限，尚无法判定。关于这些颜

① 中国科学院考古研究所安阳发掘队：《1958—1959 年殷墟发掘简报》，《考古》1961 年第 2 期。

② 中国社会科学院考古研究所安阳工作队：《安阳武官村北地商代祭祀坑的发掘》，《考古》1987 年第 12 期。

③ 汪涛：《商代考古中的颜色》，《商文化论集》，文物出版社，2003 年，第 442 - 454 页。

色究竟用的是什么颜料，一般认为红色是朱砂，黑色就是碳素，棕色可能是朱砂中掺入了其他的成分，可能有浓缩的血液①。朱砂色赤红，类太阳、鲜血、火焰，在普遍信奉鬼神的商代，可能有特殊的含义②。

除此之外，商人也在甲骨或礼器上涂朱，甲骨涂朱分两种情况：一种是用毛笔书写在甲骨背面上的书辞，有朱书或墨书，所写的内容是卜辞，但也有为记卜事而写在甲桥上的，约有二十余件③；另一种情况是把颜色铺洒在契刻好的卜辞上，有时刻兆中也涂填颜色，往往大字填朱，小字涂墨④。在刘家庄 10 多座墓葬中出土的玉器上发现有朱书文字⑤。

六、土埋

土埋即挖坑后将牺牲置于坑中，再用土填埋。甲骨卜辞中的"陷"字，字形似是人或牲畜陷入坑中被活埋，卜辞有"甲辰……至戊陷人"（《合集》1079）。考古发掘中发现的瘗埋方式主要有两种。一种是先处死再瘗埋，比如王陵区西区发现的 M12、M23、M27 和 M34 中所埋的马骨架姿势都较规整，表明这些马应是处死后再埋入坑中的，并且在埋葬时曾作过有意识的摆置。另一种是直接瘗埋，许多呈挣扎状的人骨，有的人骨上甚至有明显的捆绑痕迹，可能是活埋所致。如王陵区东区 M119 坑内所埋的 2 具全躯人骨，皆侧身屈肢作双手抱头状，似有明显的挣扎痕迹；又如王陵区东区 M6 内人骨的双手和双腿紧缩交叉在一起，M13 中人骨双腿紧靠在一起，都似捆绑状。商人将牺牲放入既定坑中再掩土埋葬时，有时会对填土进行夯打，如乙组基址北组墓葬 M120、M71、M38 等墓的填土都为夯土，如图 3-6 所示，说明商人的土埋行为非常考究。

以上祭祀仪式用品的处理方式，基本也呈现一种先后顺序。比如，丙组

---

① Benedetti-Pichler. 1937. Mocrochemical Analysis of Pigments Used in the Fossae of the Incisions of Chinese Oracle Bones. Industrial and Enginerring Chemistry, Analytical edition 9. pp. 149－152.

　　Britton Roswell. 1937. Oracle-bone Color Pigments. Harvard Journal of Asiatic Studies 2－1. pp. 1－3.

② 方辉、李玮涓：《殷墟使用朱砂情况的考察》，《中原文物》2022 年第 1 期。

③ 陈梦家：《殷虚卜辞综述》，中华书局，1956 年，第 14 页。

④ 刘一曼：《试论殷墟甲骨书辞》，《考古》1991 年第 6 期。

⑤ a. 连劭名：《安阳刘家庄商代墓葬所出朱书玉铭考》，《华夏考古》2001 年第 1 期。

　　b. 孟宪武、李贵昌：《殷墟出土的玉璋朱书文字》，《华夏考古》1997 年第 2 期。

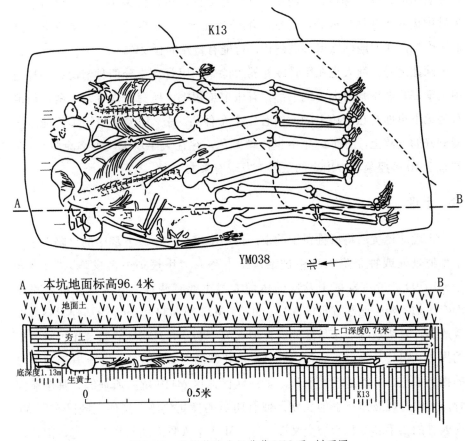

图 3-6　乙组基址北组墓葬 M38 平、剖面图

基址 M．C．内发现的 8 节牛骨，均为腿骨，且多由关节处砍断，在其东边及下部，均有含大量木炭之黑灰土，并有一片红烧土，径约 1 公尺，为烧火处所。现在看来，这 8 节牛腿骨最起码先后经历了肢解、焚烧、土埋三种处理方式。

第三节　祭祀仪式用品的获取途径

祭祀仪式用品的获取方式，根据产地主要分为外来和本土提供两种，前者又可细分为纳贡、战争和田猎等。

一、外来

　　李济、杨希牧等先生对殷墟早些年发掘的王陵区祭祀坑人骨进行了测量鉴定，认为祭祀坑头骨存在不同人种主干的异种系成分[①]。韩康信、潘其凤则对此提出质疑，认为依然是以蒙古人种主干下的类似现代东亚类型人种为主，而不是由三个或两个大人种成分组成，体质上的多种类型，或许可用商人在四邻方国的征战中俘获了异族战俘来解释[②]。在对殷墟中小墓出土头骨的鉴定结果显示，殷墟中小墓墓主的死亡年龄大于王陵区祭祀坑中的人牲，说明了两者死者不同身份和不同的致死因素，但在人种方面两者应基本相同[③]。并且，在1976年发掘的武官村南北向东西排列的无头祭祀坑中，能观察到性别特征的人骨全都是男性，死者基本上都是年龄在15－35岁间的青壮年，说明这些人牲和西北冈王陵区人牲的来源及身份应该是一样的，且M26、M32、M33这一组坑中的人骨，较其他各坑人骨骨骼更为粗壮，个体亦较高大，似具有不同的种族特征，发掘者推测也应与商人对其四邻方国的征战所俘获的战俘有关[④]。

　　除了体质人类学上的特征，物质文化上也体现出了人牲具有比较明显的异域特征，殷墟遗址的祭祀仪式遗存中出土了一些具有北方文化因素的器物[⑤]。

　　① ａ.李济：《安阳侯家庄商代墓葬人头骨的一些测量特征》，《"中研院"院刊（第1辑）》，1954年，第549－558页，又引自中国社会科学院历史研究所、中国社会科学院考古研究所：《安阳殷墟头骨研究》，北京：文物出版社，1985年，第132－148页。
　　ｂ.杨希枚：《河南殷墟头骨的测量和形态观察（英文）》，《中国东亚学术研究计划委员会年报》1966年第5期，第1－13页。
　　ｃ.杨希枚：《河南安阳殷墟墓葬中人体骨骼的整理和研究》，《历史语言研究所集刊》第四十二本第二分册，1971年，第231－266页。
　　② 韩康信、潘其凤：《殷墟祭祀坑人头骨的种系》，《安阳殷墟头骨研究》，文物出版社，1985年，第82－108页。
　　③ ａ.韩康信、潘其凤：《安阳殷墟中小墓人骨的研究》，《安阳殷墟头骨研究》，文物出版社，1985年，第50－81页。
　　ｂ.中国社会科学院考古研究所：《殷墟的发现与研究》，科学出版社，1994年，第178页。
　　④ ａ.安阳亦工亦农文物考古短训班、中国科学院考古研究所安阳发掘队：《安阳殷墟奴隶祭祀坑的发掘》，《考古》1977年第1期。
　　ｂ.中国科学院考古研究所体质人类学组：《安阳殷代祭祀坑人骨的性别年龄鉴定》，《考古》1977年第3期。
　　⑤ 韩金秋：《夏商西周时期中原文化中的北方文化因素研究》，吉林大学博士学位论文，2009年，第128－129页。

1934—1935 年在侯家庄西北冈发掘的陪葬坑中，有近 80 座陪葬坑出有无头人骨，与人骨同出的有铜刀、铜斧与砺石，可能每人配一刀一斧一砺石，高去寻称其为"刀斧葬"①。其中，铜刀 M1537：9161：1 与绥德类型塌头村所出的马首刀十分相似，如图 3-7 所示。编号为 M2093：R9211 的管銎斧斧身窄长，呈长方形，弧刃，斧面有直线阳纹，銎上有穿，且斧身上饰数道延至銎部的条状纹的风格亦见于绥德类型和西岔 M10 出土的管銎斧②。武官村北祭祀坑 M221 出有铜环首刀（M221：1），通体呈长条形，尖端略上

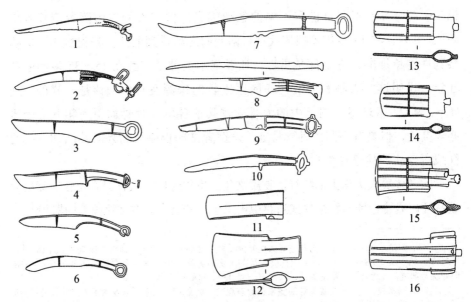

图 3-7　殷墟遗址、绥德类型和石楼类型所出的部分铜刀与管銎斧

1. M1537：9161：1 铜刀　2. 绥德类型塌头村马首刀　3. 丁组基址 M10：1 铜刀　4. 绥德类型张兰沟村铜刀　5. 丁组基址 M10：2 铜刀　6. 丁组基址 M10：6 铜刀　7. 武官村北 M221：1 铜环首刀　8. 乙七基址 M238：R1598 蕈首刀　9. 乙七基址 M164：4 铜环首刀　10. 石楼类型二郎坡遗址铜刀　11. 清涧高杰乡李家崖村 M9 管銎斧　12. 绥德县博物馆藏管銎斧　13. 丁组基址 M10：4 管銎斧　14. 丁组基址 M10：3　15. 丁组基址 M10：9　16. M2093：R9211 管銎斧

---

① 高去寻：《刀斧葬中的铜刀》，《历史语言研究所集刊》第三十七本上册，1967 年。

② a. 朱凤瀚：《由殷墟出土北方式青铜器看商人与北方族群的联系》，《考古学报》2013 年第 1 期。

b. 罗琨：《商代人祭及相关问题》，《甲骨探史录》，三联书店，1982 年，112-191 页。

翘，刀身与柄连接处较宽，连接处下段有锯齿，把手有环①。

殷墟宫殿宗庙区乙七基址南面 M164 的人骨腰部处有 1 件三凸钮环首刀（M164：4），与石楼类型二郎坡遗址所出的环首刀十分相似②。M238 出有 1 件蕈首刀（M238：R1598），刀体呈细长扁条状，尖端略上翘，刀身与柄的连接处较宽，柄的两面各有三条凸起的平行线，柄末端有一小孔③，与绥中冯家村出土的铜刀（87SFJ1：12）十分相似④。

殷墟宫殿宗庙区丁组基址 1 号房基东南部的祭祀坑 90M10 出土了 3 件环首刀和 4 件管銎斧。这 3 件环首刀均为一种类型，标本 M10：1 直背凹刃，尖端略上翘，刀身与柄连接处外突，刀背与柄基本呈直线，与绥德类型延长黑家堡乡张兰沟村遗址所出的铜刀相似；标本 M10：2 刀背与柄体呈弧形，直刃，翘尖，刀身与柄的连接处较宽，环首下侧呈缺口状；标本 M10：6 拱背凹刃，刀背与柄连接。4 件管銎斧分属三个类型：A 型斧（M10：9 和 M10：3）呈长方形，刃部较宽，斧面有凸起的直线阳纹，后端连管銎，銎口呈椭圆形；B 型斧（M10：4）斧身窄长，斧呈长方形，弧刃，斧身有直线阳纹，銎末端有圆形短柱；C 型斧（M10：7）斧身宽短，斧呈长方形，管銎近圆，銎与斧身不能拼合。

上述殷墟祭祀坑发现的管銎斧和环首刀，是晚商北方系青铜器中的重要器类⑤，大部分器物都可以在北方地区找到外形相似者，尤其与同时期山西西部的石楼类型、陕西东北的绥德类型（或称"石楼—绥德类型"）相近⑥。石楼类型、绥德类型各自所属的北方族群，可能与卜辞中所见的当时活跃于

---

① a. 安阳亦工亦农文物考古短训班、中国科学院考古研究所安阳发掘队：《安阳殷墟奴隶祭祀坑的发掘》，《考古》1977 年第 1 期。

　　b. 中国科学院考古研究所体质人类学组：《安阳殷代祭祀坑人骨的性别年龄鉴定》，《考古》1977 年第 3 期。

② 郭勇：《石楼后兰家沟发现商代青铜器简报》，《文物》1962 年第 4、5 期。

③ 石璋如：《小屯（第一本）·遗址的发现与发掘·丙编·北组墓葬上》，"中研院"历史语言研究所，1980 年，第 396 页。

④ 王云刚、王国荣、李飞龙：《绥中冯家发现商代窖藏铜器》，《辽海文物学刊》1996 年第 1 期。

⑤ 韩金秋：《夏商西周中原的北方系青铜器研究》，上海古籍出版社，2015 年，第 90～93 页。

⑥ 李伯谦：《从灵石旌介商墓的发现看晋陕高原青铜文化的归属》，《北京大学学报》1988 年第 2 期。

今晋中、晋东南的舌方，以及活动于冀西、晋东北的土方有关①。考古发现的诸如管銎斧和环首刀的北方特色器物，可能为人牲生前随身所带物品，随着这些人牲一起埋入祭祀坑内②。

卜辞中曾多次提到大量使用来自方国的人祭祀祖先，包括羌、奚、垂、印、尸、而，如：

又伐五羌王亥。　　　　　　　　　　　　　　　　（《合集》22152）

大乙伐十羌。

大乙伐十羌又五。

大乙伐三十羌。　　　　　　　　　　　　　　　　（《屯南》2293）

癸亥卜，宗咸又羌三十，岁十牢。　　　　　　　（《合集》32052）

己巳卜，彭贞，御于河，羌三十人，在十月又二卜。

　　　　　　　　　　　　　　　　　　　　　　　（《合集》26907）

统计表明，甲骨文中的一次性用羌数目，频度最高的是"一""三""五""十""十五""三十"和"五十"，殷墟王陵区部分人祭坑中的人骨数量围绕着"十""三十"等整数浮动，两者具有高度的相关性，考古发现的人骨数目不仅与上述甲骨卜辞记载中的"十羌""羌三十"等辞例相吻合，且在杀祭对象、祭法、祭祀对象等诸多方面基本一致，比如"伐"等砍头行为③。说明这些人牲很有可能来自外地，扩而广之，所有仪式用品的具体来源，可能有以下几种方式。

1. 纳贡

据文献记载，早在商王朝建立之初就规定了诸侯对商王朝的纳贡制度。《诗经·商颂·殷武》："昔有成汤，自彼氐羌，莫敢不来享，莫敢不来王，曰商是常。"又《逸周书·王会解》载："汤问伊尹曰：'诸侯来献，或无马

---

① 朱凤瀚：《由殷墟出土北方式青铜器看商人与北方族群的联系》，《考古学报》2013年第1期。

② 中国社会科学院考古研究所：《安阳殷墟小屯建筑遗存》，文物出版社，2010年，第92-94页。

③ 唐际根、汤毓赟：《再论殷墟人祭坑与甲骨文中羌祭卜辞的相关性》，《中原文物》2014年第3期。

牛之所生而献远方之物，事实相反，不利。今吾欲困其地势，所有献之，必易得而不贵，其为四方［献］令。'伊尹受命，于是乎为《四方［献］令》。"①甲骨文中的"至""氏（致）""取""入""来""见"等词均属于纳贡的用语，表示方国或贵族向商王室纳贡的行为②。纳贡的物品种类繁多，王贵民提出主要有七类③，杨升南则认为主要有八类，增加了"邑"这一类④。纳贡的物品主要有人、动物、龟甲、玉器、青铜器、朱砂等⑤，数量也十分巨大，少则几十，多则上百，如卜辞：

贞，即致刍，其五百隹六，贞即致刍，不其五百隹六。

（《合集》93）

乙卯，允有来自光，致羌刍五十。 （《合集》94）

貍不其来五十羌。 （《合集》226）

致百犬。 （《合集》8980）

2. 战争

商代的军事活动十分频繁，卜辞记载商王朝对羌方、沚方、人方等众多方国发动过战争⑥。在战争中，方国的将士可能被俘，甲骨卜辞中的"执""获"等字均与此有关，如：

贞，弗其擒土方。 （《合集》6450）

乙酉卜，争贞，往复从橐执舌方。十二月。 （《合集》6333）

乙巳卜，宾贞，鬼获羌。一月。 （《合集》203）

乙巳卜，宾贞，鬼不其获羌。 （《合集》203）

① 王平、（德）顾彬：《甲骨文与殷商人祭》，大象出版社，2007年，第72页。
② a. 杨升南：《甲骨文中所见商代的贡纳制度》，《殷都学刊》1999年第2期。
　　b. 胡厚宣：《武丁时五种记事刻辞考》，《甲骨学商史论丛初集》，河北教育出版社，2002年，第343－453页。
③ 王贵民：《试论贡、赋、税的早期历程——先秦时期贡、赋、税源流考》，《中国经济史研究》1988年第1期。
④ 杨升南：《甲骨文中所见商代的贡纳制度》，《殷都学刊》1999年第2期。
⑤ 刘源：《商代祭祀所用牺牲的贡纳和征取》，《中国社会历史评论（第一卷）》，天津古籍出版社，1999年，第117－128页。
⑥ 王绍东：《甲骨卜辞所见商王国对外战争过程及行为的研究》，山东大学硕士学位论文，2010年，第74页。

这些在战争中俘获的方国将士，会用作祭祀仪式牺牲①，如甲骨文的"⿰⿱"字像以手扑人之形，专指用俘获的敌方的人作牺牲。这些用于牺牲的被俘方国的俘虏中，不乏方国首领，卜辞中有提到"白""凶"等地方首领被当作人牲②，如"□亥卜，羌二方白其用于祖丁，父甲"（《合集》28086）、"其用羌方凶于宗，王受又又。弜用"（《合集》28093）。

笔者对目前殷墟遗址祭祀仪式考古遗存中可以鉴别出性别、年龄的人骨进行了统计，发现男性人骨共 452 具，女性人骨 43 具，不足男性的十分之一，且在部分遗迹中发现的人牲均为男性，如 1976 年小屯祭祀坑 M26 内的 11 具人骨、M39 内的 10 具人骨、M87 内的 10 具人骨，经鉴定皆为成年男性。在年龄方面，已鉴定出的人骨年龄主要集中在 18-45 岁之间，占总数的76%，如图 3-8 所示。与女性人牲相比，这些中青年男性人牲骨骼上具有明显的暴力痕迹，比如王陵区东区武官村北地的 191 个祭祀坑中，南北向的坑中被砍去头颅的皆为男性青壮年，少数为接近成年的男性少年，未发现女性，少数未被砍去头颅的或为成年女性或为未成年幼童。东西向的坑中人骨大部为成年女性和未成年的幼童和少年，年龄最小的仅有六岁③。这说明，这些成人人牲大多为中青年男性，与卜辞中提到被俘敌方将士的身份正好吻合。

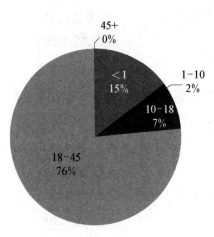

图 3-8　殷墟遗址可统计人牲年龄结构示意图

3. 田猎

田猎是商代非常重要的一项活动，可以为直接祭祀仪式提供猎获的动物。

---

①　Patric R. Anawalt. 1982. Understanding Aztec Human Sacrifice. *Archaeology* 35(5)：38-45.
　　Gideon Shelach. 1996. The Qiang and the Question of Human Sacrifice in the Late Shang Period. *Asian Perspectives* 35(1)：1-26.
②　姚孝遂：《商代的俘虏》，《古文字研究（第一辑）》，中华书局，1979 年，第 337-390 页。
③　安阳亦工亦农文物考古短训班、中国科学院考古研究所安阳发掘队：《安阳殷墟奴隶祭祀坑的发掘》，《考古》1977 年第 1 期。

《穆天子传》载:"甲辰,天子猎于渗泽,于是得白狐、玄貉焉,以祭于河宗。仲冬丁酉,天子射兽,休于深薮,得麋、麕、豕、鹿四百有二十;得二虎、九狼,乃祭于先王。"卜辞中的"集""尗"等字都与田猎有关,意指将狩猎所擒获的动物用在祭祀仪式中①。田猎的主要动物种类有兕、鹿、麋、兔、虎、豕、虎、狐、猴和雉等②,以野生动物为主,且数量较为可观,如卜辞:

> 王获鹿,不其获,允获四。贞擒麋,贞弗其擒麋,王获兕,王弗其获兕,获不,允获麋四百五十一。 　　　　　　　　　　　(《合集》10344)
>
> □卯卜,庚辰王其狩……允擒,获兕三十又六。 　　(《屯南》2857)
>
> 丁卯……狩正……擒,获鹿百二十二…… 　　　　(《合集》10307)
>
> 丙午卜,王陷麋,允擒三百又四十八。 　　　　　(《合集》33371)
>
> □□贞乙亥陷,擒七百麋,用皂…… 　　　　　　(《屯南》2626)

田猎除了提供动物牺牲,在某种程度上也是一种军事演习③,可以获取俘虏,如卜辞"丙寅卜,子效臣田获羌"(《合集》195乙),也可以为祭祀仪式提供人牲。

二、当地自产

方国、诸侯的纳贡,多具有政治上的意义,带有助祭的作用④,祭祀仪式用品的来源,更多的是由国境内的普通民众提供,《礼记·月令》曾载季夏之月:"命四监大夫合百县之秩刍,以养牺牲。令民无不咸出其力,以共皇天上帝、名山大川、四方之神,以祀宗庙社稷之灵,为民祈福。"⑤商王室也经营有自己的农田⑥、牧场和手工业作坊⑦,除了纳贡、战争、田猎外,祭祀

---

① 　a. 姚孝遂:《甲骨刻辞狩猎考》,《古文字研究(第六辑)》,北京:中华书局,1981年,第34-66页。

　　b. 孟世凯:《殷商时代田猎活动的性质与作用》,《历史研究》1990年第4期。

② 　中国社会科学院考古研究所:《殷墟的发现与研究》,科学出版社,2007年,第178页。

③ 　杨升南:《卜辞中所见诸侯对商王室的臣属关系》,《甲骨文与殷商史》,上海古籍出版社,1983年,第128-172页。

④ 　杨升南:《甲骨文中所见商代的贡纳制度》,《殷都学刊》1999年第2期。

⑤ 　(汉)郑玄注,(唐)孔颖达正义:《礼记正义》,上海古籍出版社,2008年,第679页。

⑥ 　王贵民:《就甲骨文所见试说商代的王室田庄》,《中国史研究》1980年第3期。

⑦ 　杨升南:《商代经济史》,贵州人民出版社,1992年,第624页。

仪式用品的另一个来源途径是当地社会。

如前文所述，商人对祭祀仪式所用的动物牺牲进行了有意识的选择。王陵区东区 M98 内埋的十具狗架皆为小狗①。殷墟王陵区西区发掘的 93 具马骨的鉴定结果显示，牡马有 73 具、牝马有 2 具、性别不明者 18 具；从年龄上看，7－11 岁的有 81 具、6 岁的 2 具、11 岁以上者 6 具、不明者 4 具。可以看出，仪式用马主要选取了年龄在 7－11 岁的牡马，年龄和性别的稳定化说明了当时养马业的存在。文献记载周代已经设置了职官专门负责饲养供祭祀使用的牲畜②，如《周礼·秋官》载："犬人，掌犬牲。凡祭祀，共犬牲，用牷物。"③李志鹏将这一记录上推至殷墟时期，他发现殷墟晚商墓葬中的狗牲死亡年龄大多在 2 个月至 1 岁之间，并据此推测商代晚期可能已经存在规模化的养犬业，以满足当时供犬和社会丧葬仪式中对犬牲的需求④。

当然，这种产业化模式并不一定依靠商代晚期王都本身。作为商代晚期的都城，殷墟已经具有城市化聚落的各项特征，不排除基本的农产品和畜牧产品等的产业化生产集中在周边乡村聚落的可能性。殷墟最新的动物考古学研究成果表明，除了用于普通居民基本生活消费的猪等家养动物，殷墟内孝民屯、郭家湾等遗址的猪、羊等家养动物，绝大部分都不是在殷墟本土养殖的，可能主要是依赖周边地区的供应，或是通过城乡贸易交换、购买所得，亦或由商王室将贡赋所得或控制管理牧场畜养的动物赏赐、分配给居民⑤。

商代晚期出现的这种祭祀仪式产品的产业化生产，在国外的一些文明社会中也有类似的情况。在与商王朝文明程度相若的中美洲阿兹特克文明中，已经存在为仪式服务的仪式产品商业市场。羽制品生产者、龙舌兰酒酿酒师、药用油的制造者、席子的编织者等专业的上层手工业生产者都会购买奴隶，将其

---

① 安阳亦工亦农文物考古短训班、中国科学院考古研究所安阳发掘队：《安阳殷墟奴隶祭祀坑的发掘》，《考古》1977 年第 1 期。

② 卢茂村：《人类最早驯化的家畜——狗》，《文物研究（第十二辑）》，黄山书社，2000 年，第 313－316 页。

③ （汉）郑玄注，（唐）贾公彦疏：《周礼注疏》，上海古籍出版社，2010 年，第 1392 页。

④ 李志鹏：《商文化墓葬中随葬的狗牲研究二题》，《南方文物》2011 年第 2 期。

⑤ a. 李志鹏：《晚商都城羊的消费利用与供应——殷墟出土羊骨的动物考古学研究》，《考古》2011 年第 7 期。

　　b. 李志鹏：《殷墟孝民屯遗址出土家猪的死亡年龄与相关问题研究》，《江汉考古》2011 年第 4 期。

用作生产活动中举行仪式的牺牲[1]。最杰出的羽制品工匠通常会代表整个羽制品生产行业的工匠出资购买一个奴隶，然而，当他个人实在无力承担时，所有工匠也会共同出资购买。与这些专业的男性上层手工业生产者不同，女性手工业生产者并没有相关的手工业组织来支持这类仪式活动，个人大多无力独立承担人牲。因此女性制盐者、接生婆和女医师则遵循第三方祭祀资助的模式，在扫路月（Ochpaniztli）举行的国家仪式中，她们会顺带对自己的保护神进行祭祀，仪式中会使用人牲，但是这个人牲是由国家提供的。同样也无力独立承担人牲的女性刺绣者，则会使用焚香和鹌鹑来代替人牲[2]。

这四种祭祀仪式用品的获取方式，并非一成不变，而是在不同时期发挥的作用各有轻重。目前来看，有关贡纳的文献记载和甲骨卜辞年代都偏早。《诗·商颂·殷武》所载的"昔有成汤，自彼氐羌，莫敢不来享，莫敢不来王"，以及《周书·王会》里《四方［献］令》篇关于伊尹规定四方诸侯国所应献贡物的记载，都描绘的是商代早期的情形。杨升南曾指出，这种贡纳"对王国不仅具有经济上的意义，对于诸侯、方国更具有政治上的臣属意义，所以商初建国，成汤就命伊尹作《四方［献］令》，规定附属国应献纳土特产于王国"[3]。而到了商代末期，商王朝与周边方国的关系与商初相比发生了显著的变化，以战争为主，其中征夷方的战争耗时久、费力大，几乎直接导致了商王朝的灭亡。众多学者曾提到，商代历次的大规模战争都同其对资源的控制有关[4]，商代末年如此大动干戈，很可能也带有一定的经济目的，即希望通过这种扩张，实现对盐等具有战略意义的资源的控制，当然也可以让商王朝从敌对方国处获得一些用于祭祀仪式的战利品，如安阳后岗祭

①　Elizabeth M. Brumfiel. 1998. The Multiple Identities of Aztec Craft Specialists. In *Craft and Social Identity*, edited by Cathy L. Costin and Rita P. Wright. Archeological Papers of the American Anthropological Association, Vol. 8: 145 – 152. VA: American Anthropological Association.

②　Katherine A. Spielmann. 1998. Ritual Craft Specialists in Middle Range Societies. In *Craft and Social Identity*, edited by Cathy L. Costin, and Rita P. Wright. Archeological Papers of the American Anthropological Association, Vol. 8: 153 – 160. VA: American Anthropological Association.

③　杨升南：《甲骨文中所见商代的贡纳制度》，《殷都学刊》1999 年第 2 期。

④　a. 华觉明、卢本珊：《长江中下游铜矿带的早期开发和中国青铜文明》，《自然科学史研究》1996 年第 1 期。

　　b. 杨升南：《从"卤小臣"说武丁对西北征伐的经济目的》，《甲骨文发现一百周年学术研讨会论文集》，文史哲出版社，1999 年，第 201 – 218 页。

祀坑内所出的来自东部地区的谷、贝、丝、麻等①。这说明，一方面商王朝对祭祀仪式物品具有强烈的需求，另一方面早期的贡纳体系在商代晚期已经有所削弱，贡纳所得物品已经无法满足商王朝对祭祀仪式所需物品的需求。尽管战争本身也能够满足商王朝对祭祀仪式用品的部分需求，但是战争所得物品的数量毕竟有限，供应时间也随战况波动缺乏固定的保障。为了维护作为商王统治基石的这一套仪式系统，商王朝必须寻求其他更有效的供应系统，在这一政治背景下，祭祀仪式用品产业化生产可能逐渐兴起。

第四节　不同类型祭祀仪式之间的差异

不同种类的祭祀仪式，在祭祀仪式用品的选择上也会有一定的差异。笔者按照殷墟遗址各类出土遗物的出土概率进行了统计，并归纳了各类祭祀仪式用品所使用的处理方式，如下图所示。

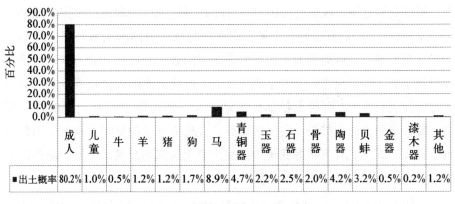

图 3-9　宗庙王陵类仪式用品出土概率统计图

宗庙王陵类祭祀仪式使用的仪式用品的种类最为繁多，且使用了一些当时最为珍贵的野生动物。比如，在殷墟已发现的几千座祭祀坑中，用象为牺

①　方辉：《从考古发现谈商代末年的征夷方》，《海岱地区青铜时代考古》，山东大学出版社，2007 年，第 357-383 页。

牲者仅两座，而在数十万片甲骨中关于用象祭祀的记载亦仅寥寥数片。可见象在商代是一种极为珍贵的动物，只有在举行极其隆重的仪式时才用象作为牺牲。除此之外，该类大部分的祭祀仪式用品在绝对数量上也明显多于其他两类仪式，最为典型的就是成人牺牲，几乎主要见于该类仪式，这说明商人在祭祖仪式上的资源投入力度最大。从出土概率来看，商人在该类仪式中倾向于使用的仪式用品主要有成人人牲、马和青铜器等。宗庙王陵类仪式的仪式用品处理方式最为繁复，目前所能观察出来的六种方式均有使用，而其他两类仪式则只使用了三四种。曾有学者指出，毁器是一种规格较高的祭法，是受祭者地位的一种象征①。宗庙王陵类仪式应当是所有仪式中规格最高的仪式。

建筑营造类祭祀仪式使用的祭祀仪式用品种类和绝对数量均少于宗庙王陵类祭祀仪式，但远多手工业作坊类仪式，可见在商代前者的重要程度可能高于后者。建筑营造类祭祀仪式中倾向使用儿童、成人人牲、狗、陶器、羊等，其中儿童的出土概率为44.4%，在所有仪式用品中比例最高，而儿童牺牲在其他两类仪式中几乎不见，是该类仪式所独具的仪式用品，动物牺牲中

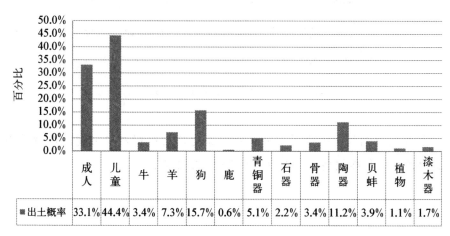

	成人	儿童	牛	羊	狗	鹿	青铜器	石器	骨器	陶器	贝蚌	植物	漆木器
■出土概率	33.1%	44.4%	3.4%	7.3%	15.7%	0.6%	5.1%	2.2%	3.4%	11.2%	3.9%	1.1%	1.7%

图 3-10　建筑营造类仪式用品出土概率统计图

① 何崝：《商代卜辞中所见之碎物祭》，《商文化管窥》，四川大学出版社，1994 年，第 211 - 231 页。

第三章　祭祀仪式用品的使用

则倾向于使用狗、羊等。在对仪式用品的处理上，建筑营造类祭祀仪式使用了砍头、毁器、焚烧和土埋。

手工业作坊类祭祀仪式所使用的仪式用品种类和数量十分有限，仅使用了少数的几种仪式用品，目前发现的仅有人、马、牛、猪四种，基本上以动物牺牲为主，最倾向于使用牛、马等动物牺牲。在孝民屯等手工业作坊内至今没有发现羊牲，说明在手工业作坊类祭祀仪式中，一般不使用或较少使用羊作为牺牲①。对这些牺牲的处理方式以土埋为主，仅发现有极少数的砍头和肢解行为，马和牛有捆绑痕迹，推测为杀后埋入。由于发现的材料过于零星，简报中的相关叙述也十分简单，因此难以对这些仪式用品的来源做深入的分析，但是从其他地区的民族学材料看，这些祭品很有可能是由工匠个人或工匠所在的手工业生产组织所提供，与手工业生产者的财力相关。

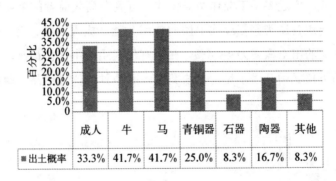

图 3-11　手工业作坊类仪式用品出土概率统计图

需要指出的是，由于手工业作坊类祭祀仪式遗存本身发现的数量并不多，因此统计基数偏小，不排除可能存在一定偏差的情况。

---

① 李志鹏：《晚商都城羊的消费利用与供应——殷墟出土羊骨的动物考古学研究》，《考古》2011 年第 7 期。

第四章　祭祀仪式地点选择和仪式群体

　　祭祀仪式的研究须置于更大系统的情境中进行，祭祀仪式地点的选择与微观聚落的分析密不可分，而祭祀仪式地点也是社会结构的直接体现。近年来，聚落考古的思想逐渐影响着考古遗址的研究，微观聚落的性质、作用以及彼此之间的关系是目前关注的重点。商人的居民区泛称"邑"，如卜辞"贞，燎于西邑"（《合集》6156 正）、"洹其作兹邑"（《合集》7853 反），典型的商邑包括房址、灰坑、窖穴、水井、道路、排水设施等要素。殷墟就是由密集分布的诸多小型商邑构成的"大邑商"①，又可细分为王邑和族邑两大层次②。

　　商代晚期的祭祀仪式遗存主要集中在都城遗址和大型聚落中，后者的聚落等级基本较高，部分甚至为城址，具有所在区域的中心地位。非都城遗址有辉县孟庄、关帝庙、清凉山、老牛坡和粮库遗址，其中目前明确是城址的有辉县孟庄遗址。老牛坡遗址最新的调查显示其总面积约 140 万平方米，且发现了夯土墙性质的遗迹，推测老牛坡遗址存在城址的可能性，是晚商时期关中地区的重要遗址③。除老牛坡遗址之外，关帝庙、清凉山和粮库遗址规模并不是很大。关帝庙遗址聚落布局有比较具体的规划，有居址、墓葬、手工业作坊、祭祀区等，可能是一个以作坊性质为主的聚落。清凉山遗址商文化遗存仅有房址、灰坑等简单遗迹，但出土了甲骨、玉凿、坩埚等比较重要的器物，不过由于清凉山遗址的发掘面积当时仅有一百五十平方米，遗址的

---

①　唐际根、荆志淳：《安阳的"商邑"与"大邑商"》，《考古》2009 年第 9 期。
②　郑若葵：《殷墟"大邑商"族邑布局初探》，《中原文物》1995 年第 3 期。
③　陕西省考古研究院：《西安老牛坡遗址聚落范围调查简报》，《中原文物》2021 年第 1 期。

聚落信息十分有限。

第一节　祭祀仪式举行地点和举行者身份

一、宗庙王陵类祭祀仪式

前文提到，宗庙王陵类祭祀仪式遗迹主要和祭祖仪式行为有关。殷墟卜辞中有"王卜辞"和"非王卜辞"之分，为研究祭祖仪式举行者身份提供了很好的材料。"非王卜辞"，又称"文武丁卜辞"或"多子族卜辞"，指的是占卜主体不是商王，而是与商王有密切血缘关系的一些大家族族长的卜辞①。武丁时代的宾组、自组卜辞，祖庚、祖甲时代的出组卜辞，廪辛时代的何组卜辞，康定、武乙时代的无名组卜辞，武乙、文丁时代的历组卜辞，文丁、帝乙、帝辛时代的黄族卜辞都是王卜辞。武丁时代的午组卜辞、子组卜辞、无名组卜辞、花东子组卜辞，以及小屯西地的少量牛胛骨刻辞，都是非王卜辞②。

王卜辞显示，对祖先的祭祀权掌握在商王手中，王室祭祖仪式是由商王亲自主持的，出组与黄祖卜辞中屡见"王宾"，就是指的商王亲自参与祭祀。即便商王不能直接主持某些祭祖仪式，也会指派特定的人代商王主持，即卜辞中常见"王乎（呼）子某"等的卜辞，如：

贞，呼子亦祝一牛又父甲。　　　　　　　　（《合集》672）

翌乙酉，呼子商酚伐于父乙。　　　　　　　（《合集》969）

---

① a. 李学勤：《帝乙时代的非王卜辞》，《考古学报》1958年第1期。

b. 林沄：《从武丁时代的几种"子卜辞"试论商代的家族形态》，《古文字研究（第一辑）》，中华书局，1979年，第314-336页。

c. 彭裕商：《非王卜辞研究》，《古文字研究（第十三辑）》，中华书局，1986年，第57-81页。

d. 黄天树：《关于非王卜辞的一些问题》，《陕西师范大学学报》1995年第4期。

e. 黄天树：《重论关于非王卜辞的一些问题》，《甲骨学国际学术研讨会论文集》，东海大学中国文学系，2005年，第93-107页。

f. 蒋玉斌：《殷墟子卜辞的整理与研究》，吉林大学博士学位论文，2006年。

g. 张宇卫：《甲骨文武丁时期王卜辞与非王卜辞之祭祀研究》，台湾成功大学硕士论文，2007年。

② 刘一曼、曹定云：《殷墟花园庄东地甲骨卜辞选释与初步研究》，《考古学报》1999年第3期。

非王卜辞中有很多祖先称谓是王卜辞里没有的，且有自己另一套先祖名号，各宗族也都有自己的宗庙。非王卜辞中的"子"为各宗族族长的通称，他们是家族祭祖仪式的主祭者①，如卜辞：

　　　癸巳卜，子惠羊用至大牢于帝壬。　　　　　（《合集》21755）

非王卜辞的存在，说明非王卜辞的使用者属于一个相对独立的亲属体系②，商代各宗族族长是家族祭祖仪式的主祭者，拥有其家族祖先的主祭权，各宗族也有自己的占卜机构，可以独立进行占卜仪式③。由此可知，商王负责王室祖先的祭祀仪式，贵族族长也具有对其家族祖先的主祭权，两者分别在各自的祖先祭祀仪式中居于中心地位。

二、建筑营造类祭祀仪式

建筑营造类祭祀仪式主要见于殷墟遗址的宫殿宗庙区、大司空村、小屯西北地、小屯南地、白家坟、王裕口南地、苗圃北地、孝民屯等遗址，集中在宫殿宗庙区和大司空村，此外在夏邑清凉山、辉县孟庄、荥阳关帝庙等遗址有零星发现。建筑营造类仪式的出土地点，无疑是在建筑及其周围。建筑等作为考古学研究的重要对象，本身蕴含着极为丰富的信息，能够以多种形式反映社会组织，可以体现具体的社会分界、社会地位和社会关系④。正如科林·伦福儒所说："建筑可以指示社会成员地位的显著差异。"⑤因此，能在建造过程中举行仪式的这些建筑，究竟是什么性质的建筑？主要功能是什么？这将是本书接下来讨论的主要内容。

周代的建筑已有明确的等级划分标准，如《礼记·礼器》云："天子之

---

① 裘锡圭：《关于商代的宗族组织与贵族和平民两个阶级的初步研究》，《古代文史研究新探》，江苏古籍出版社，1992年。

② （英）汪涛著，郅晓娜译：《颜色与祭祀——中国古代文化中颜色涵义探幽》，上海古籍出版社，2013年，第54-57页。

③ 刘一曼、曹定云：《殷墟花园庄东地甲骨卜辞选释与初步研究》，《考古学报》1999年第3期。

④ （英）肯·柯达著，刘文锁、卓文静译：《理论考古学》，岳麓书社，2005年，第107-108页。

⑤ （英）科林·伦福儒、保罗·巴恩著，中国社会科学院考古研究所译：《考古学理论、方法与实践》，文物出版社，2004年，第210页。

堂九尺，诸侯七尺，大夫五尺，士三尺。"①虽然文献中没有与商代建筑等级划分相关的记载，但划分建筑等级更为直接的方法是分析建筑的资源消耗，即修建这个建筑所消耗的自然资源、社会资源等②。通常来说，资源消耗最多的建筑理应是最重要的建筑，这类建筑往往归社会结构中的最高层群体所有，或是作为公共建筑。而底层群体拥有的低等级建筑所消耗的各种资源应相对较少。依此类推，便可划分出建筑的不同等级，讨论建筑等级反映出的社会结构。依照这个理论，在划分建筑等级时主要考虑三个方面的内容：建筑的形制、规模大小和性质，建筑营造类祭祀仪式的有无和繁简程度，仪式用品的数量和种类多少。

本书首先从建筑营造类祭祀仪式的繁简程度入手，对每座房屋建筑发现的仪式类型进行标识，观察它们举行过哪几种类型的建筑营造类仪式；然后，再结合其他两方面内容，将发现建筑营造类祭祀仪式遗迹的房屋建筑划分为三个等级。

第一等级建筑为王室宗庙宫殿区，面积大多在 300 平方米以上，是规模最大的建筑，举行的建筑营造类仪式也是最隆重的。发现的建筑营造类祭祀仪式遗迹数量大都在 8 处以上，并且最少使用了两种类型的建筑营造类仪式。仪式用品的种类在所有建筑中最为丰富，有成人、儿童、动物、玉器、骨器、陶器、铜器等。其中，人牲的使用最多，动物中的牛和羊较为常见。

第二等级建筑的面积多在 100 平方米左右，规模小于第一等级的建筑，为次一级的大型建筑。在这一等级建筑的建造过程中，发现的祭祀仪式遗迹数量为 3 - 10 处。与第一等级建筑相比，第二等级建筑发现的仪式用品种类明显要少一些，仅有成人、儿童、动物、陶器和铜器等。其中，儿童的数量较多，多以瓮棺葬的形式埋放，动物中牛和羊的数量较少。可见，在建筑营造类祭祀仪式的使用上，第二等级建筑要低于第一等级建筑。建筑性质上，安阳小屯西北地 F7、安阳白家坟东地黑河路南段大型地面建筑基址和安阳孝民屯某房址内几乎不见灶等生活遗迹，出土遗物也较少，可排除用作居址的

① （汉）郑玄注，（唐）孔颖达正义：《礼记正义》，上海古籍出版社，2008 年，第 973 页。
② （英）肯·柯达著，刘文锁、卓文静译：《理论考古学》，岳麓书社，2005 年，第 109 页。

可能性。又因为这几座建筑建造考究，具有一定的规模，尤其是安阳小屯西北地的 F7 位于建在妇好墓之上的 F1 之西，两者相距仅 4.5 米且门向均朝东，因此推测这些建筑可能是与祭祀相关的建筑，如图 4-1 所示。殷墟的聚落可划分为王室（王族）生活区和墓葬区、各氏族生活区和墓葬区两大层次，即王邑和族邑[①]。由于以上建筑均在王邑范围之外，应属于族邑，可能为氏族宗庙。

唐际根认为"宫殿区西部（今小屯村西北）和南部可能分属不同（子族）居住地"[②]，说明这些氏族与王族有着紧密的联系，政治地位之高不言而喻。由于拥有独立的行政区域，这些氏族也有权举行本氏族的宗教活动，修建氏族宗庙。非王卜辞中有"戊午卜，祝亚，用十……"（《合集》22130），朱凤瀚认为其中的"亚"字指的就是氏族宗庙[③]。可见，对商人尤其是各氏族而言，第二等级的建筑依然十分重要，因此在建造时也会举行建筑营造类仪式，但仪式的规模要明显小于王室宗庙宫室，呈现出一定的差异性。

第三等级建筑有安阳小屯西北地 F14、F6、F22，安阳小屯南地 F8，安阳王裕口南地 F1、F2，安阳苗圃北地 F8 等。这一等级建筑的规模较小，面积大多在 100 平方米以下，在聚落中属于中型建筑。大部分建筑只使用了奠基一种仪式类型，且多发现 1 处遗迹，仪式用品基本是 1 具狗骨或儿童骨骼，部分儿童以瓮棺葬的形式埋放。第一、二等级建筑中出土的玉器、铜器、牛、羊、猪等，均不见于第三等级的建筑。

以安阳小屯西北地 F6 为例。该建筑平面呈圆形，直径为 3.4 米，面积约 11 平方米，如图 4-2 所示。南部边缘有柱洞三个，西部有一个长径 70、短径 60 厘米的椭圆形灶坑。房内遗物较少，仅发现 1 个可复原的陶钵。房基是在基槽挖好之后填土夯打而成，共三层，每层厚 10-12 厘米。内夹有儿

---

① a. 郑若葵：《殷墟"大邑商"族邑布局初探》，《中原文物》1995 年第 3 期。
　　b. 唐际根、荆志淳：《安阳的"商邑"与"大邑商"》，《考古》2009 年第 9 期。
　　c. 韦心滢：《殷墟卜辞中的"商"与"大邑商"》，《殷都学刊》2009 年第 1 期。
② 唐际根：《安阳殷墟宫殿区简论》，《桃李成蹊集——庆祝安志敏先生八十寿辰》，香港中文大学中国考古艺术研究中心，2004 年，第 273-276 页。
③ 朱凤瀚：《商周家族形态研究（增订本）》，天津古籍出版社，2004 年，第 156-160 页。

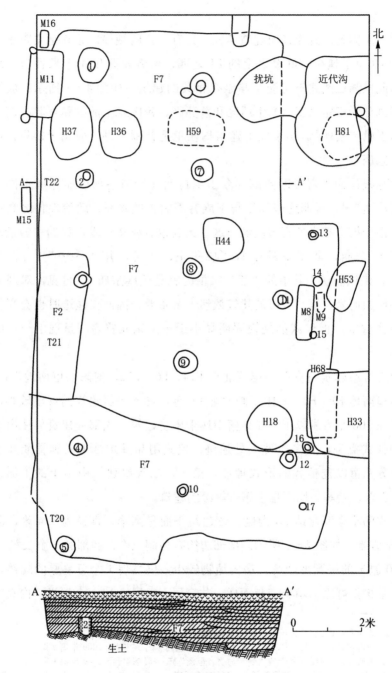

图 4-1　小屯西北地 F7 平、剖面图

1-17. 柱洞

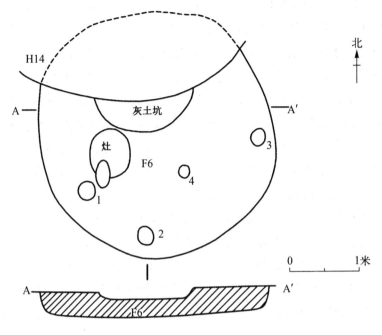

图 4－2　小屯西北地 F6 平、剖面图

1－3. 柱洞　4. 儿童墓葬

童骨骼 1 具，头向上，中间有躯干和上肢，下端有下肢，似作蜷曲状[1]。从室内有灶址这点来看，F6 应当是一处居址。

在这一等级建筑内发现有灶址等生活遗迹，并出土了大量的生活器具，因此，推测这一等级的建筑主要是用作居址，其使用者应当是氏族内部身份较低的贵族和上层平民。这部分群体掌握少量的生产资料，具有一定的社会地位和经济地位，因此也享有举行建筑营造类祭祀仪式的权利。

在殷墟苗圃北地、北辛庄等遗址中还发现了大量的半地穴式建筑或小型地面式建筑，应是广大下层平民和奴隶的居所，建筑面积大多在 10 平方米以下，有的甚至只有 4－5 平方米，在这类建筑中并未发现建筑营造类祭祀仪式遗存。这些建筑本身粗制滥造，更谈不上在建造中举行建筑营造类祭祀

---

[1]　中国社会科学院考古研究所：《安阳小屯》，世界图书出版公司，2004 年，第 41－42 页。

仪式，足以看出居住者低下的社会地位和几乎一无所有的生产资料。

在建筑营造类祭祀仪式的使用上，仪式举行者基本分为四个等级：第一等级是位于最上层的王室成员，他们使用的王室宗庙宫室也是整个社会中规格最高的建筑，这些建筑使用的建筑营造类仪式类型最多，牺牲种类最丰富；第二等级是氏族贵族，他们的氏族宗庙和居址，以及掌控的手工业作坊在建造时也会举行建筑营造类仪式，但在祭祀规模和牺牲的使用上都要比王室宗庙宫室略低一筹；第三等级是身份较低的贵族和上层平民，他们的居址在建造中仅会象征性地举行建筑营造类仪式；第四等级则是广大的下层平民和奴隶，他们居住的建筑大多都是面积在 10 平方米以下的半地穴式建筑或小型地面式建筑，有的建筑面积甚至只有 4-5 平方米[1]。商王朝对手工业生产非常重视，不仅设置"多工""百工"等职官进行管理[2]，还会举行衅新成之器等祭祀活动[3]。作为王权象征和通天媒介的青铜礼器等，其生产和流通更是严格地被上层社会所垄断。因而，与这些手工业生产相关的建筑，也具有一定的重要性，在建造的过程中举行建筑类仪式也就显得不足为奇。

三、手工业作坊类祭祀仪式

商代晚期殷墟遗址中发现有多处手工业作坊，铸铜作坊至少有苗圃北地、薛家庄、孝民屯、小屯东北地、辛店 5 处，制骨作坊至少有北辛庄、大司空村、铁三路或薛家庄南侧、花园庄与小屯村附近 4 处，制陶作坊至少有刘家庄北地 1 处，玉器作坊有宫殿宗庙区内发现的 1 处。殷墟的作坊之间也出现了分化，相同类型的不同作坊生产的产品有所差异，比如苗圃北地铸铜作坊主要生产铜礼器，而孝民屯主要生产青铜工具和兵器。

这些手工业作坊也已有王室、贵族的手工业和民间手工业之分[4]。王室和贵族已有自己控制的手工业作坊，规模较大，所制器物工艺精湛，主要生

---

① 董琦：《商代文明略考》，《宁夏社会科学》1987 年第 2 期。
② 肖楠：《试论卜辞中的"工"与"百工"》，《考古》1981 年第 3 期。
③ a. 燕耘：《商代卜辞中的冶铸史料》，《考古》1973 年第 5 期；
　 b. 谢肃：《商文化手工业作坊内的祭祀（或巫术）遗存》，《江汉考古》2010 年第 1 期。
④ 杨升南：《商代的财政制度》，《历史研究》1992 年第 5 期。

产青铜器、玉器、白陶、原始瓷器、象牙器等贵重物品，从原料来源到产品制造都受到王室贵族的控制，在作坊中工作的都是专业手工业者，为商王直接控制①。其余大部分作坊都分属于居住在殷墟的各个族邑，可分专业和副业两种，多生产与平民日常生活有关的产品，如陶器、骨器等。1981 年发掘的花园庄南地可能就是一个专门烧制陶豆的窑址，窑主可能是民间专业的制陶工匠，而在殷墟的一些房基或灰坑中发现的农业生产工具、骨器、蚌器和纺纶等成品或半成品，可能是普通平民利用生产空隙所生产的家庭手工业产品②。

　　并非在所有的手工业作坊内都发现了祭祀仪式遗存，目前殷墟遗址中只在小屯村北玉器作坊遗址、苗圃北地铸铜作坊遗址、孝民屯铸铜作坊遗址、刘家庄北地制陶作坊遗址发现了相关的仪式遗存，都是专业化程度极高的手工业作坊，且在不同程度上与商王室有关。小屯村东北地发现的玉石器作坊位于宫殿宗庙区内，应是商王室直接控制的、专门为商王室生产玉石器的场所。苗圃北地铸铜作坊是迄今为止在殷墟范围内发现的规模最大的一处铸铜作坊遗址，发现的陶范大多为礼器范，器形有鼎、簋、彝、卣、觯、角、瓿、爵等，工具范和武器范数量较少，这可能是商王室直接控制下的一座铸铜作坊③。相对于苗圃北地，孝民屯村西的铸铜作坊规模较小，总面积不超过 150 平方米，仅为苗圃北地的 1.5%，且出土的礼器陶范种类较少，纹饰也不精细，铜范以工具范和武器范居多，说明此处是专门生产兵器的铸铜作坊④。刘家庄北地制陶作坊区面积约 6 万平方米，北距殷墟宫殿宗庙区仅 1 千米，且两者之间有较好的道路网络，从该作坊区内具有陶窑、水井等完备的制陶遗迹，以及作坊区内出土了数量较多的硬陶及原始瓷残片来看，该制陶作坊很可能烧制过硬陶或原始瓷等高等级的陶器，有可能是属于商王室控制的制陶作坊。所以，有能力或有资格举行仪式的手工业作坊均是当时较为重要的作坊。

---

① 井中伟、王立新：《夏商周考古学》，科学出版社，2013 年，第 161 页。
② 中国社会科学院考古研究所：《殷墟的发现与研究》，科学出版社，1994 年，第 440 - 441 页。
③ 中国社会科学院考古研究所：《殷墟的发现与研究》，科学出版社，1994 年，第 45 页。
④ 中国社会科学院考古研究所：《殷墟的发现与研究》，科学出版社，1994 年，第 45 页。

手工业作坊类祭祀仪式的主持者或举行者可能就是手工业生产者①，这或许和其职业性质相关②，从民族学材料中可以确定这一点。在印度教社会中，陶工由于能利用水、土和火这三种神圣元素，被视为神灵的仆人，似乎在用神灵授予的力量工作，故又被尊为魔法师，在社会中扮演着牧师或者神灵媒介的角色③。在许多非洲社会，冶铸工匠也扮演着占卜者或巫术控制者的角色④。因而对殷墟手工业作坊类仪式举行者讨论，就必须先要讨论商代手工业者的身份及其内部社会组织。

商代手工业已具有较为完备的生产组织，最基层的单位是氏族⑤，如《左传·定公四年》载："分鲁公以大路、大旂，夏后氏之璜，封父之繁弱，殷民六族：条氏、徐氏、萧氏、索氏、长勺氏、尾勺氏……分康叔以大路、少帛、綪茷、旃旌、大吕，殷民七族：陶氏、施氏、繁氏、锜氏、樊氏、饥氏、终葵氏。"⑥这些氏族名称普遍与其从事的职业相关，索氏为绳索之工，长勺氏、尾勺氏皆为酒器之工，陶氏为陶工，施氏为旌旗之工，繁氏为马缨之工，锜氏为锉刀之工或釜工，樊氏为篱笆工，终葵为锥工⑦。张光直也认为一些青铜器上的氏族徽号体现了其本族所从事的职业，大多与手工业生产有关，如石器制造、木器雕刻、皮革制造、漆器制造、马具生产等⑧。

为了有效地管理基层手工业生产组织，商王设置了专门的职官⑨，因而商代手工业生产组织内部很可能已形成了一定的等级，自上而下分别由主管

---

① Katherine A. Spielmann. 1998. Ritual Craft Specialists in Middle Range Societies. In *Craft and Social Identity*, edited by Cathy L. Costin, and Rita P. Wright. Archeological Papers of the American Anthropological Association, Vol. 8:153–160. VA: American Anthropological Association.

② 王迪：《中国北方地区商周时期制陶作坊研究》，山东大学博士学位论文，2014 年，第212 页。

③ Stephen P. Huyler. 1996. Gifts of Earth: Terracottas & Clay Sculptures of India. Seattle: University of Washington Press. p. 59.

④ Eugenia W. Herbert. 1984. Red Gold of Africa: Copper in Pre-Colonial His-tory and Culture. Madison: University of Wisconsin Press.

⑤ 何毓灵：《殷墟手工业生产管理模式探析》，《三代考古（四）》，科学出版社，2011 年，第279–289 页。

⑥ 杨伯峻编著：《春秋左传注（修订本）》，中华书局，2009 年，第 1536–1537 页。

⑦ 郭宝钧：《中国青铜器时代》，三联出版社，1963 年，第 45 页。

⑧ （美）张光直：《商文明》，辽宁教育出版社，2002 年，第 224 页。

⑨ 肖楠：《试论卜辞中的"工"与"百工"》，《考古》1981 年第 3 期。

职官、普通工匠和工奴组成。卜辞中的"司工""尹工"和"百工"等可能指的是掌管手工业生产的职官，如 "甲寅卜，史贞，多工亡尤"（《合集》19433）"癸未卜，又囚百工"（《屯南》2552）。郭沫若认为司工的职责主要是管理手工业奴隶①，胡厚宣认为其与文献中司空的职责相似，陈建敏认为司工总括了各类与建造、制造有关的活动②。"尹工"中的"尹"字，《说文解字》载："尹，治也。"如《左传·文公十年》载："王使为工尹。"杜预注曰："掌百工之官。"肖楠认为卜辞中的"百工"或为司空属下的低级官吏，如《考工记》载："国有六职，百工与居一焉……审曲面执，以饬五材，以辨民器，谓之百工。"郑玄注："百工，司空事官之属。"

　　考古发掘中发现的手工业生产者墓葬，存在比较明显的等级差异，证实了文献和古文字材料中反映的手工业生产组织内部等级化。极少数墓葬出土有少量的青铜器，规格明显高于其他墓葬。苗圃北地铸铜遗址共发现三百多座长方形竖穴土坑墓，墓主可能是铸铜的手工业生产者，其中规模最高的墓葬是随葬有铜礼器的墓葬，这类墓葬数量不足十分之一。82APNM80 长2.7、宽1.2、深2.7米，葬具为红漆木棺，有腰坑，内殉一狗，随葬有陶觚、陶爵、陶豆、铜觚、铜爵、铜戈、刻数磨石等器物共 11 件。此外，刘家庄北地制陶作坊遗址发掘出墓葬一千余座，墓葬规格普遍不高，但其中出土青铜礼器的墓葬有 23 座，说明墓主人生前拥有一定的生活资料和生产工具，具有一定的社会地位。这些墓主的身份很可能就是前文分析的主管手工业生产的职官或工头。82APNM80 出土的一件磨石三面刻有数字，可辨认者六组，发掘者推测这类刻数符号应是卦象③，说明墓主对仪式知识具有一定的了解。此外，在殷墟的几件陶器上也发现了一些卦辞，应是在陶器制成之后、入窑烧制之前，刻在陶坯上的④，陶文的书辞字体娴熟工整，与甲骨、玉石器上的书辞风格相似，应是由专人书写的，很可能是经过教育的、具有

　　① 郭沫若：《中国史稿》第一册，人民出版社，1976 年，第 203 页。
　　② 陈建敏：《甲骨文金文所见商周工官工奴考》，《学术月刊》1984 年第 2 期。
　　③ 中国社会科学院考古研究所安阳工作队：《1980—1982 年安阳苗圃北地遗址发掘简报》，《考古》1986 年第 2 期。
　　④ 刘一曼：《殷墟陶文研究》，《庆祝苏秉琦考古五十五年论文集》，文物出版社，1989 年，第 346－361 页。

一定社会地位的手工业职官所为，这说明 M80 的墓主和极个别陶工掌握着手工业生产中的占卜等仪式活动。文献中也有主管制陶的官员主持葬仪的记载，如《礼记·丧大记》载："甸人为垼于西墙下，陶人出重鬲，管人受沐，乃煮之。"

考古发掘中也发现有随葬生产工具的普通工匠墓葬，铁三路制骨作坊内发现了近 300 座墓葬，有些墓葬随葬有铜刀、砺石等生产工具，可能是普通工匠墓。卜辞中的"工"常泛指普通的手工工匠，如《左传·襄公十四年》载："工执艺事以谏。"为了有效管理这些工匠，商王对其进行了整编，和军队一样设有右、左的编制①，如卜辞"其令右工于……"（《存》1·2211）、"翌日戊，王其省牢右工，湄日不雨"（《合集》29685）。

手工业作坊中的许多墓葬没有墓圹，也无随葬品，墓主可能为普通的工奴②。这些工奴不仅没有任何资源，而且还处于工匠集团中的最底层，完全没有人身自由，会被用作殉牲和牺牲等。如殷墟苗圃北地 PNH104 坑底埋有两具人骨，一具在坑的中部，另一具在坑的西端、前具人架的头前，似是前者的殉葬者，左手握一个圆形磨石，头部及上肢骨粘满绿色如铜锈的物质③。为了磨修各种大小的铜器和铜器的不同部位，铸铜过程中需要用磨石对所铸铜器进行磨修，磨石通常会被做成各种不同的形状，如扁平长方形、扁平椭圆形、圆柱式、扁平三角形、楔形、榆叶形等，因此，该殉人手上所握圆形磨石应是用作修饰铜器的工具，从这些遗迹现象看，这个殉人的身份很有可能是铸铜工奴，甲骨卜辞中也有工奴用作牺牲的记载，如 "今日雍己夕，其呼虏执工"（《屯南》2148）。工奴如同牛、羊等牲畜一样用作牺牲，地位之低可见一斑。

尽管举行祭祀仪式的应是手工业生产者，但是并非手工业生产集团内部的所有工匠都具备相关的仪式知识或举行仪式的资格，工奴等显然不具备这方面的资格。商代许多重要的生产技术被严格地控制在少数人手中，尤其是

---

① 肖楠：《试论卜辞中的"工"与"百工"》，《考古》1981 年第 3 期。
② 杨宝成、杨锡璋：《从殷墟小型墓葬看殷代社会的平民》，《中原文物》1983 年第 1 期。
③ 中国社会科学院考古研究所：《殷墟发掘报告（1958—1961）》，文物出版社，1987 年，第 26、55 页。

铸铜技术等，一些生产重要物品的工匠可能是世袭的，这样不仅便于技术的传承与发展，也可以把技术的传承与发展控制在一定范围内，更有利于统治阶级的统治①。手工业生产相关的仪式和巫术，是手工业生产过程中的一种"非寻常知识"②，与手工业生产技术一样，被视为一种秘密技术知识（esoteric technical knowledge）③，严格地掌握在主管职官或工头手中。

世界其他地区的民族学材料也佐证了这一点。在二十世纪初的非洲马拉维地区，铸铁活动中经常举行一些仪式，并在仪式中使用一些特殊的物品或药物，而铁匠中的工头控制着铸铁的技术和巫术知识，这让他们比普通的工匠拥有更高的地位，其中的楚路（Chulu）部落在挖熔炉基址时会放置药物并吟唱歌曲，这些都是由最年长的那个工匠来完成的④。在北美洲西部的普韦布洛（Pueblo）部落中，生产仪式知识被视为财富，仪式用品的手工业者被控制在贵族家户中，仪式所用的面具和绘画制造，以及其他仪式用品的制造，也都被严格地控制在一定的仪式组织中⑤。

第二节　祭祀仪式地点的密集度研究

如要进行聚落内部祭祀地点选择的差异性讨论，仪式密集度的分析具有很重要的指示作用。接下来将以殷墟遗址为例，对祭祀仪式地点的密集度进行个案研究。

———

① 何毓灵：《殷墟手工业生产管理模式探析》，《三代考古（四）》，科学出版社，2011 年，第279－289 页。

② Zachary X. Hruby. 2007. Ritualized Chipped-Stone Production at Piedras Negras, Guatemala. In *Rethinking Craft Specialization in Complex Societies: Archaeological Analyses of the Social Meaning of Production*, edited by Zachary X. Hruby, and Rowan K. Flad. Archeological Papers of the American Anthropological Association, Vol. 17:68－87. VA: American Anthropological Association.

③ Katherine A. Spielmann. 1998. Ritual Craft Specialists in Middle Range Societies. In *Craft and Social Identity*, edited by Cathy L. Costin, and Rita P. Wright. Archeological Papers of the American Anthropological Association, Vol. 8:153－160. VA: American Anthropological Association.

④ Nikolaas J. van der Merwe., and Donald H. Avery. 1987. Science and Magic in African Technology: Traditional Iron Smelting in Malawi. *Africa* 57(2): 143－172.

⑤ Katherine A. Spielmann. 1998. Ritual Craft Specialists in Middle Range Societies. In *Craft and Social Identity*, edited by Cathy L. Costin, and Rita P. Wright. Archeological Papers of the American Anthropological Association, Vol. 8:153－160. VA: American Anthropological Association.

一、仪式密集度的概念

在人类学研究中，"仪式密集度（ritual density）"这一概念用来解释为什么有些社会或特定历史时期的仪式会比其他时期频繁。但是仪式密集度很少能够直接研究出来，研究难度较大，相关研究少之又少①。主要有两个原因：一是它的历时性，以前有利用口述历史和文献开展的研究，但是这些材料都带有主观偏见，很难掌控；二是使用方法的匮乏，"密集度"的量化存在一定的问题，很难统计某一社区或某一长时段下仪式的发生情况。以往的研究过于依赖仪式的类型学，用某一社会内的仪式类型数量来计算仪式密集度，因此密集度的研究就变成了一种类型学的实践。

考古学家注意到，"使用强度（Use-intensity）"与人类学中的仪式密集度密切相关，仪式的重复性表明与仪式相关的物质材料会遗留在相同的地点，可以通过统计和分析这些物质遗存，来检验长时段中仪式的频率、长度和参与者数量，从而很好地规避以上两个问题。这一理念已经在霍利·莫耶斯（Holley Moyes）的最新研究中有所应用。霍利认为，玛雅人进入洞穴遗址举行仪式时，必须要手持松木制成的火炬照明，因此炭屑可以作为反映仪式参与人数的一项指标。与此同时，陶片在玛雅遗址的广泛出现，长期以来也被考古学家视为洞穴遗址使用的另一项指标，可以作为人类活动有无的标准。炭屑作为指标的优点是它是一项仪式非直接标识，是仪式活动举行的必需品，却又不会受到仪式实践变化的影响。而陶器作为一项直接标识则不然，仪式中可能会使用或多或少的祭品，仪式完成之后祭品也可能会被带离遗址，因此，陶片所反映的信息不及炭屑可靠，需将两者结合起来。霍利进而讨论了利兹城（Belize）西部的车臣哈（Chechem Ha）洞穴遗址内仪式举行的短期变化。在前经典时期晚期仪式举行的数量有所下降，但在前经典时期末期向经典时期早期过渡的阶段出现了明显的增长，并在经典时期早期阶段达到顶峰，之后在经典时期晚期发现的大量陶片和少量的炭屑说明仪式参与者在此逗留的时间并不长，但却使用了大量以陶器为主的牺牲，这些变化为

① Bell Catherine M. 1997. *Ritual Perspectives and Dimensions*. Oxford：Oxford University Press. p. 173.

作者观察遗址的情境提供了更广域的社会政治和环境细节①。

　　具体到殷墟遗址而言，尚且没有如同炭屑等统一的仪式使用强度指标，但是可以通过殷墟内祭祀仪式遗存的分布来体现，通过 GIS 软件的"点密度（Point Density）"功能，可以得出仪式遗存的分布以及仪式密集度等信息。如图 4-3 所示，殷墟的祭祀仪式地点主要集中在了两个地区，一是小

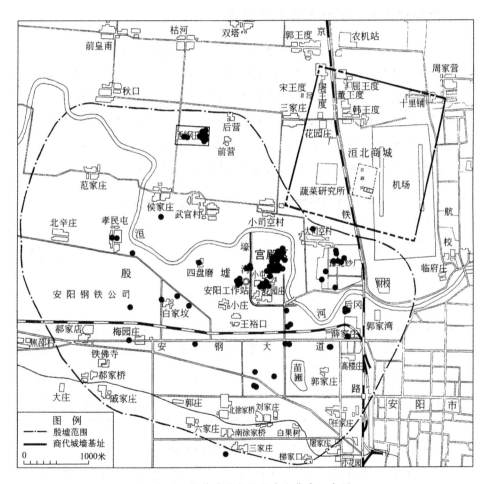

图 4-3　殷墟遗址祭祀仪式密集度示意图

　　① Holley Moyes. 2008. Charcoal as a Proxy for Use-Intensity in Ancient Maya Cave Ritual. In *Religion*, *Archaeology*, *and the Material World*, edited by L. Fogelin. Carbondale, Center for Archaeological Investigations. pp. 139-158.

屯宗庙宫殿区和小屯村附近所形成的仪式区域，向东向南可影响至大司空村和花园庄遗址；另一个是以王陵区为中心的区域。这两个区域的仪式密集度明显高于其他遗址，说明在这两个区域举行仪式的次数较为频繁，而且具有更高规格和更多种类的仪式用品、更为繁复的仪式用品处理方式、更多的仪式次生情境等，应当是当时殷墟的两个"仪式核心区"。

二、祭祀仪式核心区和其他区的特点

1. 仪式核心区的仪式用品种类和数量更多，规格也更高

从下表统计的仪式用品绝对数量中可以看出，仪式核心区发现的成人、动物、青铜器、玉石器、贝蚌、甲骨等的数量要远远多于殷墟其他区，而其他区仅在儿童、陶器等仪式用品上多于核心区。从仪式用品的种类来看，仪式核心区还发现有金器、鹰、猴、河狸、狐、象等不见于其他区域的珍稀物品或动物。这都说明仪式核心区的仪式用品规格要明显高于殷墟其他区域。

表 4-1　殷墟仪式核心区与其他区仪式用品统计表

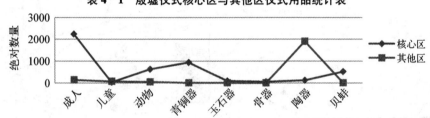

	成人	儿童	动物	青铜器	玉石器	骨器	陶器	贝蚌
核心区	2 243	40	631	941	96	60	131	523
其他区	148	82	64	10	10	6	1 909	11

2. 仪式核心区的仪式用品处理方式具有一定的"表演性质"

贝尔·凯瑟琳在定义仪式时曾指出，仪式行为可以看成一种"行为秀"，通常会在公众面前故意展示①，其有两方面的特性。首先，仪式举行

---

① Bell Catherine M. 1997. *Ritual, perspectives and Dimensions*. Oxford：Oxford University Press. p. 159.

者会采取一系列的转变行为，即唱歌、演奏乐器、化妆、服用迷幻剂等，来创造一个剧院式的表演，给予参与者视觉、听觉、触觉、嗅觉乃至味觉上的多种感观体验，让参与者仿佛进入另一个世界，仪式参与者要相信，或至少表现出他们相信发生在他们面前的这些转变①。其次，表演并不要求完全准确地反映真实世界，而是为了简化真实世界并创造一个人为模仿的微观世界，让参与者体验到神圣和世俗、特殊和常规、超凡的理想和实在的现实之间的区别，告诉参与者仪式"是不同的、有意的和重要的，一定要注意"。

殷墟仪式核心区的仪式，明显地具有这种"表演性（performance）"，砍头、肢解等行为不仅仅是对物品的一种处理方式，在处理的同时也蕴含着表演性，可以供公众观赏。从表4-2来看，仪式用品的处理方式主要出现在仪式核心区，而其他区尽管也有少量的发现，但大多都来自大司空村，又以儿童的瓮棺葬为主。本书将从感官层面对这些处理行为展开讨论。

表4-2　殷墟仪式核心区与其他区仪式用品处理方式统计表

	砍头	焚烧	跪葬	毁器	肢解	捆绑	瓮棺
核心区	279	15	11	10	17	10	5
其他区	6	2	无	无	8	无	66

砍头、肢解、毁器、跪葬等处理方式，都可以在视觉上产生一种威慑力。在祭祀仪式遗存中还发现了商人有意识地选择色彩的证据。前文提到在宫殿区乙组基址北组墓葬、后岗祭祀坑、武官村北祭祀坑中都发现了使用朱砂的痕迹，这些朱砂呈红色，具有光泽，色彩艳丽。至于在仪式中使用朱砂的目的，学者们通常从社会等级和象征符号两方面来研究。方辉师认为葬仪中使用朱砂是身份的象征②。石璋如认为乙组基址北组殉葬墓是有一定等级的：一等有一人，二等四人，三等二十一人，四等一百人，人数上跟《周

① Jane Atkinson. 1989. *The Art and Politics of Wana Shamanship*. University of California Press, Berkely.

② 方辉：《论史前及夏时期的朱砂葬——兼论帝尧与丹朱传说》，《文史哲》2015年第2期。

礼·夏官·司马》所记载的四等兵制接近，而第一等到第三等的人骨上染有红色，可能跟彰显他们地位的服饰有关。汪涛则从红色在世界各地仪式中的普遍性，指出颜色的使用绝非偶然，而是符号系统的重要组成部分，颜色的使用与商代潜在的象征体系之间有着内在的联系，如古代叙利亚人在祭祀天神时要挑选红头发红肤色的人作为牺牲，祭祀要身穿红色祭袍，祭庙用红色装饰；在古罗马祭祀玉米神奥西里斯（Osiris）时也要用赤鬃的小马驹①。

笔者认为，从朱砂最本质的红色来看，除了颜色所体现的宗教思想和社会功能，朱砂的使用也能在仪式现场增加仪式的视觉效果，从而给仪式参与者留下深刻的印象。一些仪式物品的设计同样具有视觉上的威慑力。张光直在评论商末周初古典式青铜器上的动物纹饰时，就曾指出这些纹饰"表现一种高昂的情绪，并给人以有力的感觉……'神秘''神奇''生动''有力'与'感人'，是一些常常用来形容这种古典式的动物美术的词句，而其中之动物的确有一种令人生畏的感觉"②。在选择仪式中的动物牺牲时，商人对动物牺牲的颜色也有所偏好。《礼记·檀弓上》载："夏后氏尚黑，大事敛用昏；戎事乘骊，牲用玄。殷人尚白，大事敛用日中，戎事乘翰，牲用白。周人尚赤，大事敛用日出，戎事乘'騵'，牲用'骍'。"尽管有些学者对文献内容的真实性持怀疑态度③，认为文献或是后世所伪造，或如"梁思永说在安阳殷墟，一切仪仗彩绘都以红色为主，可见檀弓的话不尽合"④。但也有学者对卜辞的研究证明其有合理之处。裘锡圭对卜辞中有关白马的记载作了仔细分析，认为殷人对白马确实有所偏爱⑤。这些带有颜色的动物牺牲用在祭祖仪式中，也能增强仪式现场的视觉效果。汪涛对卜辞中使用带有颜色动

---

① （英）汪涛著，郅晓娜译：《颜色与祭祀——中国古代文化中颜色涵义探幽》，上海古籍出版社，2013年，第8页。

② （美）张光直：《中国青铜时代》，三联书店，1983年，第291页。

③ 顾颉刚：《五德终始说下的政治和历史》，《古史辩》第五册，上海古籍出版社，1982年，第404-616页。

④ 劳干：《中国丹砂之应用及其推演》，《历史语言研究所集刊》第七本，1938年，第519-531页。

⑤ 裘锡圭：《从殷墟卜辞看殷人对白马的重视》，《殷墟博物苑苑刊（创刊号）》，中国社会科学出版社，1989年，第70-72页。

物牺牲的记载进行了统计，如表 4-3 所示，发现这类动物牺牲更多地用在了商王所主持的仪式中。

表 4-3　卜辞中带有颜色动物牺牲使用情况统计表[①]

类　型	使　用　语　境
白牛	祭祀祖先（高祖）
白猪	祭祀祖先（生育、御祭）
白羊	祭祀（祈雨）
白麟	庆功典礼
白黍	祭祀祖先
勿牛	祭祀祖先
骍牛	祭祀祖先
戠牛	祭祀祖先
黄牛	祭祀方社（土地神）
幽牛	祭祀祖先
黑牛	祭祀祖先
黑羊	祈雨

听觉刺激是仪式表演性质的另一个方面。殷墟遗址已发现有乐器遗存。小屯 YM333 出土了一件陶埙，近椭圆形，顶端有吹气孔，表面饰有饕餮纹[②]。妇好墓出土了三件陶埙，皆泥质灰陶，近椭圆形，经初步鉴定，其中一件可发出 12 个音，能吹出简单的乐曲[③]。小屯西地 GM237 出土一件陶

① （英）汪涛著，郅晓娜译：《颜色与祭祀——中国古代文化中颜色涵义探幽》，上海古籍出版社，2013 年，第 194 页。

② 中国社会科学院考古研究所：《殷墟发掘报告 1958—1961》，文物出版社，1987 年，第 237 页。

③ 中国社会科学院考古研究所：《殷墟的发现与研究》，科学出版社，2007 年，第 245 页。

埙，顶端有一孔，腰下的一面有三孔，另一面有二空，底部刻有符号"一"，表面磨光；GM263 出土两件陶埙，均放于人架左臂骨旁侧，上下排列，尖端均向上，其中一件陶埙的腰部有朱砂痕迹①。虽然无法确认这些墓主人的身份就是乐师，但是至少说明商人已经具备演奏音乐的能力，卜辞记载祈雨仪式中会伴有音乐和舞蹈，如"庚寅卜，辛卯奏舞，雨。庚寅卜，癸巳奏舞，雨。庚寅卜，甲午奏舞，雨"（《合集》12819）。张光直借助叶理雅得（M. Eliade）对现代萨满教的研究，也指出音乐和舞蹈显然是仪式的一个组成部分②。

在殷墟丙组基址内还发现了大量焚烧的痕迹，卜辞中也有相关的"燎祭"记载，如"方燎，重庚彭，有大雨"（《合集》28628）。这可以给仪式参与者一种嗅觉刺激。除了视觉、听觉和嗅觉外，殷墟的祭祀仪式可能还存在味觉方面的刺激。张光直认为商人以奢酒而闻名，巫师借助酒精或其他药料的助力能达到一种精神极度兴奋而近于迷昏的状态，他们就在这种状态之下与神界沟通③。

3. 仪式核心区的部分遗迹体现的是仪式举行的次生情境

考古中的"情境（context）"，又译作"条件""背景"或"关联"，有如下几层意思。一是西方田野发掘中的一个技术名词，即开放式发掘时地层序列中最基本的单位，指的是整个遗址地层堆积的过程中，某一行动或事件的实物证据，包括了地层、堆积和遗迹，但并不指某一遗物④。二是指考古遗存的出土环境，可以利用考古遗存之间的种种共存关系，尤其是同一遗迹单位中共存遗物间的空间关系，得出对遗存性质与功能的认识⑤。三是指一个四维的、暂时的空间基体，既包括一个文化环境，也包括非文化环境，可以

---

① 中国社会科学院考古研究所：《殷墟发掘报告 1958—1961》，文物出版社，1987 年，第 231 页。

② （美）张光直著，郭净译：《美术、神话与祭祀》，辽宁教育出版社，2002 年，第 42 页。

③ （美）张光直著，郭净译：《美术、神话与祭祀》，辽宁教育出版社，2002 年，第 42 页。

④ 孙德荣：《试述 Context System 及其考古地层学原理》，《文物世界》2000 年第 1 期。

⑤ a. 许永杰：《中国考古学研究中的情境分析》，《考古与文物》2011 年第 1 期。

　　b. 何驽：《考古遗物共存空间关系概念的初步研究》，《东南文化》1992 年第 6 期。

　　c. 许卫红：《秦始皇陵兵马俑考古情境分析四例》，《文博》2015 年第 3 期。

应用于单件器物的研究，也可以用在一系列遗址的分析中①。

科林·伦福儒指出，具有考古学情境意识是分离考古学与古物学的鸿沟，而考古学情境由基体（matrix）、出处（provenance）和组合（association）三个维度构成②。情境此时可以理解为有助于了解某物或某事的事件、信息和背景等，是考古学中把握物质文化意义的一种重要研究思路与主要方法。后过程主义考古学家指出考古研究必须考察各种遗存的情境，提倡运用释义学、情境（contextual）、反身（self-reflexive）等方法，辩证地对物质文化进行文本（text）式的解读③，普遍结构和象征联系在每个文化情境中都有其特定的意义，也要注重这种情境的变化④。对仪式遗存进行情境分析，更能探究古人的仪式行为，达到"以物见人"的目的。

考古发现的祭祀仪式遗存可以分为原生情境和次生情境两类，前者是指仪式举行时相关物品直接原地遗弃的情境，如石家河文化的套缸遗迹；后者是指仪式结束后再将礼仪相关物品单独集中瘗埋的情境，如二次葬、青铜窖藏、甲骨窖藏等。河南安阳小屯南地遗址的 H17，平面呈半圆形，南北径长1.45、东西残长0.75、深0.46米，坑内填纯净的黄土，应为一次性堆积所致，坑中共出卜骨、卜甲165片，层层叠放在一起，没有一定的规律，有的骨板向上，有的向下，说明这些卜甲都是在进行占卜活动结束之后逐一存储起来的，是甲骨最终存储的地方，属于占卜仪式举行之后的次生情境，考古学家无法根据甲骨窖藏坑来推测占卜仪式是在何处举行的，即仪式举行时的原生情境。

殷墟仪式核心区发现的部分祭祀仪式遗存，应当是仪式举行后的次生情境⑤，并非仪式举行时的原生情境。前文提到，在宗庙宫殿区的部分仪式遗

① Karl W. Butzer. 1980. Context in Archaeology：An Alternative Perspective. *Journal of Field Archaeology*, 7(4)：417－422.

② 徐坚：《未被认可的出版物和考古学》，《读书》2012 年第 3 期。

③ a. 刘岩：《中国考古学的当代反思——一个考古学理论的视角》，《南方文物》2011 年第2 期。

b. Robert Preucel. 1995 The Postprocessual Condition. *Journal of Archaeological Research 3*：147－175.

④ Ian Hodder. 1982. *Symbolic and Structural Archaeology*. Cambridge：Cambridge University Press. pp. 1－16.

⑤ Evangelos Kyriakidis. 2007. Finding Ritual：Calibrating the Evidence. In *The Archaeology of Ritual*, edited by Evangelos Kyriakidis. Cotsen Institute of Archaeology, UCLA, Los Angeles. pp. 9－22.

存中，有对人牲采用砍头、对器物举行毁器等处理方式。这些处理方式应当都是在其他地方举行完，再埋入现在所发现的祭祀坑中的，这也就能解释为什么有的祭祀坑排列地如此规整，且文献中也有仪式举行时和举行后两分情境的相关记载，如《礼记·月令》郑玄注："凡祭五祀于庙，用特牲，有主有尸，皆先设席于奥。祀户之礼，南面设主于户内之西，乃制脾及肾为俎，奠于主北。又设盛于俎西，祭黍稷，祭肉，祭醴，皆三。祭肉，脾一，肾再。既祭，徹之，更陈鼎俎，设馔于筵前。迎尸略如祭宗庙之仪。"①然而，由于缺乏有效的手段，仪式遗存在遗址内的追踪也变得十分困难。

仪式核心区与仪式其他区的差异，也可能是商王室具有专职的仪式人员所致。专职仪式人员的出现，可以上推至古史传说时代。《国语·楚语》载："及少皞之衰也，九黎乱德，民神杂糅，不可方物。夫人作享，家为巫史，无有要质。民匮于祀，而不知其福。烝享无度，民神同位。民渎齐盟，无有严威。神狎民则，不蠲其为。嘉生不降，无物以享。祸灾荐臻，莫尽其气。颛顼受之，乃命南正重司天以属神，命火正黎司地以属民，使复旧常，无相侵渎，是谓绝地天通。"对于这一事件时间的推断，张光直认为应当是龙山文化时期②。方辉先生从考古发现来看，专职神职人员的出现在陶寺文化早中期表现得最为明显③。

文献中记载的商代专业神职人员有巫咸和巫贤等。《史记·殷本纪》载："伊陟赞言于巫咸。巫咸治王家有成，作咸艾，作太戊……帝祖乙立，殷复兴。巫贤任职。"④《说文》载："巫，祝也，女能事无形，以舞降神者也。"甲骨卜辞中也曾多次提到"巫"，如"贞妥不其以巫"（《合集》5658）、"贞周致巫"（《合集》5654）、"壬辰卜，亘，贞有曹巫，呼取致"（《合集》5647）。可知巫咸、巫贤等都是专业神职人员的官名，是商代的行政官员。

考古发掘中也发现了可能为专职神职人员的墓葬。偃师商城祭祀区

---

① （汉）郑玄注，（唐）孔颖达正义：《礼记正义》，上海古籍出版社，2008年，第602页。
② （美）张光直：《商代的巫与巫术》，《中国青铜时代》，三联出版社，1999年，第252－280页。
③ 方辉：《论史前及夏时期的朱砂葬——兼论帝尧与丹朱传说》，《文史哲》2015年第2期。
④ （汉）司马迁：《史记》，中华书局，2013年，第100－101页。

H124 南侧的墓葬 M2，为长方形竖穴墓，无葬具，死者系成年女性，人骨周围铺洒有朱砂，头骨处发现玉簪 5 根及骨簪 1 根，发掘者推测死者生前可能为巫师之类的人物①。殷墟王裕口村南地 M103、M94 两墓所出的青铜器铭文中，含有第二、三期甲骨文中较为常见的贞人名，发掘者据此推测这两墓的墓主与殷墟时期的贞人㔾有关，且 M94 出土的铜刻刀、玉刻刀可能是契刻甲骨的工具。如果按照墓葬中随葬品多少、墓室面积大小、墓道有无、殉人多少等判断墓主身份和等级的指标来看，尽管 M103 形制较小，却随葬了青铜礼器 9 件，殉人 9 具；而 M94 墓葬形制较大，且有一条墓道，随葬有 4 件青铜礼器，说明这两座墓葬的墓主人生前具有一定的社会地位和经济地位②。

专职神职人员的存在，从某种程度上说反映出仪式作为一种权力的集中。付罗文认为，较"独立"的贞人的占卜是一对一协商的结果，而对于"附属于"领导阶层的贞人，或者那些代表某一团体或为了某一团体利益而占卜的贞人来说，占卜则是一种政治行为，必须严格限制他人接触这种政治资源③。专职神职人员与王室的结合也日趋紧密，贯通天地是专职神职人员的职责，但也是王室才有的权利，是统治阶级的统治工具④。商王也具有巫的本事，可以直接充当巫师、进行占卜或主持祭祀，集祭权和王权于一身。陈梦家认为，"王者自己虽为政治领袖，同时仍为群巫之长"⑤。卜辞中常有"王卜""王贞"等词，都是商王亲自卜问的记录，文献中也有商汤曾为祈雨而打算献祭自己的记载，如《帝王世纪》载"殷史卜曰：'当以人祷。'汤曰：'吾所为请雨者，民也。若必以人祷，吾请自当。'遂斋戒，剪发断爪，以己为牲，祷于桑林之社。曰：'惟予小子履，敢用玄牡，告于上天后土曰：万方有罪，罪在朕躬；朕躬有罪，无及万方。无以一人之不敏，使上帝鬼神伤民之命。'言未已，而大雨至，方数千里。"所以，在商代祭权也成了王权的象征。

① 中国社会科学院考古研究所：《河南偃师商城商代早期王室祭祀遗址》，《考古》2002 年第7 期。
② 中国社会科学院考古研究所安阳工作队：《河南安阳市殷墟王裕口村南地 2009 年发掘简报》，《考古》2012 年第 12 期。
③ 付罗文：《贞人：关于早期中国施灼占卜起源与发展的一些思考》，《多维视域——商王朝与中国早期文明研究》，科学出版社，2009 年，第 85 - 113 页。
④ 张光直：《中国青铜时代》，三联出版社，1999 年，第 252 - 280 页。
⑤ 陈梦家：《商代的神话与巫术》，《燕京学报》第 20 期，1936 年，第 535 页。

在世界其他地区也存在祭权和王权统一的例子。弗雷泽在《金枝》中曾提到，在小亚细亚、泽拉和佩西纳斯，大祭司如同中世纪的罗马教皇一样，集世俗之权与神权于一身。一些国家或地区的国王也会直接履行祭祀的职责，如马达加斯加的国王就是祭司长，在新年祭祀时，国王会监督祭祀。在东非盖拉人的国家里，国王在山顶上举行祭典，主管对人牲的杀祭。在西非的部族，酋长也是巫师①。

第三节　次生情境的个案研究：晚商射牲礼
——兼谈殷墟池苑遗址的功能

核心区仪式遗存次生环境的发现，至少说明这些仪式用品在被埋入祭祀坑前，应当采取了一些仪式行为。本节以晚商射牲礼为个案，详细讨论这种次生情境形成之前的商人行为。

一、商代的池苑遗址

在二里头遗址宫殿区 3 号基址中院主殿的东北部，就已经发现有平面呈圆角长方形的大型池苑遗迹 VD2HC②。在商代，池苑类设施已成为宫殿中的一个重要组成部分，在偃师商城、郑州商城和殷墟等遗址的宫殿区域都发现有规模较大的池苑遗址。

偃师商城宫城北部发现的池苑遗迹，是以一斗状的长方形池槽为基础，用大小不一的石块沿池的四壁垒砌而成的，东西长约 128、南北宽 20 米左右，底部西高东低，池内堆积有较厚的淤土，淤土中包含着大量的螺蛳壳，表明水池曾经长期蓄水。水池始建年代应为偃师商城第一期，与宫殿建筑和祭祀区出现的时间相同③。

---

① （英）詹姆斯·乔治·弗雷泽著，徐育新、汪培基、张泽石译，汪培基校：《金枝》，大众文艺出版社，1998 年，第 131 页。

② 中国社会科学院考古研究所：《二里头 1999—2006》，文物出版社，2014 年，第 1027 页。

③ a. 中国社会科学院考古研究所河南第二工作队：《河南偃师商城宫城池苑遗址》，《考古》2006 年第 6 期。

　　b. 杜金鹏：《试论商代早期王宫池苑考古发现》，《考古》2006 年第 11 期。

郑州商城宫殿区的东北部发现有水池遗迹，平面呈长方形，东西长约100、南北宽20米，池壁及底用料姜石铺垫，池壁用圆形石头加固，池底铺有较规整的青灰色石板。水池遗迹地处郑州商城内夯土台基分布较密的地区，在其西南40－70米的河南省文物研究所郑州工作站、郑州回民中学、河南省中医学院家属院内等地，都发现有大型夯土台基，在水池遗迹周围也发现有商代夯土基址，而且这几处夯土台基基本构成了密集的商代宫殿建筑群，说明水池遗迹是郑州商城宫殿区的重要组成部分[①]。

殷墟小屯村西约200余米处发现一条大灰沟遗迹，东距宫殿宗庙区甲组基址西南边缘约400余米。早年的几次钻探和试掘，基本弄清了其走向，即北端达洹河南岸，靠近洹河南岸处变成了大面积的淤土，南端延伸到花园庄村稍北处，再由花园庄村西转向村南，向东一直与洹河的西岸相接[②]，如图4-4所示。对于殷墟大灰沟的性质，发掘者认为"从其趋势来看好像是环绕着现在的小屯村，因此我们有理由推测这条巨大的灰沟是殷代王宫周围用人工挖成的防御设施"[③]。也有学者认为大灰沟"犹如晚期的'宫城'"[④]。但从发掘者2004年对小屯南路发掘的东西解剖沟来看，在原大灰沟所在的直线位置并没有发现灰沟的迹象[⑤]，却发现了一条略偏向西北的东西向道路，道路西侧是大面积的灰土堆积，沿着灰沟东岸探出了用碎陶片和

① a. 河南省文物考古研究所：《1992年度郑州商城宫殿区发掘收获》，《郑州商城考古新发现与研究（1985—1992）》，中州古籍出版社，1993年，第98－143页。

　　b. 曾晓敏：《郑州商代石板蓄水池及相关问题》，《郑州商城考古新发现与研究》，中州古籍出版社，1993年，第87－89页。

② a. 中国社会科学院考古研究所：《殷墟发掘报告1958—1961》，文物出版社，1987年，第94－96页。

　　b. 中国社会科学院考古研究所：《殷墟的发现与研究》，科学出版社，1994年，第77－78页。

　　c. 中国科学院考古研究所安阳发掘队：《1958—1959年殷墟发掘简报》，《考古》1961年第2期。

③ 中国科学院考古研究所安阳发掘队：《1958—1959年殷墟发掘简报》，《考古》1961年第2期。

④ a. 郑振香：《殷墟发掘六十年概述》，《考古》1988年第1期。

　　b. 唐际根：《安阳殷墟宫庙区简论》，《三代考古（一）》，科学出版社，2004年。

⑤ 岳洪彬、岳占伟、何毓灵：《小屯宫殿宗庙区布局初探》，《三代考古（二）》，科学出版社，2006年，第328－343页。

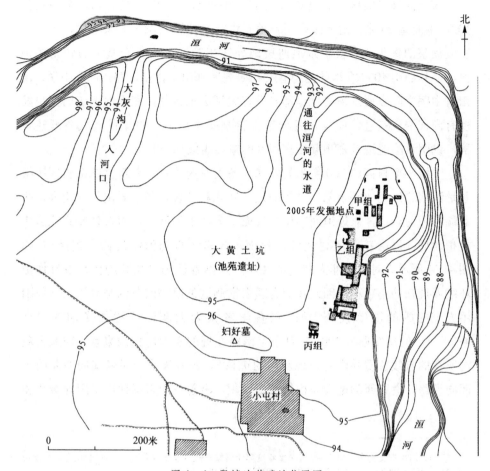

图 4-4　殷墟池苑遗址位置图

砾石铺成的一条断续道路，且发现了一些人骨①。2004 年在宫殿宗庙区甲组
和乙组基址的西侧、丙组基址的西北侧，与大灰沟东面之间，发现一处大黄
土坑，向北与洹河相通，向南伸入宫殿区内。黄土坑平面似一倒靴形，面积
应不小于 4.5 万平方米，坑壁斜陡，坑中部深达 12 米以上，坑内填土为黄沙

————————

①　中国科学院考古研究所安阳发掘队：《1958—1959 年殷墟发掘简报》，《考古》1961 年第
2 期。

土或淤土,发掘者认为该黄土坑为一处池苑遗址①。

二、池苑遗址的功能

对于夏商时期宫城内大型池苑遗址的功能,目前学界主要存在以下几种观点。

一是供水功能。发掘者认为,郑州商城离黄河距离较远,取水不便,从古代文献记载的情况看,郑州商城附近无其他大河存在,因此这个水池遗迹可能是一个用来供宫殿区用水的大型蓄水池②。但是,在这些遗址的附近也发现有大量水井。在郑州商城内的郑州电力学校、城北路南侧、水电部第十一工程局郑州办事处院内均发现有长方形水井③。在偃师商城宫城内共发现水井 26 座,其中在四号宫殿发现了水井 H27 和 H31,在五号宫殿发现水井 H25 和 H26,在离池苑遗址最近的八号基址南部院落内也发现了若干水井④,甚至在池苑遗址的近旁也发现有水井⑤,如图 4-5 所示(原文未给出 H608、H236、H237 具体位置)。部分水井的底部出土有汲水用的陶器,而水池遗迹附近并没有类似遗物发现,说明水井更有可能是提供生活用水的专门设施,而非水池⑥。殷墟宫殿区甲十三、甲十四和甲十五基址的西侧、乙

---

① 中国社会科学院考古研究所安阳工作队:《2004—2005 年殷墟小屯宫殿宗庙区的勘探和发掘》,《考古学报》2009 年第 2 期。

② 杜金鹏:《偃师商城王宫池渠的发现及其源流》,《偃师商城初探》,中国社会科学出版社,2003 年,第 196-268 页。

③ 曾晓敏:《郑州商代石板蓄水池及相关问题》,《郑州商城考古新发现与研究》,中州古籍出版社,1993 年,第 87-89 页。

④ a. 中国社会科学院考古研究所河南第二工作队:《河南偃师商城宫城第八号宫殿建筑基址的发掘》,《考古》2006 年第 6 期。

　　b. 曹慧奇:《偃师商城宫城水井初探》,《夏商都邑与文化(一)》,中国社会科学出版社,2014 年,第 233-255 页。

⑤ 杜金鹏:《偃师商城王宫池渠的发现及其源流》,《偃师商城初探》,中国社会科学出版社,2003 年,第 196-268 页。

⑥ a. 中国社会科学院考古研究所河南第二工作队:《河南偃师商城宫城池苑遗址》,《考古》2006 年第 6 期。

　　b. 杜金鹏:《试论商代早期王宫池苑考古发现》,《考古》2006 年第 11 期。

　　c. 杜金鹏:《偃师商城王宫池渠的发现及其源流》,《偃师商城初探》,中国社会科学出版社,2003 年,第 196-268 页。

第四章　祭祀仪式地点选择和仪式群体

145

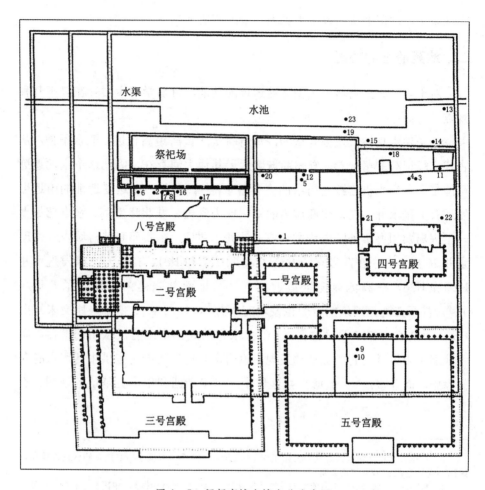

图4-5 偃师商城宫城水井分布图

1. 12YSJ1D1T0312H150　2. H140　3. H273　4. H300　5. H572　6. H411　7. H413
8. H416　9. D5H25　10. D5H26　11. H280　12. H555　13. H168　14. H185　15. H206
16. H409　17. H407　18. H339　19. H232　20. H507　21. D4H27　22. D4H31　23. H223

五基址北侧新探出的夯土区域内也都有水井发现①，况且殷墟宫殿宗庙区离洹河十分近，取水便利，无需花费如此大的人力物力建池引水。以现代人类

---

① 中国社会科学院考古研究所安阳工作队：《2004—2005年殷墟小屯宫殿宗庙区的勘探和发掘》，《考古学报》2009年第2期。

学材料来看，通常情况下一口水井足以解决几百人的生活用水问题①，因此偃师商城这些数量的水井应该可以满足当时居民的饮水需求。再者，与水井相比，池苑由于面积过大且露天暴露，容易受到污染，水质并不是很好，井水的水质反倒更符合饮用标准，如《周易·井卦》载："井冽寒泉，食。"《本草纲目》载："凡井以黑铅为底，能清水散结，人饮之无疾。入丹砂镇之，令人多寿。"

二是防火功能。古人对宫殿的防火工作十分重视，防火的方式有许多，文献记载主要有引水渠、凿井和水缸储水等。《元河南志·魏城阙古迹》记载曹魏时洛阳城崇华殿多次遭遇火灾，宫殿修复后为了防火，凿渠引谷水经过九龙殿前，"青龙二年，崇华殿灾，改名九龙。引谷水过其前"。刘若愚在《酌中志》中也记载了紫禁城金水河的作用，"是河也，非为鱼泳在藻，以资游赏，亦非故为曲折，以耗物料，恐意外回禄之变，此河实可赖。天启四年六科廊灾，六年武英殿西漆作灾，皆得此水之力"。可见古代在宫殿附近建渠引水具有防火救灾的作用②。此外，紫禁城每座较大的庭院里和后宫的东西长街，都排列有很整齐的"吉祥缸"（也称"太平缸"），缸内平时储水，可以在灭火时用作水源③。相比之下，池苑通常偏倚宫殿区一隅，与重要的宫殿之间通常具有一定的距离，遇到火灾时池苑的灭火功能十分有限，因此在文献中池苑用于防火的记载寥寥。

三是游乐功能。文献有池苑为帝王享乐场所的记载，如《尚书·泰誓》载："武王伐纣，誓师道：'今商王受（纣）……惟宫室台榭陂池侈服，以残害于尔万姓。'"《左传·哀公元年》载："今闻夫差，次有台榭陂池焉。"《国语·楚语下》记载吴王夫差"好罢民力以成私好，纵过而翳谏，一夕之宿，台榭陂池必成，六畜玩好必从"。《史记·晋世家》记载晋平公"厚赋为台池而不恤政"。学者们据此普遍认为商代都城的池苑遗址应是以水池为中

---

① 王学荣：《河南偃师商城第Ⅱ号建筑群遗址研究》，《华夏考古》2000年第1期。
② 杜金鹏：《偃师商城王宫池渠的发现及其源流》，《偃师商城初探》，中国社会科学出版社，2003年，第196－268页。
③ a. 刘宝健：《紫禁城内清代防火设施》，《中国紫禁城学会论文集（第二辑）》，紫禁城出版社，2002年，第131－138页。
　　b. 郑连章：《故宫的大缸》，《紫禁城》1980年第2期。

心的专供商王休闲娱乐的池苑场所①。商代之后的部分都城遗址也发现有池苑遗址，大多具有观赏功能。在周原遗址云塘村西南三百余米处发现了西周中期偏早阶段的大型池苑遗址，面积约四万多平方米，水池建造考究，池壁及局部池底用河卵石、片石以及料礓石颗粒等砌筑加工②。秦咸阳城城外的池苑遗址兰池，还仅有"水"而无"山"③。到了汉长安城未央宫遗址西南部的沧池遗址，已经营建有象征着"山"的"渐台"，将"渐台"的"山"与"沧池"的"水"结合于一起的"山水"池苑置于宫城之中，池苑的观赏价值日益凸显，为以后历代都城之宫城池苑所沿袭④。

目前对池苑功能的讨论似乎忽略了池苑遗址附近的祭祀遗存。偃师商城池苑遗址南部即是宫城的祭祀区，自东向西可分 A、B、C 三区。A 区牺牲有人、牛、羊、猪、狗、鱼类，粮食祭品有水稻、小麦等；而 B 区和 C 区都以猪作为主要牺牲。报告中提到"B、C 两区的猪有的系活埋，有的则被杀死后再掩埋"⑤。1958 年发掘殷墟大灰沟时在填土中共清理出人骨 24 具，其中无头人骨 1 具，无足人骨 2 具，无左腿骨人骨 1 具，无下肢人骨 1 具，发掘者认为这些人骨是先被残忍杀害后，再被随意挪入沟内的⑥。1971—1973 年，在小屯西地的发掘恰好位于原大灰沟上，所发现的 22 座无墓穴墓、3 座祭祀坑以及部分小墓的人骨架应是夹杂在大灰沟灰土堆积层中的，可能与祭祀有关⑦。岳洪彬等据此认为大灰沟的某些地段可能是一处大型祭祀场所⑧。可以看出，这些池苑遗址的附近，通常会发现一些仪式遗存，且所

① 杜金鹏：《偃师商城王宫池渠的发现及其源流》，《偃师商城初探》，中国社会科学出版社，2003 年，第 196－268 页。
② a. 周原博物馆等：《2011 年周原云塘池苑遗址调查试掘报告》，《周原博物馆馆刊（原刊号）》，2013 年。
　　b. 张天恩：《西周社会结构的考古学观察》，《考古与文物》2013 年第 5 期。
③ 陕西省考古研究所：《秦都咸阳考古报告》，科学出版社，2004 年，第 15－17 页。
④ 中国社会科学院考古研究所：《中国考古学·秦汉卷》，中国社会科学出版社，2010 年，第 186 页。
⑤ 中国社会科学院考古研究所：《河南偃师商城商代早期王室祭祀遗址》，《考古》2002 年第 7 期。
⑥ 中国社会科学院考古研究所：《殷墟发掘报告 1958—1961》，文物出版社，1987 年，第 94 页。
⑦ 中国社会科学院考古研究所：《殷墟的发现与研究》，科学出版社，1994 年，第 154 页。
⑧ 岳洪彬、岳占伟、何毓灵：《小屯宫殿宗庙区布局初探》，《三代考古（二）》，科学出版社，2006 年，第 328－343 页。

埋人牲的骨骼残缺不全，在埋入前已经历过某些行为而死亡，池苑遗址似乎是仪式举行后的次生情境，池苑遗址的功能可能与仪式具有一定的关系。

要探讨这些人牲的死亡方式，需要从人牲身上的痕迹寻找相关线索。殷墟祭祀仪式遗迹中一些人牲的腿骨似是在生前被捆缚着的，且在人牲近处发现有骨镞，如图4-6所示。比如，1973年在小屯南地发现的祭祀坑H33，坑东南部的人骨架左腿内上髁处有一枚铜镞。安阳后岗圆形祭祀坑59AHGH101958与人骨同出的器物中也有铜镞。小屯西地M03的人架足骨已无存，在两腿间发现骨镞一枚。殷墟丁组基址F1的M3、M2、M18、M15里的成人人牲基本都是男性，在人牲腿部均发现有骨镞。箭镞一直被学者视为战争的有力证据，推测部分人牲可能是商人在战争中俘获的敌军将士，骨镞可能是在战争过程中射入这些敌军将士的体中的，如2003年在安阳孝民屯发掘时曾发现环状沟，发掘简报提到"经初步鉴定，沟内人骨多为青年男性，尸骨多不全，其中一具人骨内有一铜镞，故初步断定所用牺牲为

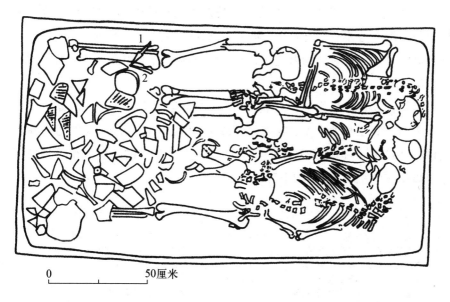

北↑

图4-6　丁组基址F1M2平面图

1、2为骨镞

0　　　　　　50厘米

异族战俘"①。但是，箭镞的使用范围非常广，不一定仅仅与战争相关，而且，若为战争中所中箭镞，商人再将负伤的战俘带回殷墟举行祭祀，也确实与常理不合。所以，人牲似乎死前经历了与射箭行为有关的仪式，部分箭镞可能是其致命死因。

三、商代的"射牲礼"

《礼记·射义》孔颖达疏："其射之所起，起自黄帝。故《周易·系辞》'黄帝'以下九事章云：'古者弦木为弧，剡木为矢。弧矢之利，以威天下。'又《世本》云：'挥作弓，夷牟作矢。'注云：'挥、夷牟，黄帝臣。'是弓矢起于黄帝矣。《虞书》云：'侯以明之'是射侯见于尧舜，夏殷无文，周则具矣。"②根据这一文献记载，射牲礼起源可早至新石器时代。甲骨卜辞中已出现"射"字，主要有两个意思：

一是作官名，用作名词，"多射""射"都是商代的武官③，如"多射不至众"（《铁》233·1）、"令多射"（《上》30·5）。卜辞中又有"三百射"、"射三百"的记载，如"王令三百射，弗告"（《下》4615）、"射三百"（《乙》4473）。陈梦家认为其应该是射手的军队编制，"三百射或作射三百，与三组、马并卜，故知是一集体。商代师旅似以百人为一小队，三百为一大队。……三百射当为射之左、右、中三队，故卜辞云'共射百'即召集一队射"④。

二是用作动词，接名字，卜辞中常见"射鹿""射豕"等⑤，如"丁未卜，象来涉，其乎射鹿"（《屯南》2539）、"丙午卜，史贞，令□射豕"（《合集》10248）。但越来越多的学者认为，用作动词的"射"在单独使用时也可以用作祭祀动词⑥，如卜辞：

① 殷墟孝民屯考古队：《河南安阳市孝民屯商代环状沟》，《考古》2007年第1期。
② （汉）郑玄注，（唐）孔颖达正义：《礼记正义》，上海古籍出版社，2008年，第2305页。
③ 饶宗颐：《殷代贞卜人物通考》，香港大学出版社，1959年，第365页。
④ 陈梦家：《殷虚卜辞综述》，中华书局，1988年，第512-513页。
⑤ 于省吾：《甲骨文字诂林（第二册）》，中华书局，1996年，第1726页。
⑥ 张宇卫：《甲骨文武丁时期王卜辞与非王卜辞之祭祀研究》，台湾成功大学硕士论文，2007年，第93页。

壬子……贞祖辛其射。　　　　　　　　　　　（《合集》19477）

其射二牢，叀伊。　　　　　　　　　　　　　（《合集》32801）

丁丑卜，贞王其射，获，御。　　　　　　　　（《合集》29084）

癸巳卜，王，大氏射。　　　　　　　　　　　（《合集》5765）

　　杨树达认为，根据甲骨文中的"射牢"卜辞，可知周代的射牲礼起源于商代①，饶宗颐也提出"射"字可解为射牲②。这些卜辞中的"射"表示的是文献中常提到的"射牲礼"（或"射祭""射侯"）③。《周礼·天官·司裘》郑玄注："大射者，为祭祀射，王将有郊庙之事，以射择诸侯及群臣与邦国所贡之士可以与祭者。"④《周礼·夏官·司弓矢》载："凡祭祀，共射牲之弓矢。"郑玄注："射牲，示亲杀也。杀生，非尊者所亲，唯射为可。"⑤又《国语·楚语下》载："天子禘郊之事，必自射其牲。"都记载了君王在祭祀祖先之前会举行射牲礼，卜辞中更是具体提到了为"祖辛""上甲""父丁"等祖先举行射牲礼，以示王亲自射杀祭祖的牺牲，体现君王对祭祀祖先仪式的虔诚⑥。而射杀的牺牲，卜辞记载有"二牢""羌人"等，《国语·楚语下》载："诸侯宗庙之事，必自射牛、刲羊、击豕。"可知有牺牲人、牛、羊、豕等。

　　花园庄东地甲骨里有几条关于"射牲礼"的重要卜辞，如：

　　戊戌卜，在浮，子射，若，卜用。

　　戊戌卜，在浮，子弜射于之，若。

　　乙亥卜，在灘，子其射，若，卜用。

　　弜射于之，若。

　　戊申卜，叀麟乎勺马，用。在麗。　　　　　（《花东》⑦467）

　　①　杨树达：《杨树达文集之五·卜辞琐记》，上海古籍出版社，1986年，第4页。

　　②　饶宗颐：《殷代贞卜人物通考》，香港大学出版社，1959年，第985页。

　　③　朱琨认为按照举行的地点和所射之物的差异大致可分为两种：一种是在陆上举行，张兽皮做箭靶竞射，称为"射侯"；另一种则是在水上或水边举行，实射猎物，称为"射牲"。朱琨：《略论商周时期射牲礼》，《中原文物》2012年第1期。

　　④　（汉）郑玄注，（唐）贾公彦疏：《周礼注疏》，上海古籍出版社，2010年，第236页。

　　⑤　（汉）郑玄注，（唐）贾公彦疏：《周礼注疏》，上海古籍出版社，2010年，第1237页。

　　⑥　袁俊杰：《两周射礼研究》，河南大学博士学位论文，2010年，第46页。

　　⑦　中国社会科学院考古研究所：《殷墟花园庄东地甲骨》，云南人民出版社，2003年。

甲午卜,在麗,子其射,若。

甲午,弜射于之,若。

乙亥卜,在潍,子其射,若,不用。

乙巳卜,在麗,子其射,若,不用。

乙巳卜,在麗,子弜迟彝弓,出日。

叀丙弓用射。

叀丙弓用。不用。

丙午卜,子其射,疾弓于之,若。

戊申卜,叀疾弓用射萑。用。

叀三人。

癸丑卜,岁食牝于祖甲,用。

乙卯卜,叀白豕祖乙,不用。

乙卯岁祖乙毅彀卷一。 (《花东》37)

中国国家博物馆收藏的一件商代晚期的作册般青铜鼋,鼋身中 4 箭,其中鼋背甲左部插 2 箭、右后部插 1 箭、颈部左侧插 1 箭,箭尾方向与鼋头部朝向相同①。在背甲中部有铭文,为:

丙申,王迟于洹,只(获)。

王一射,奴射三,率亡灋矢。

王令寝馗兄于作册。

般,曰:奏于庸,乍母宝。

从上述甲骨文和金文材料,可以得到两方面的信息:

一是关于射牲礼的过程。《礼记·射义》载:"天子将祭,必先习射于泽……已射于泽,而后射于射宫。"②由此可知首先会举行"习射",再举行正式的"射牲"。又《周礼》郑玄注:"天子将祭,必先习射,故知大射是将

① a. 李学勤:《作册般铜鼋考释》,《中国历史文物》2005 年第 1 期。
　　b. 朱凤瀚:《作册般鼋探析》,《中国历史文物》2005 年第 1 期。
　　c. 王冠英:《作册般铜鼋三考》,《中国历史文物》2005 年第 1 期。
② (汉)郑玄注,(唐)孔颖达正义:《礼记正义》,上海古籍出版社,2008 年,第 2320 页。

祭而射也。"①由《花东》37卜辞可知，射牲礼结束之后还举行了刿割牝牛豕以及用鬯享祭祖的仪式②。

二是射牲礼的地点。《礼记·射义》郑玄注："泽，宫名也。"孔颖达疏："泽是宫名，于此宫中射而择士，故谓此宫为泽。泽所在无文，盖于宽闲之处，近水泽而为之也。"③《释名》载水深的湖沼或水草丛杂的湖沼"下面有水曰泽，言润泽也"。《花东》37卜辞记载先后在"泙""麗"和"灘"三个地点举行习射，作册般青铜鼋中也提到"洹"地，从字形上看这四处地点均为有水聚会之处，或是水草丛杂之地。朱琨据此提出习射的地点应是在自然形成的河流沼泽等水边④，宋镇豪则认为泽宫和射宫可能是位于泽畔的与习射相关的建筑设施⑤，刘海宇等也赞同这一观点⑥。

笔者认为，从文献记载来看，天子每祭前必先射于泽，《周礼·夏宫·射人》贾公彦疏："宗庙之祭，秋冬则射之，春夏否也。祭天则四时常射。"如此频繁的射牲次数，加上射牲礼举行完之后又会将牺牲带到宫殿中举行祭祖仪式，说明"泽"的地点应当不会距商王所在地太远，而离商王室较近的近水之地，宫殿附近的池苑遗址无疑是最佳选择，池苑遗址附近发现的祭祀遗存无疑也证实了这一点。

————————

① （汉）郑玄注，（唐）贾公彦疏：《周礼注疏》，上海古籍出版社，2010年，第236页。
② 朱琨：《略论商周时期射牲礼》，《中原文物》2012年第1期。宋镇豪：《从新出甲骨金文考述晚商射礼》，《中国历史文物》2006年第1期。
③ （汉）郑玄注，（唐）孔颖达正义：《礼记正义》，上海古籍出版社，2008年，第2320页。
④ 朱琨：《略论商周时期射牲礼》，《中原文物》2012年第1期。
⑤ 宋镇豪：《从新出甲骨金文考述晚商射礼》，《中国历史文物》2006年第1期。
⑥ （日）刘海宇、（日）薮敏裕：《从甲骨金文资料看商代的池苑》，《夏商都邑与文化（一）》，中国社会科学出版社，2014年，第443－456页。

第五章　商文化周边地区的祭祀仪式

　　在商人的地理概念中，地理框架由内到外为三个层次。第一个层次是以商王为首的中央政权直接管辖的地区，称为"王畿"或"大邑商"。第二个层次是对王畿以外的领土称为"四土"或"四方"，如卜辞"己巳王卜……东土受年？南土受年？吉。西土受年？吉。北土受年？吉"（《合集》36975），"南方，西方，北方，东方，商"（《屯南》1126），这是商王朝宏观经营控制的疆域。第三个层次则是"四土"或"四方"以外的"四至"，是商王朝势力及其文化波及影响的周边地区①。但三个层次特别是第二个层次的地理范围目前难以给与具体的界定，大体而言，第一层次通常认为是以河南的郑州和安阳为中心，第三个层次则是北到河西走廊及甘青地区，南至成都平原的大概区域，这些地区的考古学文化与商文化并行发展且相互影响，彼此之间存在相似之处的同时，又有明显的地方特色②。

　　商代时期特别是商代晚期阶段，伴随着周边地区青铜文化的兴起，各地的政治、经济和文化中心都有祭祀遗存的发现，既与中原地区的商文化祭祀有类似之处，也在很大程度上体现出当地的祭祀特色，这与周边地区族群的文化传统的差异有一定关系。曹玮认为当时除了中原地区，周边地区至少存在辽河以西至甘青一带的北方民族祭祀、湖南周边地区古越国的祭祀、四川

　　①　宋镇豪：《论商代的政治地理架构》，《中国社会科学院历史研究所学刊》第一集，社会科学文献出版社，2001年，第6－27页。

　　②　a. 宋新潮：《殷商文化区域研究》，陕西人民出版社，1991年。

　　　　b. 周广明、赵建鹏：《传播、变异、创新——殷商时期赣鄱流域文明演进模式初探》，《夏商都邑与文化（一）》，中国社会科学出版社，2014年，第573－616页。

盆地古蜀国的祭祀以及汉中盆地古巴族的祭祀①。除了中原地区所见之祭祀，本章将按东、南、西、北四个方向，对商代晚期中原地区以外的周边区域的祭祀仪式进行探讨，以对比中原地区与周边地区在祭祀上的异同。

第一节 南 方 地 区

一、成都平原

(一) 三星堆遗址

四川广汉三星堆遗址的主体是一座城址，由大城、西南小城、西北小城（月亮湾小城）、东北小城（仓包包小城）构成，平面略呈北窄南宽的梯形，总面积约 3.6 万平方公里②。大城的东、西、南三面城墙保存至今，城址内发现了密集的房屋遗迹、灰坑、手工业作坊、墓地等。三星堆遗址可分四期，其中三星堆遗址三期约相当于二里岗上层一期至殷墟一、二期，三星堆遗址四期约相当于殷墟三、四期至西周早期③。

1. 考古发现

这一时期除了三星堆城址，同时期的其他聚落零星散布，祭祀遗存主要发现于三星堆城址。

（1）一至八号坑

1986 年发掘的一、二号祭祀坑的发现最为引人注目，两者位于三星堆城墙东南约 50 米处，均为规整的长方形竖穴土坑，两坑相距仅 25 米。

一号坑（简称 K1）平面为长方形，坑口长 4.5－4.64、宽 3.3－3.48 米，深 1.46－1.64 米，填土均为黄褐色五花土，经层层夯打。出土各类器物 567 件，有青铜人头像、人面像、人面具、青铜罍、尊等青铜器 178 件，金杖、金面具、虎等金器 4 件，玉璋、玉戈等玉器 129 件，石戈、石矛等石器

① 曹玮：《晚商时期三星堆文化的祭祀模式》，《三星堆研究（第五辑）——三星堆与世界上古文明暨纪念三星堆祭祀坑发现三十周年国际学术研讨会论文集》，巴蜀书社，2019 年，第 116－119 页。

② 唐际根、古方：《殷商与古蜀》，《夏商都邑与文化（一）》，中国社会科学出版社，2014 年，第 547－563 页。

③ 孙华：《四川盆地的青铜时代》，科学出版社，2000 年，第 138－178 页。

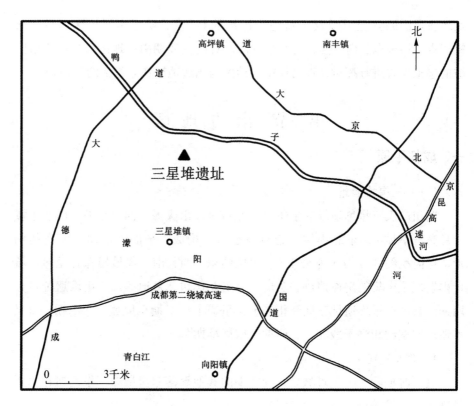

图 5-1　三星堆遗址位置示意图

70 件，象牙 13 根，骨器残片 10 件，海贝 124 枚，陶器 39 件，以及约 3 立方米的烧骨碎渣。一号祭祀坑的地层年代相当于三星堆遗址三期后段偏晚，坑内器物年代从二里冈上层一二期或更早，延至殷墟一期，推测器物的埋藏时间应在殷墟一期之末与殷墟二期之间。

　　这些器物应是有序放入坑内的，但并未进行有意识的摆放，"首先放入玉石器和金器；其次投入铜人头像、铜人面像、铜人面具、神像和瓿、尊等铜礼器及其他重要祭祀用品；然后再倒入混杂有玉石器和铜戈、铜瑗、铜尖底盏、陶器座等器物在内的骨渣；最后放入了玉璋、玉戈等大型玉石器以及部分陶盏、陶器座等祭器。象牙可能是与骨渣混杂在一起放入坑内的"[1]。

---

[1]　四川省文物考古研究所：《三星堆祭祀坑》，文物出版社，1999 年，第 20 页。

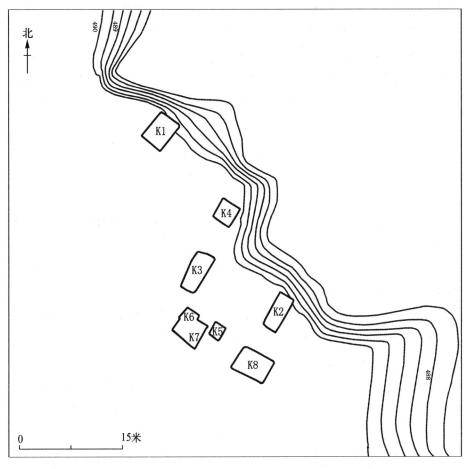

北

K1

K4

K3

K2

K6
K7　K5

K8

490
489

488

0　　　　　15米

图 5-2　三星堆祭祀坑分布示意图

从骨渣在坑内由南、东南向北、西北呈斜坡状堆积，推测当时是从祭祀坑东南部处进行倾倒的。

二号坑（简称 K2）坑口长 5.3、宽 2.2-2.3 米，深 1.4-1.68 米，填土经夯打，约出土各类器物 6 095 件，有青铜神树、立人像、人头像、人面像、青铜尊、青铜罍等青铜器 736 件，金面具等金器 61 件，玉璋、玉戈、玉璧等玉器 486 件，石器 15 件，绿松石 3 件，象牙 67 件，象牙器 4 件，象牙珠 120 颗，虎牙 3 件，海贝约 4 600 枚。坑内堆积分三层，最下层为小型青铜器、饰件、玉戈、玉璋、石戈等，这些器物大多夹杂在炭屑灰烬里，留有明显的烟熏或火烧的痕迹；中间一层全部为青铜器，如青铜立人像、人头像、人面具等，从埋藏情况看，器物可能是随意抛掷入坑的；最上层是 60 余根象牙，散乱堆置在青铜器之上①。二号祭祀坑的地层年代相当于三星堆遗址第四期前段，坑内器物年代约相当于殷墟二期，推测器物的埋藏时间应在殷墟二期至殷墟三、四期之间。

2019 年，四川省文物考古研究院在一、二号坑所在的区域发现了另外六座祭祀坑。2020 年底在"考古中国"重大项目框架下，四川省文物考古研究院联合上海大学、北京大学、四川大学等单位对三星堆遗址新发现的 6 座祭祀坑进行了发掘。鉴于发掘工作还未完全结束，本书此处仅根据可公开发表的资料略作介绍。

三号坑（简称 K3）的年代为商代晚期（约当殷墟二期），与二号坑年代十分接近。坑口部长 5.8、宽 2.2－2.7 米，面积约 14.1 平方米，出土各类器物残件和标本共计 729 件，包括铜器 293 件、玉器 45 件、象牙百余根、金器 7 件等。在三号坑青铜大面具等器物上发现了纺织品残留②。从形制、埋藏情况、出土遗物等方面来看，三号坑都与二号坑高度相似。三号坑出土的铜顶尊跪坐人像（K3QW：26）较为独特。器物通高约 1.15 米，由两部分组成，上半部分为大口铜尊，立于一块方形平板之上，下半部分为跪坐的人像，采用分铸然后焊接的方式铸成。大口铜尊口沿内侧有两根短小圆柱，肩部有立体龙形装饰（推测原应有 3 件），器物颈部下方有三周凸弦纹，肩部处云雷纹为底纹，主体纹饰为夒纹。跪坐人像双臂平举于身前，双手向前合握，似手中持有物品③。

四号坑（简称 K4）的年代为商代晚期，碳十四测年数据为距今 3 148—

---

① 四川省文物考古研究所：《三星堆祭祀坑》，文物出版社，1999 年，第 158 页。
② 王明峰、王珏：《三星堆考古阶段性成果发布》，《人民日报》2021 年 9 月 12 日第 4 版。
  遗产编辑中心：《三星堆遗址祭祀区三、四号坑阶段性重大考古成果发布》，《中国文物报》2021 年 9 月 10 日第 1 版。
③ 四川省文物考古研究院、上海大学文学院：《三星堆遗址三号祭祀坑出土铜顶尊跪坐人像》，《四川文物》2021 年第 3 期，第 112－116 页。

2 966 年①。口部平面近正方形，面积约 8.1 平方米，坑深 1.5–1.6 米。坑内堆积上层为覆盖全坑的灰烬层，下层共出土完整器物及残件 1 152 件，包括玉器 9 件、铜器 21 件、象牙 47 根等。在四号坑灰烬层的一件青铜器旁发现丝绸残余物。出土的三件铜扭头跪坐人像（K4yw：65、244、268），其中 K4yw：244 通高 29.9 厘米，人像呈跪坐姿态，身体略倾向左前，头扭向身体右侧，头顶盘发一周后束发向上，双手呈半"合十"状平举于身体左前方，两膝贴地，前脚掌着地，后脚掌抬起。从侧面可以看出双手以及向上的束发纵面之间均有明显缝隙，形成一个卡槽，卡槽之间原本应放有物品，坑内还发现有其他的条状铜器，可能与此有关。结合三件器物的大小、形态、造型等因素，推测三件铜扭头跪坐人像应当不是单独的个体，而是一件大型组合铜器的三个构件，为支脚的可能性较大，然后通过双手和束发的凹槽铜条连成一体②。

五至八号坑的发掘正在进行，相关数据还未完全统计完毕。截至目前已发表的情况来看，五号坑清理出了金面具、鸟形金饰、橄榄形玉器、圆形金箔、玉珠和云雷纹牙雕等；七号坑已清理出的器物有玉璋、玉瑗、玉石戈、铜人头像等；八号坑已清理的器物有象牙、铜人头像、铜面具、铜尊、铜方罍、铜神坛、铜神兽、铜顶尊人像、玉璋、玉戈等。

（2）月亮湾燕家院子玉石器坑

1929 年或 1931 年在月亮湾燕家院子门前发现了玉石器坑，玉石器排列整齐，有的玉器垒叠在一起，出土的玉石器有三四百件，玉石器的年代至少有龙山文化、二里头文化四期、齐家文化、二里冈文化、商代晚期五个阶段，该坑的埋藏年代应在商代晚期后段或商末③。

---

① 四川省文物考古研究院、国家文物局考古研究中心与北京大学考古文博学院考古年代学联合实验室：《四川广汉三星堆遗址四号祭祀坑的碳十四年代研究》，《四川文物》2021 年第 2 期。

② 四川省文物考古研究院：《三星堆遗址四号祭祀坑出土铜扭头跪坐人像》，《四川文物》2021 年第 4 期。

③ a. D. C. Graahaam. 1933—1934. A Preliminary Report of the Hanchow Excavation. Journal of the West China Border Research Society. Vol. Ⅳ.

b. 林名均：《广汉古代遗物之发现及其发掘》，《说文月刊》第三卷第七期，1942 年。

c. 郑德坤：《广汉文化》，《四川古代文化史》，华西大学博物馆印，1946 年。

d. 朱乃诚：《三星堆文明形成的年代和机制》，《中原文化研究》2021 年第 4 期。

（3） 高骈乡机制砖瓦厂坑类遗迹

1976 年在广汉高骈乡机制砖瓦厂发现了玉戚 1 件、玉刀 1 件、玉矛 1 件，在玉器之下 30 厘米深处又发现镶嵌绿松石的铜牌饰 1 件①。

（4） 月亮湾仓包包坑类遗迹

1987 年在三星堆遗址古城中心的仓包包发现了一座坑类遗存，长约 2、宽约 1 米，出土铜牌饰 3 件、玉瑗 8 件、玉箍形器 1 件、玉凿 1 件、石璧 11 件、石纺轮形器 10 件、石斧 3 件、石琮 1 件，在收集到的文物上，都不同程度地粘有朱砂和灰烬，大部分器物被火烧过，坑内也埋有烧骨碎渣且撒有朱砂②。器物的时代为三星堆遗址三、四期，具有二里头文化、齐家文化和商代晚期的文化因素③。

（5） 青山关台地

2014 年发掘三星堆遗址青山关台地时发现了祭祀坑 H105，年代为三星堆遗址第四期，大致相当于殷墟二期。该坑口部平面形状呈圆形，直径 2.8‒3.1、深 0.38 米。坑内出土较多近乎完整的器物及可复原的陶器，可辨器类有小平底罐、圈足罐、子母口壶、矮领缸、敛口瓮、小平底盘、矮领瓮、斜腹钵、侈口缸等，为三星堆遗址常见。此外还出土有金箔片、绿松石珠、绿松石薄片制品（可能镶嵌于铜牌饰等器物上）、玉璋、玉锛、玉凿、石器、铜渣和兽牙等，绝大部分器物以往只见于祭祀坑中，推测可能是祭祀活动所用之物。发掘者认为 H105 与一、二号坑以及仓包包祭祀坑的情形不尽相同，"推测 H105 可能为掩埋祭祀器物的灰坑"④。

值得注意的是，青山关地处三星堆城址北部，其台地是整个三星堆城址的最高处，2017 年的考古勘探与发掘，已经揭露出三座大型建筑基址，其中

---

① 敖天照、王友鹏：《四川广汉出土商代玉器》，《文物》1980 年第 9 期。
② 四川省文物考古研究所三星堆工作站、广汉市文物管理所：《三星堆遗址真武仓包包祭祀坑调查简报》，《四川考古报告集》，文物出版社，1998 年，第 78‒90 页。
③ 朱乃诚：《三星堆文明形成的年代和机制》，《中原文化研究》2021 年第 4 期。
④ 四川省文物考古研究院：《四川广汉市三星堆遗址青关山 H105 的发掘》，《考古》2020 年第 9 期。

F1 建筑面积逾千平方米，年代为三星堆遗址三期①。

青山关一号建筑基址是一座具有上下两层建筑的楼阁式建筑物，可能是当地最高统治者处理政务和举行重大典礼的礼仪建筑，体量宏大，结构复杂，体现了使用者的尊贵身份②。

2. 三星堆遗址祭祀坑性质的界定和争议

当然对于三星堆祭祀坑的性质，学界有过热烈的讨论。学者们从现象描述、性质解读等角度，对三星堆遗址一、二号坑的称呼有"祭祀坑""墓葬陪葬坑""器物坑""埋藏坑""器物掩埋坑""祭祀遗存坑""宗庙器物坑""灭国器物坑""盟誓坑""复仇坑"等③。其中持"祭祀坑"说法的学者居多，将其视为祭祀活动的直接产物④。

发掘者在一号坑简报中直接使用"祭祀坑"一词，认为一号坑出土的铜人头像是作为祭品特别是"人祭"的替代品，结合坑内器物用火的痕迹，推测当时举行了规模浩大的燎祭，来祭祀天、地、山、川诸自然神⑤。二号

① 雷雨：《成都市三星堆商代遗址》，《中国考古学年鉴 2014》，文物出版社，2015 年，第 380－382 页。

雷雨：《成都市三星堆商代遗址》，《中国考古学年鉴 2016》，中国社会科学出版社，2017 年，第 377－378 页。

② 杜金鹏：《三星堆遗址青关山一号建筑基址初探》，《四川文物》2020 年第 5 期。

③ a. 陈显丹：《广汉三星堆遗址一、二号坑的时代、性质的再讨论》，《四川文物》1997 年第 4 期。

b. Robert W. Bagley. 1990. A Shang City in Sichuan Province. *Orientations* (21): 52－67.

c. 张明华：《三星堆祭祀坑会否是墓葬》，《中国文物报》1989 年 6 月 2 日。

d. 孙华：《关于三星堆器物坑若干问题的辩证》，《四川文物》1993 年第 4 期。

e. 孙华：《关于三星堆器物坑若干问题的辩证（续）》，《四川文物》1993 年第 5 期。

f. （澳）诺埃尔·巴纳德、雷雨、罗亚平：《对广汉埋葬坑青铜器及其他器物之意义的初步认识》，《南方民族考古》（第五辑），四川科学技术出版社，1993 年，第 25－66 页。

g. 林向：《蜀酒探源——巴、蜀的"萨满式文化"研究之一》，《南方民族考古（第 1 辑）》，四川大学出版社，1987 年，第 73－86 页。

h. 文玉：《三星堆文化与殷商文明研究的新观点和争论问题》，《中华文化论坛》2000 年第 4 期。

i. 徐朝龙：《三星堆"祭祀坑说"唱异——兼谈鱼凫和杜宇之关系》，《四川文物》1992 年第 5 期。

j. 徐朝龙：《三星堆"祭祀坑"唱异（续）——兼谈鱼凫和杜宇之关系》，《四川文物》1992 年第 6 期。

④ 巴家云：《三星堆遗址一、二号坑的性质及其他》，《文史杂志》1994 年第 1 期。

⑤ 四川省文物管理委员会、四川省文物考古研究所、四川省广汉县文化局：《广汉三星堆遗址一号祭祀坑发掘简报》，《文物》1987 年第 10 期。

坑的简报中发掘者同样持此观点，认为二号坑是一次重大综合祭祀活动的遗存，并将祭祀对象补充修正为祭天、地、山等，提出"当时的祭祀应有'燔燎'祭天、'瘞埋'祭地、'庪悬'祭山"①。之后在《三星堆祭祀坑》发掘报告中根据器物种类和用途，再次明确其定名为"祭祀坑"②，然而有意思的是，邹衡在《三星堆祭祀坑》序中却提到"在埋藏性质尚未得到最后解决之前，报告中称之为祭祀坑是可以的，应当提醒的是，这并不意味着两个坑的用途就一定是为了某种祭祀活动"。可以看出其对"祭祀坑"这一称谓上的异议。

"祭祀坑"的字面意思强调八个坑本身是祭祀活动的一部分，"器物坑""埋藏坑"等则又脱离了器物本身与祭祀活动的关联性，"祭祀器物掩埋坑""祭祀遗存坑"则更侧重于坑中器物和祭祀的相关性，但对于坑的形成是否和祭祀活动有关则模糊化处理，这样也在已有材料不足的情况下给坑的形成有了更多解释的空间。坑内器物的年代和坑的埋藏年代有一定的时间差，这对于任何器物坑来说并不奇怪，因为器物会有一定的使用时间，早于埋藏时间是正常现象，与是否是祭祀活动的一部分并无直接关系。但从三星堆遗址祭祀坑遗迹现象来看，坑内器物也是在埋藏之前就有进行过毁器、焚烧等与祭祀相关的行为，正如罗泰先生所注意到的，"两个坑并无直接用火的迹象，毁坏这些器物的行为一定是在堆积之前，且两坑中相似的器物是按照某种规律集中放入的"③。故而笔者认为，相比较"祭祀坑"等，"祭祀器物掩埋坑"或"祭祀遗存坑"的称谓或许更为恰当和谨慎④，故本书统一以坑号数字来指代。

3. 三星堆遗址的祭祀对象和仪式程序

对于三星堆遗址祭祀活动的对象，有祭祖、祭天、祭复合神祇等观点。

---

① 四川省文物管理委员会，四川省文物考古研究所，广汉市文物局、文管所：《广汉三星堆遗址二号祭祀坑发掘简报》，《文物》1989 年第 5 期。

② 四川省文物考古研究所：《三星堆祭祀坑》，文物出版社，1999 年，第 442 页。

③ （德）罗泰：《三星堆遗址的新认识》，《奇异的凸目——西方学者看三星堆文明》，巴蜀书社，2003 年，第 37 页。

④ 唐际根：《"祭祀坑"还是"灭国坑"：三星堆考古背后的观点博弈》，《美成在久》2021 年第 3 期。

仓包包等祭祀坑的祭祀对象可能是自然神①，但一至八号坑主要是祭祖的说法更为可信。首先从地理位置来看，八个坑主要位于城址中部偏南处，从某种程度上说正好处于城址的中轴线上，且各坑平面都呈西南—东北方向，分布排列有序，似成三组，一号坑位于西北角，四号坑、三号坑、六号坑、七号坑处于同一直线上，二号坑、八号坑在东南方的直线上。各坑之间仅有六号坑在地层上打破七号坑，其余各坑无直接叠压打破关系，且各个祭祀坑的年代存在明显的先后之别，这说明八个坑很可能是分次埋藏的。发掘者认为一、二号祭祀坑相隔百年，推测坑内器物可能是不同年代的两个宗庙内的用器②。其次从器物来看，三星堆遗址和一、二号祭祀坑出土的器物，尤其是二号祭祀坑出土的双目凸出的兽面具，结合文献《华阳国志·蜀志》中"其目纵，始称王"的记载，推测兽面具、菱形眼形器应当与蜀人"蚕丛"等蜀王传说的形象有关，应是大型宗庙里使用的礼仪用器、祭祀用品等，铜人面具等可能就代表了不同世代或身份的祖先形象，蜀人通过摆放祭品、手持祭品、用头顶尊等方式祭拜祖先。

祭祀坑坑内的堆积，以及大多数器物和动物牺牲上留有明显的火烧痕迹。坑内铜容器几乎全部被火烧残，甚至在器物部分位置出现了半熔化状态，如铜头像 K1∶7 颈部被火烧熔化并向上卷起。动物考古学鉴定坑内的骨渣中有人、猪、山羊、水牛的头骨和肢骨，以及象的门齿和臼齿等，这些人牲和动物牺牲均经火烧，出土时已成碎渣，且部分骨渣被火烧得甚至泛白，骨渣中还含有少量的竹木灰烬③。此外四号坑的象牙表面也有灼烧痕迹，被灰烬沾染呈黑褐色。这种遇火痕迹应当与燎祭有关，丁山先生曾提到"商之燎祭，止是'燔柴'，注重烟火，不必牲，其实牲者必说明燎若干牢。或燎羊，或燎牛，既无定制"④，这在三星堆遗址祭祀坑中体现得比较明显。

由此可推测祭祀坑的形成过程，即多数器物在埋入祭祀坑之前的某种仪

① 四川省文物考古研究所三星堆工作站、广汉市文物管理所：《三星堆遗址真武仓包包祭祀坑调查简报》，《四川考古报告集》，文物出版社，1998年，第78~90页。
② 四川省文物考古研究所：《三星堆祭祀坑》，文物出版社，1999年，第441页。
③ 四川省文物考古研究所：《三星堆祭祀坑》，文物出版社，1999年，第22页。
④ 丁山：《中国古代宗教与神话考》，上海书店出版社，2011年，第519页。

式或场合上被故意破坏，人牲和动物牺牲也如此，骨渣碎片边缘锋利表明曾经过敲砸锤击。在对部分器物和牺牲进行破坏之后，又一并经火焚烧，然后才埋入祭祀坑中。值得注意的是，还有许多器物构件显然未被埋入坑中①。待这些器物和牺牲碎渣放入坑后，再用植物等的焚烧堆积进行填埋（或直接在其上焚烧植物），形成器物层之上的灰烬层。这其中可见的祭祀仪式有杀祭、悬祭、燎祭、埋祭等，如二号坑中的金、铜饰件，造型有鸟、鱼、龙等动物，花、叶、枝等植物，以及玉璋、瑗、璧等器物，可能是悬挂在神树等之上的"悬祭"祭品。

4. 三星堆遗址祭祀坑器物特点与祭祀的社会功能

三星堆遗址祭祀坑所出的器物，具有很明显的视觉色彩。

一是三星堆祭祀坑的部分器物造型宏大，具有强烈的视觉冲击体验。青铜神树、青铜立人像都单体较高。二号祭祀坑 I 号神树通高达 396 厘米，II 号神树通高也有 193.6 厘米。大型青铜立人像的人像和像座通高达 260.8 厘米，单立人像自高就有 180 厘米，在当时其身高属出类拔萃，当然也不能排除有青铜立人造型的夸张成分；青铜立人手臂粗大，双手呈抱握状，从其手部造型来看，似手中握有某种器物，有学者通过双手抱握呈弧形故推测其为象牙②。且器物本身呈长条形，只是可能因为材质等原因未保存至今，因为其右手的位置已与脸右颊相齐，如若加上手中所持物体，青铜立人像的整体高度很可能会高于现有通高。K2③：296 神坛全器虽残高仅 53.3 厘米，但最下层的兽形座底部平坦，似摆放在一定的器物之上。

二是三星堆祭祀坑部分器物强调单面视觉效果，以人面具、兽面具和兽面为代表。一、二号祭祀坑出土的面具，从形制规格来看，可能是镶嵌或装置在其他物件之上的，并不适宜在祭祀仪式中作为舞蹈表演道具使用，加之二号祭祀坑出土了许多菱形眼形器四角有穿孔，显然应是固定在墙面或其他物体上的饰件。比如 K2②：153 人面具单体高 40.3、宽 60.5 厘米，大小就

---

① （美）许杰，杨难得译：《古蜀异观：三星堆塑像的重现与解读》，《美成在久》2015 年第 5 期。

② （美）许杰，杨难得译：《古蜀异观：三星堆塑像的重现与解读》，《美成在久》2015 年第 5 期。

体现了其不适宜佩戴的特性，而其人面正面造型制作明晰，面部眉、眼、鼻分明，但背面未过多装饰，表明该器只是为了呈现面部正面的视觉效果。人面具两侧眉梢末端、面具后缘上下转角处都有方穿，可能便于悬挂，且二维尺寸如此之大的人面具，厚度仅有 0.6 厘米，如此之薄的厚度更体现出其悬挂所要求的重量轻便的特性，可以看出这具人面像可能是悬挂在高处①，以供观者观看其面部一面所用。

三是三星堆祭祀坑的部分青铜器涂有红色、黑色等彩绘，视觉色彩丰富。如二号祭祀坑部分青铜容器外表涂有朱色颜料，K2②：146 的器物表面涂有朱砂，器内装有海贝、玉器。二号祭祀坑中人头像较完好者的耳孔、鼻孔及口缝中则均涂有朱砂，眼眶、眉毛及脑后发辫可见黑色彩绘。如标本 K2③：327 人身鸟爪形足人像出土时裙裾及鸟身纹饰上均涂有朱砂；标本 K2②：118 口缝处留有朱砂，眉毛、眼眶及发辫、发饰上均留有黑彩痕迹；标本 K2②：58 的眉毛、眼眶饰黑彩，耳孔、鼻孔、口缝均涂有朱砂，K2②：153 的口缝处涂有朱砂。部分人头像、青铜人面具损毁或经过火烧，象牙等器物也有灼烧痕迹，有的玉石器甚至被烧裂。大部分器物已经残损，如标本 K2②：149 和 K2②：150 两个大型立人像，方座和人身残片散布在坑内的不同位置，且都有明显被砸而残破的痕迹，人面具、兽面具和兽面眼眶、眼球及眉毛等曾经用黑彩描绘过，如 K2②：60 的眉部及眼眶用黑彩描绘；K2②：331 的眉梢、眼眶及眼球涂黑色；K2②：102 的眉毛、眼眶处以及两侧颧骨凸起处都绘黑彩，口缝涂有朱砂。苏荣誉等学者将其称为"填纹"，并对三星堆遗址 K2②：79 铜尊本色，以及肩部纹饰、肩部鸟饰、腹部纹饰的填朱工艺进行了复原，从图片可以看出复原后的器物颜色鲜艳、纹样醒目，且认为不排除铜尊的不同部位有不同染色的可能②。殷墟也发现有青铜器涂朱的情况，如殷墟妇好墓出土的铜盂（M5：859），其颈部纹带和腹部兽面

---

① 唐际根：《"祭祀坑"还是"灭国坑"：三星堆考古背后的观点博弈》，《美成在久》2021 年第 3 期。

② 董逸岩、苏荣誉：《商周青铜器呈色新探——三星堆青铜尊纹饰填朱复原例》，《南方文物》2021 年第 3 期。

纹纹线中残留有不少淡黄色颜料①，但不及三星堆遗址青铜器彩绘的如此普遍和明显。

图 5-3　铜尊 K2②：79 填朱复原图
采自《商周青铜器呈色新探——三星堆青铜尊纹饰填朱复原例》图十一

三星堆祭祀坑的器物为何如此强调视觉效果，可能与青铜器在三星堆遗址的社会功能有关。三星堆遗址所出的铜器集体表现了某一祭祀场景，其中的人像造型更是体现出了人物不同的职能和角色，可能代表了当时的神职人员主持或参与祭祀仪式和献祭活动②。其身份等级由高到低可能依次为铜大立人—铜人像—跪坐人像。

等级最高的当属铜大立人，头戴有天目冠，衣着三层，外层为一件单袖半臂式连肩方披，绣有龙卷纹、卷云纹等纹饰，中层为短袖长衣，下摆向外开叉，内层为长袖紧口，面部似戴有面具，双足戴镯饰，赤脚站于高台之上，高台之上为四个象头。高台可能意味着三星堆祭祀活动正是在这类祭坛上进行的，特别是高台的下部为梯形方座，可能代表着一个人工修筑的方形祭坛。大立人从外形看颇似现在西南少数民族的巫师形象，可能是祭祀活动中的群巫之人或主祭之人③。孙华根据铜人像中的发式，将其分为"笄发"和"辫发"两个群体，前者数量少

① a. 中国社会科学院考古研究所：《殷墟妇好墓》，文物出版社，1980年，第70-71页，图版39.1。
　　b. 中国青铜器全集编辑委员会编：《中国青铜器全集（卷3）》，文物出版社，1997年，第139-140页。
② 张肖马：《古蜀王国的巫——三星堆遗址出土的青铜立人像与跪坐人像研究》，《殷商文明暨纪念三星堆遗址发现七十周年国际学术研讨会论文集》，社会科学文献出版社，2003年，第65页。
③ a. 沈仲常：《三星堆二号祭祀坑青铜立人像初记》，《文物》1987年第10期。
　　b. 唐际根：《"祭祀坑"还是"灭国坑"：三星堆考古背后的观点博弈》，《美成在久》2021年第3期。

于后者，他发现从事宗教仪式活动的全躯铜人像基本都是"笄发"者且主要出自于二号坑，并据此认为"笄发"群体是从事宗教活动的神职人员，二号坑埋藏的物品可能属于"笄发"群体的神庙，"辫发"群体则可能是三星堆社会中从事世俗职业之人。在这一语境下，大立人很可能是宗教首领大巫师，而不可能是国君或王者兼大巫师等事务性身份①。

其他铜人像、人头像体现的是普通的巫师或祭师集团②。一号坑出土人头像13件，二号坑出土人头像44件。人头像大小基本上与真人相同，一般头部高为18－25、宽16－24厘米，面部器官的塑造也以写实作风为主。这些人头像所代表的就是当时真实存在着的人，是三星堆古国时期蜀人形象的写照③。这些人头像颈部以下可能用的是木质或其他非铜材质的身躯，相比较而言，这些头像的身份应是低于铜大立人的一些神职人员。

此外则是跪坐人像，主要有一号坑出土跪坐人像1件（K1：293），二号坑出土跪坐人像3件（K2③：05、K2③：7、K2③：04），二号坑铜树（K2②：194）座上的3个跪坐人像，青铜神坛（K2②：296）上的跪坐人像，以及三号坑出土的跪坐人像。跪坐人像虽然裸露上身，下穿短裙，但能参加祭祀应为神职人员的一部分，而非奴隶④，身份可能低于铜大立人和铜人头像。这些跪坐人像或双手呈环状作执握状，或采用跪姿的人顶尊的形象，如二号坑铜喇叭座顶尊跪坐人像（K2③：48）、铜神坛（K2③：296）跪坐人像以及三号坑铜顶尊跪坐人像（K3QW：26），从直观形象的角度推测古蜀在重要的祭祀场合，较低等级的神职人员可能采用的是跪姿。跪坐是商朝统治阶级的起居之法，后演习成了一种供奉祖先的祭祀神天以及招待宾客的礼仪⑤。相比较站姿，跪姿的人不仅表现出一种礼敬方式⑥，而且高度更低，头顶器物内盛装之物会看得更清晰。三星堆遗址出土的铜尊、铜罍等青铜容器中多发现海贝、玉器等，可能人顶尊造型的器物之内也有类似遗物。值得一

① 孙华：《三星堆器物坑的埋藏问题——埋藏年代、性质、主人和背景》，四川大学博物馆等编：《南方民族考古（第9辑）》，科学出版社，2014年，第9－52页。
② 赵殿增：《三星堆文化与巴蜀文明》，凤凰出版社，2005年，第243页。
③ 赵殿增：《三星堆文化与巴蜀文明》，凤凰出版社，2005年，第259－260页。
④ 赵殿增：《三星堆文化与巴蜀文明》，凤凰出版社，2005年，第268页。
⑤ 李济：《李济文集（第4卷）》，人民出版社，2006年，第483－502页。
⑥ 王仁湘：《三星堆遗址铜顶尊跪坐人像观瞻小记》，《四川文物》2021年第3期。

提的是，许杰注意到了其中一位顶尊者"上身裸露，双乳突出"，推测可能为女性，尽管目前仅有这一例，但说明在三星堆遗址女性参与到了祭祀活动中，也可能当时已出现了"巫"和"觋"的性别区分。

由此可见，三星堆遗址祭祀坑所出的器物，不仅本身为祭器，同时也描绘出了当时的祭祀场景，人像青铜器以神职人员为造型来源描绘了当时巫觋祭祀的姿态。如牙璋（K2③：201-4）经改制裁掉刃部后，在器表两面遍刻蜀人祭祀场景的图案①。整个图案基本可以分为两组，上下而对。每组表现的内容基本相似，分为五层。最下层即第一层和第四层为圆锥状的两座山，第二层和第五层都为三个人，但第二层的三个人呈跪姿，而第五层的三个人呈站姿，双手均呈空拳相握姿态，中间第三层为一道横S形双勾卷云纹，陈德安认为这层云纹把整个画面分为了天上和地下两部分②。陈德安先生的说法颇有道理，笔者还注意到，云纹之下的人呈跪姿，云纹之上的人是站姿，且发饰有所不同，说明两者的身份有别，赵殿增认为第五层的人像高居于神山之巅，可能是天神或祖先神，正在天上接受跪拜和祭祀，第二层的人像可能是人间站在山峦或祭坛之上进行祭祀活动的巫师或祭司③，这种情形和《周礼·春官·典瑞》所载的"璋邸射以祀山川，以造赠宾客"有类似之处。这说明位于三星堆遗址的古蜀国当时还没有中原地区已经比较成熟的甲骨文、金文等文字体系，祭祀坑中的器物具有明显的纪实成分，但在纪实的基础上又有一定的写意成分和夸张想象。通过独特的器物造型，青铜器、玉器等器物承载着古蜀国祭祀的历史记忆。这在中原地区以外的南方地区比较典型，如云南古滇国战国至西汉时期的青铜器上有栩栩如生的动物造型，贮贝器的造型则描绘了当时古滇国的纺织、狩猎、战争、贡纳、祭祀等场

---

① a. 四川省文物管理委员会、四川省文物考古研究所、广汉市文物局、文管所：《广汉三星堆遗址二号祭祀坑发掘简报》，《文物》1989年第5期。

b. 朱乃诚：《三星堆祭祀坑出土"祭祀图"牙璋考》，《四川文物》2017年第6期。

② 陈德安：《浅释三星堆二号祭祀坑出土的"边璋"图案》，《南方民族考古（第3辑）》，四川科学技术出版社，1990年，第85-89页。

③ 赵殿增：《三星堆"祭祀图"玉璋再研究——兼谈古蜀人的"天门"观》，《三星堆研究——三星堆与世界上古文明暨纪念三星堆祭祀坑发现三十周年国际学术研讨会论文集》，巴蜀书社，2019年，第331-337页。

景①。生活在无复杂书面文字记载时代的族群，使用包括器物造型在内的这一套非语言符号系统，来记述和传承族群的信仰、事件和价值观等，祭祀的青铜器便具有明显的叙事功能。

（二）金沙遗址

在三星堆文化末期，随着祭祀坑的掩埋和城墙的废弃，三星堆文化逐渐被十二桥文化替代，十二桥文化遗址数量明显多于三星堆文化，其中以成都平原东南边缘的金沙遗址规模最大、等级最高，距三星堆遗址仅 38 公里，成为三星堆遗址之后古蜀国新的权力中心②。

金沙遗址的"梅苑"东北部发现有宗教礼仪活动区域，时代当在商代晚期至春秋前期，面积约 2 万平方米，已发现 20 余处祭祀遗存，同时还有 3 处特殊的遗迹现象，即"象牙堆积坑""石璧、石璋堆积区"和"野猪獠牙、鹿角、美石堆积区"③。其中"象牙堆积坑"位于该区域的东部，现存部分象牙平面呈三角形，残长 160、宽 60 厘米，坑内象牙平行放置，共有 8 层象牙堆积，坑内还有大量玉器和铜器；"石璧、石璋堆积区"面积约 300 平方米；"野猪獠牙、鹿角、美石堆积区"在该区北部，野猪獠牙多在鹿角之上，出土的獠牙全是野猪的下犬齿，应是经过有意挑选的。这些遗迹现象各有分布范围，具有一定的布局和功能分区④。

在该区发现大量的青铜器、玉石器、象牙、金器、漆器、卜甲等。其中金器以金片、金箔为主，分为几何形器、像生形器和其他形器。青铜器大多为小型器物，大型铜器仅存残片。器类有铜戈、铜镞、铜钺、铜璋、铜锥形器、铜铃、铜立人像、铜眼泡、铜动物形器、铜喇叭形器等。玉器有玉戈、玉矛、玉璋、玉剑、玉钺、玉圭、玉斧、玉锛、玉凿、玉刀、玉箍形器、玉璧形器等，其中大部分玉璋的栏部阴刻弦纹上涂有朱砂。石器有跪坐石人像、石斧和动物石像，其中在跪坐人像、石虎、石蛇的眼、耳、口涂有朱砂。出土的部分象牙以整根象牙的形式极有规律地摆放，有的象牙有被

---

① 汪宁生：《云南青铜器丛考》，《考古》1981 年第 2 期。
② 许丹阳：《三星堆文化研究四十年》，《中国文化研究》2021 年第 2 期。
③ 成都市文物考古研究所：《成都金沙遗址的发现与发掘》，《考古》2002 年第 7 期。
④ 朱章义等：《成都金沙遗址的发现、发掘与意义》，《四川文物》2002 年第 2 期。

整齐切割过的痕迹，且放置方向一致。卜甲均为龟腹甲，上有密集的圆形灼孔。

从玉器材质、器类及制作工艺来看，金沙玉器多为本地同时期制作的产品，具有强烈的自身特色。玉器材质可能以四川盆地及周边山区的玉料为主。玉器器类表现出多元化的文化因素，其中占主导地位的是中原玉文化的传统特点，如玉钺、玉戈、玉刀、绿松石珠等，同时又受到长江中下游地区甚至东南亚同时期青铜文化玉文化的影响，一些玉璋、玉斧、玉锛、玉凿等又具有鲜明的地域特征。

"梅苑"东北部区域的这 20 余处遗迹，主要有坑状堆积和平地掩埋两种方式，前者平面形制为长方形、圆形、不规则形等，且出土的青铜器、玉器等器物大多与三星堆一、二号坑的同类器物有相似之处，制作精良，大多无使用痕迹，如铜立人像。铜立人像（2001CQJC：17）通高 19.6 厘米，由上下相连的立人和插件两部分组成。立人头戴环形帽圈，三股发辫在背部合为一束，脸部较为消瘦，双手置于胸前，呈握物状，左手在右手之下，与一号坑所出的铜大立人在姿态和造型风格上有相似之处，但头饰等也有自身的独特之处。相比较三星堆遗址，金沙遗址所出的金器数量更为庞大，且种类齐全，形制多样。

发掘者推测"梅苑"这些遗迹的性质可能和器物坑类似，该区域可能是一处宗教祭祀活动区[①]。李明斌进一步认为金沙遗址所出礼器同时也是进行宗教活动的法器，金沙遗址具有典型的政教不分的文化特质[②]。从金沙遗址祭祀用品的种类和形制来看，其祭祀活动大致可分为三个典型的阶段：（1）第一阶段时代大致相当于殷墟文化第二、三期，祭祀用品以象牙、石器为主，还有一些漆器、陶器和极少量的玉器；（2）第二阶段时代约相当于殷墟文化第三、四期之际至西周中期，祭祀活动大量使用玉器、铜器和金器，

---

① a. 成都市文物考古研究所：《成都金沙遗址Ⅰ区"梅苑"地点发掘一期简报》，《文物》2004 年第 4 期。

b. 成都市文物考古研究所：《成都金沙遗址Ⅰ区"梅苑"东北部地点发掘一期简报》，《成都考古发现（2002）》，科学出版社，2003 年，第 96－171 页。

② 李明斌：《从三星堆到金沙村——成都平原青铜文化研究札记》，《四川文物》2002 年第 2 期。

图 5-4 金沙遗址出土的铜立人像(2001CQJC：17)

前一阶段使用的象牙仍有使用，但前一阶段的石器、漆器则不再大量使用；
（3） 第三阶段时代约为西周晚期至春秋早期，这一阶段祭品大量使用的野猪
獠牙、鹿角、美石和陶器，还流行用龟甲占卜，前一阶段大量使用的玉器、
铜器、金器和象牙等祭品的数量在这一阶段骤减①。

① 唐际根、古方：《殷商与古蜀》，《夏商都邑与文化（一）》，中国社会科学出版社，2014
年，第547-563页。

（三）成都平原与中原地区祭祀仪式异同

甲骨文中多次出现"蜀"字，如"蜀受年，蜀不受其年"（《合集》9774），以及"征蜀""于蜀""至蜀""蜀御""蜀射""在蜀""示蜀"等。但对"蜀"字所指的地方有不同的说法，郑杰祥等先生认为蜀在商代的东土，即现在的山东省内特别是汶上一带①。秦文生引文献《尚书·牧誓》载："（武王）曰：'逖矣，西土之人！'王曰：'嗟，我友邦冢君，御事：司徒、司马、司空、亚旅、师氏、千夫长、百夫长，及庸、蜀、羌、髳、微、卢、彭、濮人"，认为蜀在西土的可能性更大②，此说更为可信。

从甲骨卜辞中可知，古蜀国是商王朝周边强大而又遥远的方国③，是一个独立政体，并未对商王朝构成实质性威胁。古蜀国的历史可分为两大时期，一为文献中记载的"蚕丛—博灌—鱼凫"的"先蜀"时期，相当于考古学上的三星堆文化；"杜宇—开明"的"后蜀"时期，相当于考古学上的东周巴蜀文化；"前蜀"和"后蜀"之间的文献记载空白期，相当于考古学上的十二桥文化④。

商王朝和古蜀国在祭祀上有一些相同之处。由于三星堆文明在形成过程中受到了二里头文化、齐家文化以及宝墩文化继承者等文化因素的影响，因此成都平原的青铜文明中明显有中原地区商文明的因素，中原风格的礼器似乎已经纳入了古蜀国的仪式活动之中⑤。在祭祀的器物上，三星堆遗址、金沙遗址与殷墟遗址一样，都有使用青铜器、玉器等。从器型上看，三星堆遗址出土的玉戈、玉琮、玉璧、玉瑗、玉圭等玉石器与中原地区所出同类玉器差别不大，出土的铜尊、铜罍、铜瓿、铜盖、铜盘和铜觯等形制和中原地区的商文化也十分相似。但尽管如此，两者祭祀体系的差异似乎更为明显。成

---

① 郑杰祥：《商代地理概论》，中州古籍出版社，1994年。

② 秦文生：《三星堆遗址与殷商文明》，《殷商文明暨纪念三星堆遗址发现七十周年国际学术研讨会论文集》，社会科学文献出版社，2003年，第139-142页。

③ 林向：《殷墟卜辞中的"蜀"——三星堆遗址与殷商的西土》，《童心求真集——林向考古文物选集》，科学出版社，2010年，第241-251页。

④ 武家璧：《古蜀的"神化"与三星堆祭祀坑》，《四川文物》2021年第1期，第84-95页。

⑤ 刘莉、陈星灿：《中国考古学：旧石器时代晚期到早期青铜时代》，三联书店，2017年，第384-389页。

都平原古蜀国文明所呈现出的最主要文化特征与中原地区的商文明迥异①，祭祀所用器物既受中原地区商文化的影响，也反映出古蜀国的地方土著文化风格，且以后者为主②。

首先，两者的祭祀场所不同。商代晚期殷墟遗址的祭祀活动主要集中在宫殿宗庙区和王陵区，而成都平原古蜀国的祭祀场所并不在墓葬附近，而是有固定的场所，如三星堆遗址的祭祀活动主要集中在宫殿区附近和古城墙南面，金沙遗址的祭祀场所则位于摸底河南岸的"梅苑"东北部。

其次，祭祀用品不同。祭祀用品种类上，殷墟遗址的祭祀活动中大量使用了人牲、动物牺牲、青铜礼器等，而成都平原的古蜀国在祭祀中使用的金器、象牙等可谓巨量，数量上远超殷墟遗址同类器物的使用，且三星堆遗址的金饰大多用于器物表面，如用作金面罩等，与殷墟遗址主要以包金铜泡、金叶、带孔金片等形式显然有别。成都平原使用的青铜器以青铜人像、青铜人面像、青铜树等居多，不太使用中原地区商文化常见的铜鼎、铜盉、铜罍等器类。祭祀用品器型上，三星堆遗址的玉璋则多采用戈形璋和双弧叉刃璋③，常在玉璋前锋处开一丫形口或透雕一鸟，这种形态只见于蜀地，几乎不见于中原地区④。部分青铜器在造型和纹饰上也反映出当地蜀文化的风格。玉石器和青铜器的产地科技检测结果也支持三星堆遗址和金沙遗址所出的玉石器、青铜器为四川当地生产的可能性更大。

三星堆遗址一号坑玉石器的材质较为单一，主要为闪石玉，二号坑玉石器的材质尽管依然以闪石玉为主，但也见蛇纹石玉、透辉石、灰岩等，材质更为多样，绝大部分材质的玉石器可在四川汶川龙溪玉矿口及河流上下游等地采集，且结合《续汉书·郡国志》"有玉垒山，出璧玉，湔水所出"的文献记载，推测三星堆出土的玉石器就地取材、就地生产的可能性更大⑤。崔剑

① 朱乃诚：《三星堆文明形成的年代和机制》，《中原文化研究》2021年第4期。
② 四川省文物考古研究所：《三星堆祭祀坑》，文物出版社，1999年，第447页。
③ 何先红：《四川博物院藏三星堆遗址出土玉石器补记》，《四川文物》2012年第4期。
④ 郑光：《从三星堆文化看古蜀地与中原的关系》，《殷商文明暨纪念三星堆遗址发现七十周年国际学术研讨会论文集》，社会科学文献出版社，2003年，第110页。
⑤ 鲁昊、付宛璐、柴珺、朱亚蓉、余健、张跃芬、孙华：《三星堆遗址出土玉石器的成分检测及相关问题分析》，《故宫博物院院刊》2021年第9期。

锋通过对三星堆遗址 20 件青铜器样品的铅同位素分析发现，所有青铜器中的铅都是典型的高放射性成因铅，所以三星堆铜器中的铅应是同一来源，这便否定了之前三星堆文化特色的铜像是本地铸造而中原文化特色的尊、罍等是外来输入的论断，说明几乎所有的三星堆青铜器都是同一批次铸造的①。但由于包括殷墟、新干大洋洲以及盘龙城等在内的高放射性成因铅的青铜器铅矿都可能来自一个矿山②，加上对切割和铸焊等工艺的分析，他认为三星堆青铜器的工匠可能不是三星堆遗址当地的工匠，大概率是来自长江中下游地区和商王朝关系密切的青铜文化地区的外地工匠，携带金属原料到三星堆遗址后铸造而成。

对于两者祭祀活动的差异，曹玮认为可能是两者在思想意识中对神祇认识不同所导致的祭祀模式存在差异③，比如顶尊铜人像的形象说明当时可能有专门的神职人员头顶铜尊，体现出祭祀时对青铜容器的一种使用方式④，而中原地区铜容器的使用则以摆置为主。唐际根等认为两者的祭祀活动差异可能是由两者祭祀体系中不同的等级制度所致。从古蜀国高大的青铜人像和单薄的青铜人面像来看，古蜀国的祭祀现场似乎希望让更多的现场参与者可以看到，祭祀活动中并未体现出明显的等级差异，且结合墓葬考古情况来看，古蜀国至今未发掘出贵族大墓，绝大多数墓葬规格都不高，不见殷墟遗址各类墓葬体现出来的严格等级差异，某种程度上而言，古蜀国的宗教权力似乎高于世俗权力⑤。

武丁初时古蜀国尚未平服，商王朝以派兵征服为主，有"王供人正蜀"，古蜀国平服之后商王偶尔会到古蜀国举行祀典，如"至蜀有事""蜀

---

① 崔剑锋、吴小红：《三星堆遗址祭祀坑中出土部分青铜器的金属学和铅同位素比值再分析——对三星堆青铜文化的一些新认识》，《南方民族考古（第九辑）》，科学出版社，2013 年，第 237－250 页。

② 金正耀：《论商代青铜器中的高放射成因铅》，《考古学集刊》第 15 集，文物出版社，2004 年，第 269－278 页。

③ 曹玮：《晚商时期三星堆文化的祭祀模式》，《三星堆研究（第五辑）——三星堆与世界上古文明暨纪念三星堆祭祀坑发现三十周年国际学术研讨会论文集》，巴蜀书社，2019 年，第 116－119 页。

④ （美）许杰，杨难得译：《古蜀异观：三星堆塑像的重现与解读》，《美成在久》2015 年第 5 期。

⑤ 唐际根、古方：《殷商与古蜀》，《夏商都邑与文化（一）》，中国社会科学出版社，2014 年，第 547－563 页。

御"。正是在这种商王朝与古蜀国的联系之下，两地在包括祭祀在内的思想意识领域有了频繁的交流，故而不难理解两者在祭祀上的一些相同之处。然而以神权统治为主的古蜀国，垄断了该地区的所有青铜原料及其他珍贵物品的获取、占有和使用①，形成了独特的权力控制模式。

二、赣鄱流域

中原地区对长江中游地区的控制较为紧密。商代早期，盘龙城成为商人征伐和掠夺长江流域资源的重要据点，然而到了商代晚期，盘龙城遗址逐渐衰落，江西樟树吴城遗址取而代之成为这一区域的中心。吴城文化遗存分为三期，相当于中原地区的二里岗文化上层、殷墟文化早期和殷墟文化晚期。吴城的器物组合表现出强烈的中原文化特征，且与当地文化传统共存②。

吴城遗址面积达 61.3 万平方米，城垣周长约 2 960 米，城内有居住区、祭祀区、制陶区和铸铜区等，发现有房屋、水井、灰坑和窖藏、祭祀场所等遗迹。在吴城文化二期中段至三期早段，即相当于殷墟二期早段到殷墟三期，吴城遗址内的各组文化因素保持了均衡发展的态势，且是吴城遗址文化大发展的时期，吴城遗址成为当时的一个区域性政治、文化和祭祀中心，也可能是商时期赣鄱流域内部阶层分化的某一方国都城③。之后在吴城文化三期早段（相当于殷墟三期），由于牛城遗址的兴起及其对吴城遗址的征伐，吴城遗址才随之衰落，牛城遗址取而代之，成为商代末期至西周时期该地区的政治、礼仪中心。

（一）吴城遗址祭祀场所考古发现

吴城遗址祭祀场所位于城址中心，主要由红土台地、道路、建筑基址、红土台座、柱洞群五大部分组成。红土台地基本上处于整个吴城遗址的中轴线上，台地平面略呈"T"形，西端有建筑基址（1992ZWF1）和红土台座

---

① 段渝：《论三星堆文化的政治结构及机制》，《三星堆研究（第五辑）——三星堆与世界上古文明暨纪念三星堆祭祀坑发现三十周年国际学术研讨会论文集》，巴蜀书社，2019 年，第 116 - 119 页。

② 刘莉、陈星灿：《中国考古学：旧石器时代晚期到早期青铜时代》，三联书店，2017 年，第 384 - 389 页。

③ 周广明、赵建鹏：《传播、变异、创新——殷商时期赣鄱流域文明演进模式初探》，《夏商都邑与文化》（一），中国社会科学出版社，2014 年，第 573 - 616 页。

（1992ZWTZ1），南侧有道路（1992ZWL1），西南角有密布的柱洞，西以地坑为界，北、东、南三面均有一明显的陡壁，高出周边地区 1 至 1.5 米，形成了一较为平整的略带坡度的宽广台地，面积达 6 500 平方米。建筑基址（1992ZWF1）为圆角长方形，面积约 30 平方米。门道两端各有一构造特殊的门墩，两门墩内侧各有一柱洞。整个基址共有 19 个柱洞，排列一周。红土台座（1992ZWTZ1）南北长 1.6、东西宽 0.55 米，在红土台地边缘西南侧与 L1 拐角处的三面地带以及红土台座的东南侧，共分布着大小不一的柱洞上百个。

发掘者从这些遗迹关系的布局推测，道路、建筑基址、红土台座、柱洞群和红土台地有机地构成了一个不可分割的整体，建立了宗教祭祀广场和与之配套的红土台以及一条通向祭祀广场、铺设考究的道路，组成了一个大型的宗教祭祀场所。其中道路起着沟通、连接的作用，存在不同建造方式及不同的规格，表明行走于其上者身份等级不同，建筑基址可能是议事厅（公堂）或是祖庙；路两旁排列规整的柱洞，可能与相关的建筑有关，如长廊，与路关系不甚密切的柱洞，推测其应有区域标志的作用或是象征、代表宗族的标志之旗杆的遗存，也可能起栅栏的作用，或兼具之；红土台座是作为主持祭祀活动的"群巫之首"所站立之台座[①]。

（二）吴城遗址祭祀探析

从吴城遗址的发展来看，吴城遗址最早期的统治者很可能是移民而来的商王朝的贵族阶层，显示出商文化与当地土著文化混合的特征。之后吴城遗址可能逐渐脱离了商王朝的控制，吴城文化晚期的物质文化具有日益显著的地方特征，逐步形成了商代晚期的地方文化类型，但仍然保留了与安阳殷墟在物质和意识形态上的联系，如吴城遗址陶器、原始瓷以及石范上发现的文字和符号，与殷墟甲骨卜辞有一定的相似之处[②]。

早在 1974 年吴城遗址发现刻划文字陶器 4 件，赵峰分析了其中的 3 件，

---

① 江西省文物考古研究所、樟树市博物馆：《吴城——1973 - 2002 年考古发掘报告》，科学出版社，2005 年，第 69 - 74 页。

② 刘莉、陈星灿：《中国考古学：旧石器时代晚期到早期青铜时代》，三联书店，2017 年，第384 - 389 页。

论证在吴城遗址存在有祭祀活动。他认为这些陶文有些字仅见于殷墟卜辞，不见或很少见于西周金文，陶文的下限应不晚于殷墟卜辞的晚期。其中第三号陶文译为"入土（社）、材田"，其中"材田"即文献中的"载田"，即用犁翻地里的杂草，以便播种，应是记载了商代的一些宗教祭祀活动，文字和祭祀与中原地区有一定的相似性①。

对于祭祀的性质，发掘者认为由于红土台地位于整个城址的中轴线上，可能属于宗庙、社稷等的"内祀"，且长达百米的道路分成两种规格，以及祭祀区域功能的划分，反映了祭祀相关的严格等级制度②。周广明等赞同此说，根据此建筑基址在整个场所中所处的位置及其结构，推断其为议事厅（公堂）或是祖庙，但从室内近南墙有一红土台墩这一特殊现象来看，更倾向于认为是祖庙③。李昆等认为吴城遗址的祭祀性质和它的文化内涵相关，并对比了吴城遗址和三星堆遗址的祭祀，由于吴城遗址是商文化南下建立的一个方国都城，吴城遗址的祭祀为"国祭"；而三星堆遗址以古蜀文化为主体，吸收了少许的中原地区商文化，所以三星堆遗址的祭祀为"内祀"④。

无论吴城遗址的性质怎样，吴城遗址面积庞大，城垣高筑，发现有青铜容器、兵器等，且有宗教祭祀基址这一浩大的建造，表明吴城遗址具有强有力的社会集权集团的存在。

第二节　东　方　地　区

商代早期二里冈下层文化时期，整个东方的山东地区文化面貌以岳石文化为主。在商代早期二里冈文化上层阶段，山东地区的商代聚落数量迅速增加，且主要集中在大辛庄和前掌大两个区域，器物组合为典型商文化风格的

---

① 赵峰：《清江陶文及其所反映的殷代农业和祭祀》，《考古》1976 年第 4 期。

② 江西省文物考古研究所、樟树市博物馆：《吴城——1973－2002 年考古发掘报告》，科学出版社，2005 年，第 69－74 页。

③ 周广明、赵碧云：《吴城商代宗教祭祀场所探究》，《南方文物》1994 年第 4 期。

④ 李昆、黄水根：《吴城与三星堆》，《殷商文明暨纪念三星堆遗址发现七十周年国际学术研讨会论文集》，社会科学文献出版社，2003 年，第 143－147 页。

陶器、青铜器和玉器。同时济南大辛庄遗址出现了典型的"第二类遗存"①。"第二类遗存"既带有当地原岳石文化的一些特征，又明显可看出受商文化影响而具备许多商文化因素，陶器的主要器形有陶鬲、甗、鼎、大沿罐、高领罐、卷沿鼓腹盆、折肩瓮、豆等。除陶鬲以外，其余陶器器形均直接承袭了岳石文化，而陶鬲也显示着其与岳石文化陶甗形态一致的传统制作工艺特征，此外并有半月形双孔石刀等岳石文化的典型石器，实际上"第二类遗存"是济南地区最晚阶段的岳石文化。商文化遗存与"第二类遗存"共存，表明商王朝在该地区主要通过商人权贵取代本地权贵阶层的方式进行统治。商代晚期已不见"第二类遗存"，可能出于盐、金属等自然资源的需求，商人继续扩张到山东大部分地区，当地土著人被迫向胶东半岛迁徙，形成了考古学上的珍珠门文化②。相对于中原地区考古学文化而言，岳石文化的年代约为二里头二期至殷墟早期，自西而东终止的年代并不一致③。张学海认为桓台史家遗址器物坑年代为岳石文化第五期，下限已到殷墟文化一期，年代上符合本书所讨论的时间范畴④。

一、海岱地区

（一）山东桓台史家遗址

1. 考古发现

1996—1997 年，在桓台县史家遗址进行了三次发掘，发现岳石文化的木构架祭祀器物坑 1 个，商代祭祀坑 9 个，以及墓葬、灰坑、房基等遗迹。从遗迹现象可推知遗址的聚落布局，遗址北部可能为一贵族墓地，自 1964 年以来曾数次挖出带有铭文的商代青铜器多件，其时代可早至殷墟早期，目前已整理出的带族徽的铜器有近 20 件，族徽有举、命、箕、鱼等，此外记有庙号的铭文有父癸、祖戊、大戊、父辛、文乙、文丁等；墓地的南部是祭祀区，是多个埋有猪、鸡、狗等的祭祀坑；遗址西南部可能是居住区，发现房

---

① 徐基、陈淑卿：《论岳石文化的终结——兼谈大辛庄商文化第二类遗存的性质》，《东方考古》第 4 集，科学出版社，2008 年，第 15-29 页。

② 刘莉、陈星灿：《中国考古学：旧石器时代晚期到早期青铜时代》，三联书店，2017 年。

③ 方辉：《岳石文化的分期与年代》，《考古》1998 年第 4 期。

④ 张学海：《试析岳石文化的年代》，《中国文物报》1999 年 2 月 3 日第 3 版。

基 2 座①。

祭祀场所包括祭台和木构架祭祀器物坑。祭台似利用了原龙山时期的台址，木构架祭祀器物坑（编号 96HSF1H）大约位于祭台中部，处于整个遗址的中部偏北处，且为海拔最高处，坑口平面呈不规则椭圆形，近似方形，东西长 9.05、南北宽 7、深 4 米，坑中部为一"井"字形木构架坑，由 27 层长条木板交叉叠架而成，木构架外是可以分层的填土。

该坑出土器物共分 7 层，在每两层器物之间都有清晰的木头痕迹，推测当时在放置完下一层器物之后，在器物之上用木板和树皮之类搭建出一简陋支撑架，以便继续放置上一层器物。该坑出土陶器、石器、骨角器、蚌器和卜骨等共 350 余件。陶器可辨器型有陶罐、壶、豆、碗、平底尊、蘑菇形盖钮、鼎、簋、瓮等，一些陶罐中盛有谷物（粟）和酒水；骨角器和蚌器制作精良，多经磨光处理，有骨笄和蚌刀等；石器可辨器型有石镢、铲、镰、钺和双孔石刀等。在坑底有两片羊肩胛骨残片，上有烧灼痕迹，并带有刻划文字。卜骨（96HSF1H：232）一面刻有"六卜"，另一面刻有三字，不释。卜骨（96HSF1H：226）刻有三字，一字为"幸"字，另二字不释。史家遗址其他遗迹单位也出土有另外 3 片卜甲，均刻有文字或符号。②

该坑附近发现有殉猪祭坑 4 个，坑口平面多呈不规则的圆形和椭圆形，坑深较深，可能为多次使用。猪牲多成对杀祭，有的坑内有两层猪牲，有的坑底还放置器物。其中 17 号灰坑南北长 2.1、宽 1.6、深 3.2 米，坑内有猪牲和器物各两层。上层猪牲为一个个体较小的乳猪；相隔 1.6 米后的下层猪牲为 2 具个体较大的成年猪；在坑深 2.82 米处清理第一层器物层，出土有陶鬲、平底盉形器和骨器；在坑底中部又清理出第二层器物层，出土陶平底盉形器 5 件、刻划卜骨 1 件。在附近还发现人殉乱葬坑一个，坑口呈不规则

---

① a. 张光明、夏林峰：《山东桓台县史家遗址发掘收获相关问题的探讨》，《管子学刊》1999年第 4 期。

　b. 张光明、徐龙国等：《桓台史家遗址发掘获重大考古新发现》，《中国文物报》1997 年 5 月 18 日。

② 淄博市文物局、淄博市博物馆、桓台县文物管理所：《山东桓台县史家遗址岳石文化木构架祭祀器物坑的发掘》，《考古》1997 年第 11 期。

　山东省文物考古研究所：《山东 20 世纪的考古发现和研究》，科学出版社，2005 年，第287－289 页。

圆形，东西长 2.95、宽 2.4、深 0.8 米，坑内分布有零乱的人头骨、盆骨、肢骨、肱骨等骨骼，且有明显的砍锯痕迹，应是杀殉遗迹①。

2. 史家遗址岳石文化祭祀活动探析

木构架祭祀器物坑应是经过精心建造的，建造顺序主要有三步：先在地表下挖一个圜底坑；然后在坑中部利用加工过的木板构筑"井"字形木构架，在木构架达到一定高度时，其内摆放一层器物，其外铺一层填土，在放置器物之上再用木板和树皮搭建一层支撑架，以便继续放置另一层器物；最后可能是建造坑上建筑，但坑上建筑现已无保存。从器物分层来看，木构架祭祀器物坑的形成，有可能是多次举行祭祀活动的结果；从该器物坑所出器物来看，反映的应是鲁北地区东夷族群的祭祀活动。

对于祭祀对象，杨良敏认为该坑主要摆放的是日常生活所用陶器以及石镰、石镢等生产工具，该器物坑可能与农业祭祀有关，祭祀对象可能为农神②。

张国硕赞同多数学者将此器物坑视为祭祀坑的观点，并且认为其祭祀对象应与大地有关，因为该坑用的是挖坑深埋祭品，可能是希望达到与地神相通的目的。但是关于祭祀者的族属问题，张国硕认为尚难以确定，有东夷人和商人两种可能性③。张光明先生赞同此坑为祭地之用，该坑具有祭地祈丰收的性质④。

（二）山东曲阜西陈遗址

山东曲阜西陈遗址面积为 7 万余平方米，年代为商代晚期到西周早期。2019 年发掘时发现了房址、窖穴和祭祀区。其中祭祀区位于遗址中部，呈南北向分布，已发掘近 20 处祭祀性质的遗迹，除了埋有人牲外，还埋有猪、牛、羊、马、狗等近 30 只动物牺牲⑤。遗址的详细资料目前尚未发表。

---

① 张光明、徐龙国等：《桓台史家遗址发掘获重大考古新发现》，《中国文物报》1997 年 5 月 18 日。

② 杨良敏：《试析山东桓台县史家遗址岳石文化木构器物坑的性质》，《史学集刊》1998 年第 3 期。

③ 张国硕：《史家遗址岳石文化祭祀坑初探》，《中国文物报》1998 年 5 月 27 日。

④ 张光明：《山东桓台史家遗址发掘收获的再认识》，《夏商周文明研究——97 山东桓台殷商文明国际学术讨论会》，中国文联出版社，1999 年，第 1－14 页。

⑤ 韩辉：《山东曲阜西陈遗址》，《大众考古》2020 年第 5 期。

（三）江苏铜山丘湾遗址

江苏省徐州市铜山丘湾遗址于 20 世纪五六十年代先后进行了三次发掘，文化内涵包括山东龙山文化、商文化和西周文化。商代遗迹有居址、窖穴等，出土遗物以陶器、骨器（骨匕、骨针、骨笄）、石器（石斧、石刀、石镰、石锛）、蚌器（蚌刀、蚌镰、蚌饰）、甲骨等为主，青铜器较少，仅见铜刀等。

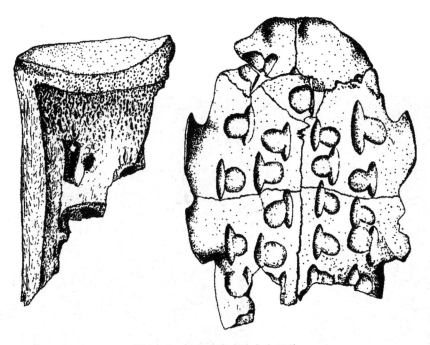

图 5-5　铜山丘湾遗址出土甲骨

1. 考古发现

遗址探方 15 深 1.4 米处出土牛骨架一具，发掘者认为"这一现象可能与商代的祭祀活动有关"。遗址所出卜骨所用的原料是牛的肩胛骨，经过刮削修平，卜甲用的是龟的腹甲。卜骨和卜甲都有比较明显的凿、钻、灼等痕迹，个别卜甲只有钻和灼的痕迹，说明当时有占卜活动的存在。

发掘中发现一处特殊的遗迹，简报中所使用的称呼是"具有特殊意义的葬地"。该遗迹位于遗址的偏南部分，在从高向低逐渐下降的坡地上，土质为比较坚硬的黄土，似乎经过了夯实。所占面积约 75 平方米，清理出人骨 20 具、人头骨 2 个和狗骨 12 具。人骨和狗骨在遗迹内的密度并不均匀，不同性别、青壮年的人骨都有。在该遗迹范围内的ⅢT2 中部偏西处，发现四块未经人工制作的自然大石竖立在土中，形状不甚规则，中间的一块最大，略近方柱体。人和狗似乎以四块大石为中心埋葬，人骨头部的方向多指向大石。第一层中的第 14、15 号人骨朝着大石相反的方向，这类遗迹是否不止一处还有待新的考古发现①。这四块大石应是有意识放置的，且与周围的人骨和狗骨有一定关联性。

图 5-6　丘湾遗址立石遗迹中心竖立的大石

从人骨和狗骨的埋葬深度来看，似可分为两层，有的人骨和狗骨存在叠压的情况。上面第一层埋葬的人骨较多，狗骨较少，骨骼集中在东北方，人

---

① 李宏飞：《试论邳州梁王城遗址发现的西周墓葬——兼论铜山丘湾社祀遗迹的年代》，《中原文物》2020 年第 1 期。

骨、狗骨的头都朝向西南方大石堆积的地点。大多数骨架基本完整，只有13、14、15号人骨的肢骨或头骨不全。下面第二层埋葬的狗骨数量较多，人骨数量较少。人骨和狗骨的头向也多朝着大石堆积处[①]。

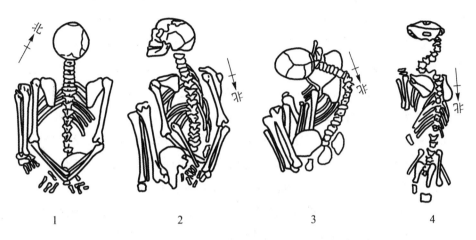

图5-7　铜山丘湾遗址部分人骨示意图
1-3. 人骨架(10、11、18号)　4. 狗骨架(20号)

2. 铜山丘湾遗址祭祀活动探析

特殊遗迹内的人骨既无墓圹，也无葬具和随葬品，显然不是普通的墓葬，且所有人骨都是俯身屈肢，有一半以上的人骨双手被反绑在身后，明显地表现出被迫死亡的状态。狗骨一般是侧身，混杂在人骨之间。这说明在商代晚期的时候，曾在该遗迹举行过祭祀，所用牺牲为人牲和犬牲。从骨骼堆积的分层情况来看这样的祭祀可能先后举行过两次，但相距时间应当不长，因此土质、土色没有明显的变化。

王宇信、陈绍棣、俞伟超等先生引经据典，认为这是大彭方国社祀的遗迹[②]。《说文》云："社，地主也。从示土。"《周礼》："二十五家为社，各树

① 南京博物院：《江苏铜山丘湾古遗址的发掘》，《考古》1973年第2期。
② a. 王宇信、陈绍棣：《关于江苏铜山丘湾商代祭祀遗址》，《文物》1973年第12期。
　　b. 俞伟超：《铜山丘湾商代社祀遗迹的推定》，《考古》1973年第5期。

其土所宜之木。"社即地神，土即社①，用木或石拟鬼神而祭神主。铜山丘湾遗址所在地在商代时是商王朝的一个方国大彭国，如《史记·楚世家》载："彭祖氏，殷之时尝为侯伯，殷之末世灭彭祖氏。"又《国语·郑语》载："大彭、豕韦为商伯矣。"韦昭注云："大彭，陆终第三子，曰篯，为彭姓，封于大彭，谓之彭祖，彭城是也。豕韦，彭姓之别，封于豕韦者也。殷衰，二国相继为商伯。"《国语·郑语》又云："彭姓：彭祖、豕韦、诸、稽，则商灭之矣。"韦注曰："彭祖，大彭也。豕韦、诸、稽，其后别封也。大彭、豕韦为商伯，其后世失道，殷复兴而灭之。"大彭与商王朝政治联系密切，时服时叛，两者也曾发生战争，如卜辞："辛丑卜，亘，贞乎取彭？"（《前》②五·三四·一）大彭可能是受到了商文化的影响，接受了商的社祭。但商末周初之时，丘湾遗址北边相距不远的曲阜、泗水一带是淮夷之地，丘湾和淮夷相邻而存，接触频繁，可能互有影响。

从丘湾遗址商代遗存的发现及其文化特征来看，确实与中原地区的商文化十分接近。在丘湾遗址发现了商代的铜刀和铜凿，其中铜刀形制与武官村大墓出土的铜刀（铜削）基本属于同一类型③。丘湾遗址所出商代陶器以泥质灰陶为主，夹砂灰陶次之；纹饰以较粗绳纹为主，素面次之，其余还有弦纹、附加堆纹等；器形以陶鬲、簋、豆、罐、瓮为主，具有典型的中原地区商文化陶器的特点。发掘者据此认为上层的陶鬲、陶豆、陶簋等与安阳地区商代晚期的陶器器形特征接近，且以商代晚期陶器为主，下层的陶鬲、陶瓮、陶簋、陶豆等与郑州商城遗址的器形特征相似，或可接近商代早期④。说明大彭从商代早期起，就受到了商文化的影响，商王朝的宗教信仰很可能也对大彭有一定影响。

最近李宏飞根据位于丘湾遗址东侧仅35公里处的江苏邳州梁王城遗址新出的材料，认为铜山丘湾社祀遗迹的年代应属西周。2006年和2008年在梁王城遗址考古发掘的一批西周墓葬具有浓厚的商系文化特征，但又与殷墟

① 郭沫若：《殷契粹编》，北京：科学出版社，1965年，第8页。
② 罗振玉：《殷虚书契前编》，《殷虚书契五种》，中华书局，2005年。
③ 王宇信、陈绍棣：《关于江苏铜山丘湾商代祭祀遗址》，《文物》1973年第12期。
④ 南京博物院：《江苏铜山丘湾古遗址的发掘》，《考古》1973年第2期。

文化墓葬存在着较为明显的不同，其中陶鬲与关中地区西周墓葬随葬陶鬲的特征更为近似，似乎受周文化影响更大，但殷墟文化的持续影响仍然存在，梁王城西周墓葬可分为三期，年代大体与西周早期、西周中期和西周晚期早段相当①。而且在梁王城南、北两区墓葬之间发现的非正常死亡的 M55 和 M56 附近，也发现有西周时期的立石遗迹 S8，遗迹内有两具猪骨，一具为幼猪，一具为成年猪骨骼。如果丘湾遗址早年发掘时地层划分没有很细化的话，可能会造成不同时代遗物混出的现象，所以铜山丘湾社祀遗迹的年代应属西周。

目前已有的论据尚难以完全支持丘湾社祀遗迹的年代是西周时期的。梁王城和丘湾的相关人骨摆放姿势存在差异，尽管人骨双手都似反缚，但从人骨的下肢来看，丘湾遗址人骨的下肢为曲肢，梁王城遗址的为直肢或在膝盖处弯曲，两者还是有所不同的。M55 和 M56 人骨的头像并没有朝向立石遗迹 S8，两者是否同属同一处祭祀遗存有待进一步探讨。更可能的情况是丘湾遗址的社祀从商代晚期持续到了西周，中间曾多次举行社祀仪式，这便能够解释为何在丘湾下层出土了两件西周中期的陶簋和陶圆肩罐。

二、江淮地区

安徽滁州何郢遗址

1. 考古发现

安徽滁州何郢遗址平面近圆形，三面环水，中部略高，四周较平坦，现存面积近五千平方米，为台地型聚落遗址。2002 年发掘时初步揭露出该遗址的聚落布局，大体分为居住、墓葬和祭祀区，发掘出房址 8 座、灰坑 23 个、墓葬 11 座、祭祀遗迹 21 处。该遗址发现了 3 组可能和祭祀相关的动物坑，共计 22 个，其中东北部 12 个，东南部和西南部各 5 个。东北部的动物坑与儿童墓错落分布，发掘者认为这些动物坑和儿童墓可能都是当时居民的祭祀行为。这些动物坑内的动物主要是猪（14 头），其次为狗（4 只），不见其他种类。猪和狗均呈蜷曲状，不见挣扎痕迹，可能是被杀死后专门摆放成此姿

① 李宏飞：《试论邳州梁王城遗址发现的西周墓葬——兼论铜山丘湾社祀遗迹的年代》，《中原文物》2020 年第 1 期。

势的。猪的年龄均不超过 1 岁，甚至有的为幼年猪，但狗的年龄则没有定规，其中 1 只成年狗的骨骼甚至具有明显的病变。其中 7 头猪没有发现头骨，其头部处放置有一块石头象征猪头，但这些无头猪的分布没有明显规律①。该遗址还发现了一片较为完整的卜甲，上有圆形钻孔和清晰的烧灼痕迹。

2. 祭祀活动探析

从聚落等级来看，何郢遗址聚落等级应为一般的村落，但祭祀活动十分频繁且集中，可能为一地方性的祭祀活动中心，甚至是我国东南地区商周时期最具规模的祭祀活动遗迹②。

从该遗址的文化面貌来看，该遗址的文化堆积大部分为商代晚期文化堆积，上部为西周早期堆积，遗址年代可定为商代晚期到西周早期。出土器物多为陶器、石器，陶器器型主要有陶鬲、豆、盆、罐，器型偏小，器体多素面，留有刮削痕迹；青铜器主要有青铜镞、刀、凿、针等；石器主要有石镰、石锛和砺石；骨器主要有骨铲、骨簪、骨针及磨制的鹿角等。文化面貌与中原商文化中心区有着显著区别，发掘者将其定为一个分布于安徽省东部及江苏省邻近地区的新考古学文化地方类型，即何郢类型 ③。何郢类型文化位于中原文化区、夷人文化区和吴文化区的交汇地带，可能是中原地区文化、夷人势力等共同作用的结果，又以中原文化区的作用为主④。

目前，对何郢遗址祭祀的研究主要是从动物考古学角度出发，分析作

---

① a. 袁靖、宫希成：《安徽滁州何郢遗址出土动物遗骸研究》，《文物》2008 年第 5 期。

　　b. 吕鹏、宫希成：《祭牲礼制化的个案研究——何郢遗址动物考古学研究的新思考》，《南方文物》2016 年第 3 期。

② 吴妍、王昌燧、Linda Scott Cummings、Patricia C. Anderson：《安徽何郢遗址植物残体切割形态与脱粒农具的关系》，《文物保护与考古科学》2012 年第 1 期。

③ a. 张爱冰、宫希成：《滁州发掘商代大规模聚落祭祀遗址》，《中国文物报》2002 年 11 月 29 日第 1 版。

　　b. 朔知、张爱冰：《滁州市何郢商周时期遗址》，中国考古学会编《中国考古学年鉴（2003 年）》，文物出版社，2004 年，第 189－190 页。

　　c. 余建立：《何郢遗址出土陶器的初步分析——兼论滁州地区西周时期考古学文化编年谱系及其相关问题》，硕士学位论文，北京大学，2006 年。

④ a. 宫希成：《安徽滁州地区何郢遗址发掘的主要收获》，《古代文明研究通讯》2002 年 12 月，总第十五期。

　　b. 赵东升：《论江淮地区西周时期考古学文化格局与政治势力变迁》，《安徽大学学报（哲学社会科学版）》，2012 年第 5 期。

为村落等级的聚落，其祭祀用牲与都城等高规格聚落用牲的不同之处。该遗址出土的动物可分为家养和野生动物两类，种属有家猪、黄牛、马、楔蚌、鱼、扬子鳄、龟、鸟、兔、虎、梅花鹿、麋鹿、小型鹿科动物共 14 种，但祭祀相关的动物却只使用了猪和狗这两种家养动物，说明了其在动物牺牲上偏向于选择家养动物。家养动物中不见牛、马等同时期的殷墟遗址常使用的牺牲，但在遗址其他遗迹内发现了牛、马骨等，可能说明该聚落当时已有饲养牛、马等，但并不将其用于正式的祭祀活动之中，表现出和商代都城遗址中所用动物牺牲的不同之处。

这说明在何郢遗址等乡村一级的聚落中，尽管不排除个别遗址使用牛进行祭祀的可能性，但是这些遗址主要使用的是猪和狗等家养动物牺牲，没有像商代都城遗址等产生祭祀用牲制度的变革，而继续沿袭新石器时代和二里头文化时期的祭祀习惯[①]。其背后的原因并非经济角度或家猪饲养业的发展[②]，言下之意可能是由于政治原因所造成的等级差异。

三、其他

（一）江苏连云港卧龙岗岩画遗迹

1989 年《中国文物报》等报纸媒体曾报道，南京博物院王少华先生在江苏灌云县大伊山卧龙岗发现了岩画遗迹，推测当地俗称的"星象石""观星石""日月石"是商代祭天地的星象石[③]。但相关的正式简报等考古材料目前尚未见，故暂列此处。

（二）山东平阴朱家桥遗址

山东平阴朱家桥商代遗址在 1958 年发掘时发现了 3 座埋有兽骨的灰坑，内有较完整的兽骨。坑一为椭圆形，除坑口发现数片陶鬲残片、鬲足、蚌镰外，坑内陶片很少，坑的中部有侧卧的牛骨架 1 具，牛骨架下有

<hr />

① 袁靖、宫希成：《安徽滁州何郢遗址出土动物遗骸研究》，《文物》2008 年第 5 期。

② 吕鹏、宫希成：《祭牲礼制化的个案研究——何郢遗址动物考古学研究的新思考》，《南方文物》2016 年第 3 期。

③ a. 王迎生等：《灌云发现商代星象石岩画》，《中国文物报》1989 年 6 月 16 日第 1 版。

b. 王迎生等：《灌云大伊山卧龙岗岩画确证属商代文化古迹》，《文汇报》1989 年 6 月 5 日第 3 版。

一堆狗骨，坑的北部也发现有两堆狗骨。还有一坑内有马骨架 1 具，四蹄自然摆放①。对于此坑的性质，发掘者认为这些灰坑可能是房子的附属物，但因是早些年发掘的材料，简报中的信息有限，是否是与祭祀相关的遗存有待进一步考证。

第三节 北 方 地 区

燕山南北地区

对于夏家店上层文化的年代，学界存在不同看法，特别是对其上限有争议。朱永刚②、田广金③、刘国祥④、赵宾福⑤、井中伟⑥等先生大多数都认为夏家店上层文化的上限相当于西周早期，而王立新、齐晓光⑦和汤卓炜⑧先生等以龙山头遗址为基础，认为上限应在商代晚期或不晚于商周之际。如按照后者观点，则夏家店上层文化早期所见的祭祀遗迹，应落在本书讨论范畴之列。故本书先对夏家店上层文化龙头山类型的祭祀遗存进行整理、研究。

（一）考古发现

1. 内蒙古赤峰夏家店遗址

内蒙古赤峰夏家店遗址 1960 年试掘时，在第一山岗东侧下坡、临涧沟边发现 5 个埋有人骨的灰坑（H23、H24、H25、H26 和 H27）和房址 1 座

---

① 中国科学院考古研究所山东发掘队：《山东平阴县朱家桥殷代遗址》，《考古》1961 年第 2 期。

② 朱永刚：《夏家店上层文化的初步研究》，《考古学文化论集（一）》，文物出版社，1987 年，第 99 - 128 页。

③ 田广金：《中国北方系青铜器文化和类型的初步研究》，《考古学文化论集（四）》，文物出版社，1997 年。

④ 刘国祥：《夏家店上层文化青铜器研究》，《考古学报》2000 年第 4 期。

⑤ 赵宾福：《辽西山地夏至战国时期考古学文化时空框架研究的再检讨》，《边疆考古研究（第 5 辑）》，科学出版社，2007 年，第 32 - 69 页。

⑥ 井中伟：《夏家店上层文化的分期与源流》，《边疆考古研究（第 12 辑）》，科学出版社，2012 年，第 149 - 174 页。

⑦ 王立新、齐晓光：《龙头山遗址的几个问题》，《北方文物》2002 年第 1 期。

⑧ 汤卓炜：《中国东北地区西南部旧石器时代至青铜时代人地关系发展阶段的量化研究》，吉林大学博士学位论文，2004 年。

（F4）。五个灰坑均为筒形，H23 和 H26 坑内有成年人骨各 2 具，H24 和 H25 内有成年人骨各 1 具，H27 内有人骨 3 具，其中成年人骨 2 具、儿童骨骼 1 具，绝大多数骨骼较为残缺。F4 平面可能为圆形，直径约 3.2 米，填土中发现人骨 3 具，其中成年未识别性别的人骨 1 具、成年人骨 1 具、儿童骨骼 1 具，人骨紧贴敷泥地面[①]。当时发掘时虽未提及这些遗迹现象的祭祀特性，但之后王立新等学者认为这些遗迹应具有祭祀功能，当时的发掘者并未特别强调而将其笼统地归为埋葬类[②]。

2. 内蒙古克什克腾旗龙头山遗址

内蒙古克什克腾旗龙头山遗址位于山地漫坡。1987 年第一、二次发掘时发现遗址西部坡面曾经过大规模平整，形成了两级台地，在这之上有大型石砌围墙基址。石墙基址处在遗址中轴线的最高处，所在位置居高临下，在遗址布局中的重要性不言而喻。发掘者认为"这里应是一处大型祭祀遗址"[③]。1989 年第三次发掘时重点发掘了祭祀址，发现祭祀址 1 座、人祭坑 7 个、其他祭坑和灰坑 87 个，还有房址、墓葬、壕沟等[④]。王立新先生也认为该遗迹"具有较明显的祭祀性质"[⑤]。

石砌围墙祭祀遗迹平面呈半椭圆形，东西长、南北残宽均 40 米，墙外有护墙人工壕沟。石砌围墙范围内清理出了祭祀坑、灰坑、房址等遗迹。祭祀坑中最典型的是人祭坑，均为圆形袋状，内有人骨 1-6 具不等以及数量不等的残破陶器。如祭坑 6 口径 1.82、深 2.91 米，内有成人骨骼 1 具、儿童骨骼 2 具。还有部分祭祀坑经火烧，如 H40 坑口、坑壁均经火烧，坑内有大量陶器，一些陶器内还盛有焦化谷粒。

3. 内蒙古喀喇沁旗大山前遗址

第Ⅳ地点的夏家店上层文化遗迹主要有祭祀坑和祭祀"房址"。祭祀

① 中国科学院考古研究所内蒙古工作队：《赤峰药王庙、夏家店遗址试掘报告》，《考古》1974年第 1 期。
② 王立新、齐晓光：《龙头山遗址的几个问题》，《北方文物》2002 年第 1 期。
③ 内蒙古自治区文物考古研究所、克什克腾旗博物馆：《内蒙古克什克腾旗龙头山遗址第一、二次发掘简报》，《考古》1991 年第 8 期。
④ 齐晓光：《内蒙古克什克腾旗龙头山遗址发掘的主要收获》，《内蒙古东部区考古学文化研究文集》，海洋出版社，1991 年，第 58-72 页。
⑤ 王立新、齐晓光：《龙头山遗址的几个问题》，《北方文物》2002 年第 1 期。

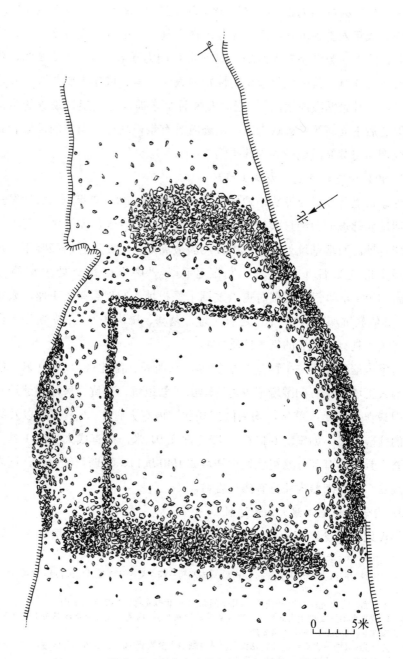

图 5-8　龙头山遗址祭祀遗迹平面图

"房址"主要是用碎石块和鬲足砌成的低墙地面建筑，用作集中祭祀的场所。

　　祭祀坑分布有序，有一些共同特点，比如都出土了大量的陶器，特别是邻近灰坑的陶片甚至能拼对；有十余个灰坑发现的人骨多经砍斫或灼烧，显然系非正常死亡；坑内有较多的石块或草木灰烬等，表明此类灰坑应是与祭祀有关的遗存①。目前见诸详细报道的灰坑信息有 H64 和 H83。H64 直径 2.35－2.75、深 1.8 米，坑壁经火烧烤。坑内堆积分 5 层，在第 2 层底部发现成年男性人骨 1 具，人骨关节处没有从事繁重体力劳动的痕迹，死前头部曾被击打，头、下颚和身体有经火烧的痕迹，颅骨有灼烧痕迹，该层堆积中

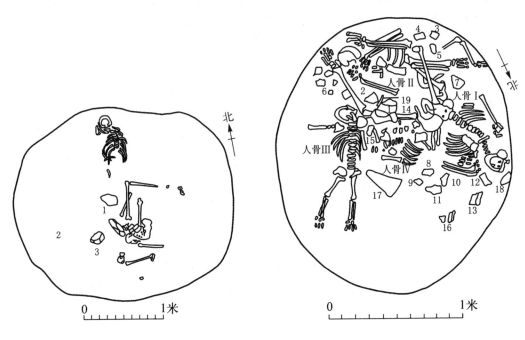

图 5-9　大山前遗址 H64 和 H83 底部平面图

左侧：H64 第 2 层底平面图（1-3 为石块）　右侧：H83 坑底平面图（1.陶罐　2-16.陶片　17-19.石块）

①　赤峰考古队：《大山前发掘半支箭河调查有重要发现》，《中国文物报》1999 年 2 月 7 日第 1 版。

还出土了狗下颌骨、猪颌骨等，说明死后被尸陈起来直至尸体变样，然后同动物骨头一起被扔到坑中。H83 坑口呈圆形，口部直径1.3、深1.74 米。坑底发现了 4 具人骨，人骨的摆放顺序是先将婴儿放置于坑中，接下来依次是儿童、成年女性和成年男性，人骨周围还有石块、石器和陶器等。①此外，阿瑟·罗恩（Arthur H. Rohn）、埃思尼·巴恩斯（Ethne Barnes）等学者对其中七座灰坑内所出的人骨做了体质人类学研究，人骨具体情况如表 5 - 1 所示②。

表 5 - 1　大山前遗址Ⅳ区夏家店上层文化祭祀坑人骨统计表

遗迹单位	人体总数	年　　龄	性别	个体数量	特　殊　现　象	备　　注
H64	1	成人（40 - 45 岁）	男	1	死前头部曾被打击,头、下颚和身体有火烧痕迹	
H83	4	成人（45 - 54 岁）	男	1	因颅骨受创而死亡	
		成人（36 - 44 岁）	女	1	因颅骨受创而死亡	
		儿童（5 - 7 岁）		1	因颅骨受创而死亡	
		婴儿（6 - 12 月）		1		
H108	4	成人（45 - 50 岁）	男	1	肢解,头部受重击而死	人骨旁有陶纺轮、陶片和物骨骼,之上有层石头,坑底有层草
		成人（35 - 45 岁）	女	1	肢解,头部受重击而死	
		婴儿（30 - 36 月）		1		
		婴儿（20 - 24 月）		1	之前可能被斩首	

① 中国社会科学院考古研究所、内蒙古自治区文物考古研究所、吉林大学考古系赤峰考古队：《内蒙古喀喇沁旗大山前遗址 1998 年的发掘》，《考古》2004 年第 3 期。

② 原文中部分附表中人骨年龄和文中文字描述不一致，本书选取更为精确的年龄段。如原文表格记录 H64 成年男性骨骼年龄为 36 - 44 岁，而文字表述为 40 - 45 岁，故本表中采用 40 - 45 岁。

遗迹单位	人体总数	年　龄	性别	个体数量	特殊现象	备　注
H113	23	成人(45－54岁)	男	1	被拷打、残害致死	人骨上铺草,填土中有近圆圈形的一堆石块,以及陶片、骨镞3个、陶纺轮1个和石斧1个
		成人(36－44岁)	女	1	被拷打、残害致死	
		成人(20－24岁)	女	1	被拷打、残害致死	
		青年(17－19岁)	男	1	被拷打、残害致死	
		儿童(11－13岁)		1	被拷打、残害致死	
		儿童(8－10岁)		1	被拷打、残害致死	
		儿童(5－7岁)		5	被拷打、残害致死	
		儿童(3－4岁)		2	被拷打、残害致死	
		婴儿(24－36月)		2		
H142	3	成人(35－40岁)	女	1	全身被打且受火烧,死前或昏倒前被打击、残害和肢解	
		成人		1		
		儿童		1		
H143	12	成人(36－44岁)	女	2	被拷打、残害致死	一半以上人被肢解,至少有两例人骨被斩首。西南部男性人骨上有15厘米厚的谷物
		成人(36－44岁)	男	3	被拷打、残害致死	
		成人(30－35岁)	男	1	被拷打、残害致死	
		成人(25－29岁)	男	1	被拷打、残害致死	
		青少年(14－16岁)	男	1	被拷打、残害致死	
		儿童(5－7岁)		1	被拷打、残害致死	

第五章　商文化周边地区的祭祀仪式

遗迹单位	人体总数	年　　龄	性别	个体数量	特殊现象	备　注
H143	12	儿童（3-4岁）		1	被拷打、残害致死	
		婴儿（18-24月）		1		
		婴儿（12-18月）		1		
H144	4	成人（>55岁）	女	1		3具骨骼被扔进坑前就被肢解，最年轻女性头骨和上半身压有石板
		成人（36-44岁）	女	3		

4. 内蒙古赤峰岱王山遗址

在海拔1 083米的岱王山顶发现了一处祭祀址，位于临河山丘之上，地势明显高于遗址内的其他几个地点。主体为椭圆形，面积约八千平方米，呈三级阶梯状，顶部最高处较为平坦。主体外侧为石墙砌筑，依山而建，围墙有两处马面。主体内发现了大量的陶片，标本有鬲足、甗腰、陶罐口沿、陶器扳耳，此外还有少量石器、人体骨骼。祭祀址东面的缓丘东坡上为墓葬群，两者之间间隔一自然冲沟，最近距离约260米；祭祀址东北面向阳的缓坡地段为居住址，两者最近距离约300米①。

在调查岱王山遗址的同时，在昭苏河下游地区亦发现了类似的祭祀址，只是规模相对岱王山祭祀址较小，这些祭祀址与岱王山遗址距离较近，似有围绕岱王山遗址分布的趋势。

（二）夏家店上层文化龙头山类型祭祀活动探析

这些祭祀址的多选在海拔最高的台地上，再砌以石墙，外侧则多为自然

① a. 孙国权、张国强：《中国最大的夏家店上层文化祭祀遗址惊现赤峰》，《赤峰日报》2007年6月4日第1版。

b. 赤峰学院红山文化国际研究中心、中国社会科学院考古研究所内蒙古第一工作队：《内蒙古赤峰市岱王山夏家店上层文化遗址调查简报》，《边疆考古研究（第6辑）》，科学出版社，2007年，第398-411页。

形成的深沟大壑或人工挖成的护壕，这种选址无疑是将祭祀址本身与聚落内的居址、墓地等其他部分隔离开来，象征着一种神圣与世俗的森严分界，也显示出祭祀活动在地理位置的至高无上①。这类遗存多见祭台、祭祀坑、祭祀性房址，如龙头山等石砌围墙祭祀址内还有房屋，石砌围墙祭祀遗址的房址面积似乎不大，如 F2 面积不足十平方米，但是这些房内含有祭祀坑，这种与祭祀有关的房屋显然不同于正常的居住址。值得注意的是，一般的居住和埋葬区中也存在少量的祭祀现象，比如龙山头遗址 H18 坑底有 3 个人头骨，以及一些兽骨和石块。

除了距离聚落较近的专门祭祀址，还出现了专门的祭祀遗址，如岱王山遗址周围似乎存在以岱王山遗址为中心呈环绕分布的祭祀区。这种山丘型遗址点在夏家店下层文化中已有出现，有可能是夏家店下层文化先民专门设于山上的另一类祭祀场所。这类遗址规模大小不一，其中较大者附近往往还围聚着其他较小的山丘型遗址，最为典型的就是架子山遗址群。架子山遗址占据整个架子山山顶，是附近一带的制高点，山顶的东、北两侧有人工修成的凹带围绕，较缓的西北坡留露着台阶遗迹，坡上还留有许多砌石圆形建筑，地表暴露着陶片、石磨棒和仅加工到一定程度的石钺、石璧等礼器。架子山类似于当地的宗教圣地。

夏家店上层文化时期社会已发生重大变迁，已经出现了相当严重的等级分化和政治实体，比如城址群通常以一座大型或中型城址为中心，已有青铜礼器和占卜。值得注意的是，龙头山遗址石墙建造之前，此地已存在祭祀活动，层位最早的 M1 和 F1 等几个遗迹单位似乎并不具有祭祀性质，不排除这里最初是作为居住和埋葬区的可能，之后石围墙的起建则是将祭祀场所进行专门的圈定，祭祀活动规模也有所扩大，显示出在夏家店上层文化早期祭祀活动专门化的趋势。

由于夏家店上层文化带有浓厚的北方草原游牧文化特征，其族属通常认为是东胡②或山戎③，经济形态以牧为主，兼营农业、狩猎，龙头山遗址

---

① 王立新、齐晓光：《龙头山遗址的几个问题》，《北方文物》2002 年第 1 期。
② a. 李逸友：《内蒙昭乌达盟出土的铜器调查》，《考古》1959 年第 6 期。
　　b. 中国科学院考古研究所：《新中国的考古收获》，文物出版社，1961 年，第 72 页。
　　c. 靳枫毅：《夏家店上层文化及其族属问题》，《考古学报》1987 年第 2 期。
③ a. 林沄：《中国东北系铜剑初论》，《考古学报》1980 年第 2 期。
　　b. 朱永刚：《夏家店上层文化的初步研究》，《考古学文化论集（1）》，文物出版社，1987 年，第 116－120 页。

祭坑 6 和大山前遗址 H143 发现用谷物祭祀，以及大山前遗址大量使用的人牲，表明祭祀活动在当时的重要性。大山前遗址的人牲具有很明显的生前被击打头部致死、斩首、肢解、火烧等情况，与陶器、动物骨骼等一同埋入底部可能铺有草的坑中，埋入后还会在人牲之上再压上大石板，似乎是将祭祀的人骨封盖起来，这在 H144、H108 等灰坑中十分明显，人牲的身份值得探讨。这些人牲的年龄、性别十分全面，甚至出现了儿童和婴儿，且处理手段十分残暴，加之从祭祀坑人骨骨骼稳定同位素分析可知，这些人牲的饮食结构中肉类食物占有一定的比例，植物类摄入中以 C_4 类植物为主，很可能来自粟、黍和稷等，推测这些作物可能是其主食来源[1]。这部分人群可能不是本聚落的居民，或来自以农耕经济为主的聚落。

龙头山类型位于夏家店上层文化分布区的北部，并具有年代上限早、延续时间长的特点。夏家店上层文化是由北向南渐进传播的，尽管该文化在南进过程中曾与商文化发生过频繁的碰撞和交融，但并未受到来自中原地区的商文化的较大影响[2]，因此祭祀方面保持了较多的自身特点。人祭坑现象可能是直接或间接承袭了夏家店下层文化，石质建筑材料的石台、石碓等祭祀行为可能承袭自本地的红山文化祭祀传统[3]。

第四节　西 方 地 区

汉中地区

商代晚期在汉中地区的文化为陕西城固宝山文化。宝山文化遗存曾多次出土青铜器，器类有铜鼎、鬲、尊、爵、卣等礼器，以及铜戈、矛、钺、刀、戚等兵器，年代大多相当于殷墟一、二期。赵丛苍认为这些青铜器坑的性质，不排除有与祭祀等礼仪活动有关的可能，祭祀对象有可能是山川河流

---

① 张全超、张群、彭善国、王立新、朱延平、郭治中：《内蒙古赤峰市大山前遗址夏家店上层文化"祭祀坑"出土人骨稳定同位素分析》，《考古与文物》2015 年第 4 期。

② 刘观民：《西拉木伦河流域不同系统的考古学文化分布区域的变迁》，《考古学文化论集（1）》，文物出版社，1987 年，第 53－54 页。

③ 党郁、孙金松：《夏家店上层文化祭祀性遗存初探》，《草原文物》2016 年第 1 期。

等自然神①。

在城固宝山遗址发现了一些烧烤坑，烧烤坑在此地的使用，至迟可追溯到龙山时期的遗存中，可见其有着悠久的传统。但这些烧烤坑在使用之前，可能举行了一些祭祀活动，在烧烤坑底部通常发现有一些兽骨，如 SH19、SH27、SH33、SH51 等坑下部各发现有一个较完整的牛头骨，SH9、SH17 等坑底部发现有较完整的鹿头骨、兽头骨及龟背骨，SH48 底部发现了一堆动物骨骼和一个装满粟粒及大小植物果实的高颈尊形罐。这些动物骨骼的摆放位置和形状似是由于某种特殊用途而有意为之，发掘者认为可能和某种祭奠类活动有关②。

此外，在城固宝山遗址还发现了一个陶器坑 K01，出土了烧制较好的陶礼器和盛储器，而不见炊器等生活用器，报告推测 K01 可能是一处祭祀遗迹即祭祀坑③。

第五节　小　结

1. 周边地区发现祭祀遗存的遗址基本都是各自区域的中心遗址

三星堆城址周边区域同时期的聚落零星散布，三星堆遗址成为这一时期最大的四川盆地人类聚落。桓台史家遗址同时期附近还有李寨、旬召、唐山、庞家等遗址，但从调查和发掘材料看，这里不仅发现了数量多、规模大的遗址群，而且多数遗址属于城址，说明史家遗址所在的地区在商时期可能是一处区域中心④，结合《左传·昭公二十年》所载："昔爽鸠氏始居此地，季萴因之，有逢伯陵因之，蒲姑氏因之，而后大公因之。"说明以史家遗址为中心的田庄一带在商时期可能是方国的都邑所在，之后世代相袭，在周代

---

① a. 柴福林、何滔滔、龚春：《陕西城固县新出土商代青铜器》，《考古与文物》2005 年第6 期。

　　b. 赵丛苍：《城固洋县铜器群综合研究》，《文博》1996 年第 4 期。

② 西北大学文博学院：《城固宝山——1998 年发掘报告》，文物出版社，2002 年，第 176 - 177 页。

③ 西北大学文博学院：《城固宝山——1998 年发掘报告》，文物出版社，2002 年，第 176 页。

④ 张光明、徐龙国等：《桓台史家遗址发掘获重大成果》，《中国文物报》1997 年 5 月 18 日。

为薄姑氏的聚居地。即便是面积和规模较小的滁州何郢遗址，遗址内部也出土有一些简单器型的青铜器，且发现了少量铜渣、与炼铜有关的陶范及石范残片，这说明何郢遗址的居民已经掌握了冶铜、铸铜技术，能够在当地制造青铜器①。龙头山遗址是面积约 25 万平方米以上的大型聚落遗址，出土了大量陶器、铜器和少量石器、骨器、穿孔骨甲等遗物，其中青铜器包括铜剑、铜斧、铜凿、铜锥、铜刀、铜镞、铜泡、铜饰，以及石范、砺石等铸铜相关的遗物。

2. 各区域之间在思想层面有所交流，祭祀体系彼此影响

桓台史家遗址甲骨从钻灼形制和文字刻划方面来看，与殷墟遗址的甲骨及其卜辞有类似之处，但史家遗址的两片卜骨不见任何修整痕迹，具有早期卜骨的特征，且年代早于殷墟卜辞，相比较而言，桓台史家遗址的甲骨和刻辞更为原始。张学海指出在殷墟之前的商王朝王畿地区未见卜辞，并由此认为商王朝在殷墟以前尚无卜辞，卜辞的渊源可能在东方，以备一说②。桓台史家遗址木构架祭祀器物坑，以及铜山丘湾遗址和文献中的"土""社"等记载一致③。除了周边地区和中原地区有交流之外，周边地区彼此之间也有交流和影响。在三星堆遗址四号坑出土的铜扭头跪坐人像双手指背且手背上刻有燕尾纹，此纹饰是新干大洋洲出土铜器中最具特色的纹饰，共见于新干大洋洲的铜鼎、鬲、瓿、钺、矛等铜器上，可以看出三星堆遗址应是受到了以新干大洋洲铜器为代表的吴城文化等南方周边地区文化的影响④。

3. 周边地区与中原地区的祭祀模式相比，商文化影响较大的遗址与中原地区在祭祀上相似性更大，商文化影响小的遗址相似性更小

史家、三星堆等遗址的地方特性更为明显，其祭祀形式都以器物坑为主，数量较少的坑内高密度地集中埋有各类器物。中原地区则大规模地使用人牲、动物牺牲等，而且祭祀坑的数量众多，每个祭祀坑所埋牺牲的密度并

① 魏国峰、秦颖、王昌燧、张爱冰、宫希成：《何郢遗址出土青铜器铜矿料来源的初步研究》，《中原文物》2005 年第 5 期。
② 张学海：《史家遗址的考古收获与启示》，《中国文物报》1998 年 2 月 4 日。
③ 张国硕：《史家遗址岳石文化祭祀坑初探》，《中国文物报》1998 年 5 月 27 日。
④ 四川省文物考古研究院：《三星堆遗址四号祭祀坑出土铜扭头跪坐人像》，《四川文物》2021 年第 4 期。

不大，与周边地区的祭祀坑差异显著。而相比较三星堆、史家等遗址，何郢等遗址由于文化面貌与中原地区的商文化更为接近，因此其祭祀模式也呈现出和中原地区商文化更为相似的一面，比如何郢遗址使用猪、狗等动物牺牲，只是在级别上低于中原地区，呈现出一种乡村等级的祭祀规模。北方地区选取当地海拔最高的地方，以石墙石祭坛为主，更多地势承袭了当地的祭祀传统，比如城子山遗址一号地点的巨型石雕猪首像，以及辽西地区将猪作为祭祀和崇拜对象的文化传统由来已久。整体而言，商文化祭祀对南方地区的影响远大于北方和西方地区。

第六章　祭祀仪式的目的和作用

二十世纪初，人类学家对宗教的研究关注点由宗教的来源转到了宗教对社会的作用上，提出仪式作为社会和文化的一部分，通常具有一定的社会属性和功能，会影响社会组织和社会生活。比如，阿尔弗雷德·拉德克利夫-布朗认为，"原始社会的每一种习俗和信仰在社会生活中都起到特定的作用，就像活体的每一个器官，在这个有机体的政体生活中都起到特定的作用一样……解释习俗和信仰这样的文化现象的意义，就等同于去寻找它们在社会组织之中的功能"[1]。要研究商人举行仪式的目的，就要对这一系统进行阐释。

第一节　宗　教　思　想

克利福德·格尔兹（Clifford Geertz）从结构主义的角度，提出宗教是一个象征系统的概念，而仪式用来体现并促进人们理解这些象征，并表述现实生活中出现的问题，如磨难、死亡等，因此对仪式的研究，也应该注重仪式所表达和传递的观念、思想、情感和态度等[2]。仪式中充满了象征，如果把仪式比喻成乐谱，那么象征则是它的音符，是仪式语境中独特结构的基本单位[3]。"象征（symbol）"表示一个事物意味或代表着另一个事物，可以用来

---

① （英）拉德克利夫·布朗著，梁粤译，梁永佳校：《安达曼岛人》，广西师范大学出版社，2005年，第173页。

② Clifford Geertz. 1973. *Religion as a Cultural System. In The Interpretation of Cultures.* New York：Basic Books. pp. 87–125.

③ 彭兆荣：《人类学仪式的理论与实践》，民族出版社，2007年，第202页。

指代许多实体、人物和语言元素等，也可以用来表示一些无法直接表述的意思。比如，乌云通常是暴雨即将来临的象征，白旗可能是投降的象征①。仪式之所以能够象征或表现某种事物，其思想基础就是某些事物之间的相似性，包括形体、内涵及名称读音等，如"鱼"与"富余"中的"余"谐音、"瓶"与"平安"中的"平"谐音，"莲子"与"连续生子"在读音上有所关联②。结构主义方法的前提是假设各个事物之间是相互联系的，故而可以通过仪式本身的物质遗存，推测或解读仪式本身或仪式中的物品所具有的象征意义，揭露仪式背后的宗教信仰③。

无序的事物会对人至少造成有限的分析能力、忍耐能力和内心道德三方面的威胁。第一个威胁是指当一个人无法用他规划经验世界的文化模式（包括常识、科学、哲学思考、神话）来解释世界的一些现象时，就会导致深刻的焦虑，比如电闪雷鸣；第二个威胁是指人们在面临特殊的生活模式时会有受难情感，比如疾病与悲伤；第三个威胁是受难问题很容易转换为罪恶问题④。当人们无法通过技术手段解决这些引发焦虑的重大问题时，人们就会试图通过操纵自然存在或自然力量来解决，正如马林诺夫斯基认为，宗教是帮助一个人忍受情感压力的形式，而要逃离这种形式，除了通过仪式进入超自然的领域之外，没有任何其他途径⑤。

因此，当出现旱灾、战争、疫病等威胁到每个社会个体的群体性危机时，人们都会举行大型仪式以求减轻群体所面临的危险，这将使人们团结起来共同努力，个人的恐惧和困惑就会向集体行动和一定程度的乐观主义让

① Clifford Geertz. 1973. *Religion as a Cultural System. In The Interpretation of Cultures.* New York：Basic Books. pp. 87－125.

② （英）菲奥伊·鲍伊著，金泽等译：《宗教人类学导论》，中国人民大学出版社，2004，第178页。

③ a. De Marriais E, Castillo LJ, Earle T. 1996. Ideology, materialization, and power Strategies. *Current Anthropology.* 37：15－86.

　　b. Robb JE. 1998. The archaeology of symbols. *Annu. Rev. Anthropology* 27：329－346.

　　c. Robb JE. 1999. *Material Symbols: Culture and Economy in Prehistory.* Carbondale, IL：Cent. Archaeol. Invsetig.

④ Clifford Geertz. 1973. *Religion as a Cultural System. In The Interpretation of Cultures.* New York：Basic Books. pp. 87－125.

⑤ （美）克利福德·格尔茨著，韩莉译：《文化的解释》，译林出版社，1999年，第107－154页。

步，原本受到危机扰乱的人际关系会逐渐恢复到正常的平衡状态，同时共同体的价值也能得到颂扬和肯定。仪式被视为人们在危机超过了技术能力范围的情况下，解决焦虑的一种非技术手段，可以发挥减轻紧张、恐惧、疑惑或痛苦等的作用①，增强社会成员的自信并降低他们的焦虑②。

可见，商人举行祭祀仪式都旨在索取某种回报，特别是当商人在面对灾难等重大的转折时，仪式活动往往能接触或释放出人们内心的恐慌与忧虑。商人必须依靠神的帮助来从事一切事业，遇事必卜，每卜必祭。商人举行不同的仪式都有不同的诉求，这些诉求更多体现的是一种宗教思想观念③。

一、宗庙王陵类祭祀仪式

前文提到，在宗庙王陵发现的仪式遗迹大多与祭祖仪式有关。尽管不同高祖先公先王的祭祖仪式规格会存在一些差异④，商人举行祭祖仪式，其目的无非是祈求诸位祖先保佑有好的年成、战事顺利、被除灾祸、生育平安、降临福佑等⑤，主要有以下几类。

一是祈求农作物丰收。对祖先祭祀的卜辞中，大多有"求禾"与"求年"等的记载，都是祈求禾苗茁壮生长，即祈求农作物获得丰收，如：

> 辛未贞，求禾高祖河，于辛巳酒燎。　　　　　　（《合集》32028）
>
> 其悔，求年上甲，亡雨。　　　　　　　　　　　（《合集》28267）
>
> 辛酉卜，宾贞，求年于河。　　　　　　　　　（《合集》10085 正）

---

① William A. Lessa, Evon Z. Vogt eds. 1979. *Reader in Comparative Religion: An Anthropological Approach*. New York: Harper & Row. p. 38.

② George C. Homans. 1941. Anxiety and Ritual: The Theories of Malinowski and Radcliffe-Brown. *American Anthropologist* 43: 164 – 72.

③ （英）汪涛著，郅晓娜译：《颜色与祭祀——中国古代文化中颜色涵义探幽》，上海古籍出版社，2013 年，第 62 页。

④ 刘源：《商周祭祖礼研究》，商务印书馆，2004 年，第 260 页。"据目前的卜辞材料，学者普遍认为商人祭祀直系先王的规格要高于祭祀旁系先王（小示），而直系先王中上甲、大乙、大丁、大甲、大戊、大庚等六大示的祀典又高于其后的中丁、祖乙、祖辛、祖丁、小乙、武丁等下示。据现有卜辞材料来看，对不同先王祀典的差异主要体现在所用牺牲的种类和数量上。如果使用不同的牺牲，直系先王一般用牛，旁系先王一般用羊；如果使用相同的牺牲，大示、下示、小示用牲数量依次减少"。

⑤ 刘源：《商周祭祖礼研究》，商务印书馆，2004 年，第 244 页。

农作物的丰收，与气候的好坏密切相关，因此商人会向祖先神祈求风调雨顺，不受自然灾害的影响，保佑农作物的顺利生长。卜辞中"求雨""壱雨"等也是商人向祖先祈求雨水丰沛。"水入""告秋""宁秋"均与灾祸有关，其中"水入"应是水患，于省吾认为"秋"可解为蝗祸，希望通过举行祭祖仪式，消除这些灾祸，如：

己丑卜，于大乙求雨。十二月。　　　　　　（《英藏》①17579）

隹上甲壱雨。　　　　　　　　　　　　　　（《合集》12648）

辛巳卜，其告水入于上甲，祝大乙牛。　　　（《合集》33347）

其告秋上甲二牛。大吉。　　　　　　　　　（《合集》28206）

在农业丰收之后，商人会先用新获的谷物和谷物酿的酒荐于宗庙让祖先尝新，举行"登尝"仪式，报答祖先的保佑，如：

癸未卜，其延登梁于羌甲。　　　　　　　　（《合集》32592）

乙未卜，争贞，来辛亥酒灌于祖辛。七月。　（《合集》190 正）

二是希望战事顺利。商代战事频繁，商人会将与舌方、土方、虎方等方国的战事告于祖先，祈求祖先取得战争的胜利，如：

壬午卜，亘贞，告舌方于上甲。　　　　　　（《合集》6131 正）

癸巳卜，争贞，告土方于上甲。四月。　　　（《合集》6385 正）

举其途虎方，告于大甲。十一月。　　　　　（《合集》6667）

战争结束后，在战俘入城时商人也要举行一定的迎接仪式②，如：

王于南门逆羌。　　　　　　　　　　　　　（《合集》32036）

光不其获羌。

呼逆执。

辛□卜。　　　　　　　　　　　　　　　　（《合集》185）

上述卜辞中的"逆"字，《说文解字》载："逆，迎也。"《国语·晋语

---

① 李学勤、齐文心、（美）艾兰：《英国所藏甲骨集》，中华书局，1985 年。
② 于省吾：《甲骨文字释林》，中华书局，1999 年，第 47 页。

上》："乃归女而纳币，且逆之。"韦昭注云："逆，亲迎也。"商王会在宗庙的南门迎接俘虏等，这些俘虏会和其他战争所获的各种战利品一同用来向祖宗献捷，如《周礼·春官·大司乐》载："王师大献，则令奏恺乐。"郑玄注曰："大献，献捷于祖。"向祖先报告完战争缴获的战利品之后，这些俘虏会被屠宰，作为牺牲贡献给祖先①，以感谢祖先的庇佑。

三是被除灾祸。祖先可以作祟于王、妇、子、贵族等生者，能降祸、使之生病等，于是举行祭祀仪式可以舒缓病患，免除不祥②，如卜辞：

上甲祟王。上甲弗祟。 （《合集》811 反）

贞：其大事于西,于下乙匄。 （《合集》1672）

贞：祖乙㞢王。

贞：祖乙弗其㞢王。 （《合集》880 正）

贞：祖乙㞢王。

贞：祖乙弗其㞢。 （《合集》248 正）

贞：乍告疾于祖辛正。 （《合集》13852）

二、建筑营造类祭祀仪式

建筑的建造是一项非常重要的社会活动。商王武丁曾提拔从事版筑的刑徒傅说为相，如《史记·殷本纪》曰："于是乃使百工营求之野，得说于傅险中。是时说为胥靡，筑于傅险……举以为相，殷国大治。故遂以傅险姓之，号曰傅说。"甲骨卜辞中也有专门为版筑活动进行占卜的记载，如：

丙寅卜,丁卯其𡎚,㞢雨?

……

乙亥卜,今日其𡎚,不㞢雨? （《合集》33871）

陈年福将"𡎚"字考释为"埮"字，用作动词，意思是夯土筑城，"㞢雨"即现代词语中的"阵雨"③。他认为，用版筑法夯筑城墙要求夯土具有

---

① 郭旭东：《甲骨卜辞所见的商代献捷献俘礼》，《史学集刊》2009 年第 3 期。
② 刘源：《商周祭祖礼研究》，商务印书馆，2004 年，第 244 页。
③ 陈年福：《甲骨文形同形似字考释二则》，《励耘学刊（语言卷）》2012 年第 2 期。

一定的黏性，因此商人在筑城时要占卜是否会下雨，可见建筑建造在商代社会的重要性。商人对建筑的建造尚且如此重视，可见建筑营造类仪式在商人思想意识中亦是重中之重。

许多学者对举行建筑营造类祭祀仪式的原因给出了自己的看法和观点，意见纷呈。高广仁认为建筑基址底部祭祀坑的用意在于祈福禳灾①。黄展岳认为使用人牲属于一种厌胜巫术②。宋镇豪分析了建筑的序方位，认为所祭之神应是日神③。靳桂云认为原始社会乃至文明社会之初期，建房过程中的祭祀是为了祈求地母神的保佑，也祈求其他神灵保佑居住者能居家平安④。然而，要对这些观点逐一检验似乎不可能，也毫无必要。因为仪式行为是当时古人思想意识的一种反映，对祭祀仪式原因的探讨属于认知考古学的范畴，因此仪式原因具有"看似无法检验的性质"⑤。马修·约翰逊曾指出："如果物质文化的含义确实如此复杂，那就无法最终同某种终极的'结论'联系起来。因此，不存在对文本的'最终'诠释。同样在任何意义上不存在对文本的'正确的'或者'错误的'解读。"⑥

但是在对祭祀仪式原因进行分析时，必须要考虑这种仪式使用的情境，尤其是遗物的出土情境，包括遗物出土的位置等。马修·约翰逊曾举例讨论斧在出土情境中的含义，即它在墓葬中的位置、用斧随葬的死者、与它相联系的物品等⑦。同理，在讨论建筑类祭祀的原因时，我们也应紧扣"建筑"这个情境，即为什么是在"建筑"的"建造"中发生的，所使用的牺牲又有什么含义。

从本质上说，祭祀仪式就是人们把人和人之间的求索酬报关系推广到人与神之间而产生的活动⑧。商人的信仰仍然是比较原始的⑨，商人通过仪式，

① 高广仁：《海岱区史前祭祀遗迹的考察》，《海岱区先秦考古论集》，科学出版社，2000年，第291－303页。
② 黄展岳：《古代人牲人殉通论》，文物出版社，2004年，第3－4页。
③ 宋镇豪：《夏商社会生活史》，中国社会科学出版社，1994年，第74页。
④ 靳桂云：《中国新石器时代祭祀遗迹》，《东南文化》1993年第2期。
⑤ （英）科林·伦福儒、保罗·巴恩著，中国社会科学院考古研究所译：《考古学理论、方法与实践》，文物出版社，2004年，第389页。
⑥ （英）马修·约翰逊：《考古学理论导论》，岳麓书社，2005年，第110－111页。
⑦ （英）马修·约翰逊：《考古学理论导论》，岳麓书社，2005年，第110－111页。
⑧ 詹鄞鑫：《神灵与祭祀——中国传统宗教综论》，江苏古籍出版社，1992年，第174页。
⑨ （美）艾兰著，汪涛译：《龟之谜——商代神话、祭祀、艺术和宇宙观研究》，四川人民出版社，1992年，第7页。

向神灵贡献牺牲，希望自己的诉求能够得到满足。建筑营造类仪式是在建筑的建造过程中举行的，表明商人的这种诉求必然与建筑有着密切的关系。如前所述，建筑营造类祭祀仪式可分为"奠"祭、祀墙和祀门三种类型，其中使用最频繁的是"奠"祭。"奠"字本意是一种祭祀，同时也含有一层引申义——"定"。商人置酒祭祀神灵或祖先，认为举行这种仪式能得福消灾，带来安定的生活，而后才会心定①。《说文·丌部》曰："又引伸为奠高山大川之奠，定也。"②吴其昌指出："尊已實于丌或禁上，则定矣。故'奠'又通'定'。"③指的就是举行"奠"祭的目的性。在文献中也有多处"奠"字表示"定"的意思，如《尚书·禹贡》曰："奠高山大川。"④《周礼·天官》曰："皆辨其物而奠其禄。"⑤商人在建筑的建造过程中举行这种"奠"祭，显然是希望建筑能够"定"，即坚固稳定。"奠定"连言，至今仍是常用词汇。

由此可见，建筑营造类祭祀仪式反映出商人的一种精神诉求，商人希望借此来攘灾祛祸，使得建筑稳固，从而能够顺利建成。在其他国家或地区的民族学材料中也能找到类似的例子。比如，俄国农人造屋时将石斧埋于门槛之下，认为这样可避暴风⑥。苏格兰传奇记载，圣柯龙巴认为必须把圣奥兰活埋在寺院的地基下，以便安慰地下的妖魔，因为这些妖魔在夜里会毁掉在白天建筑的东西。德意志哈勒地区的人们建新桥时，必须把一个小孩子放在桥基内，他们认为这样可以让桥的基础坚固。波利尼西亚玛瓦殿堂的一根中间立柱就是建立在牺牲的人体之上的。米拉纳乌的达雅克人在建造大房子要埋柱的时候，会把一个女奴放进挖好的坑中，然后用木柱将女奴砸死。日本人在建墙时，让奴隶躺在挖好的坑中，然后再堆积石块，让建墙的重石将奴隶砸死。⑦在这些民族学材料中，人们举行祭祀都是希望建筑能够坚固，可以顺利建成。

---

① 戴家祥：《金文大字典》，学林出版社，1995年，第1161-1165页。
② （汉）许慎撰，（清）段玉裁注：《说文解字注》，上海古籍出版社，1981年，第200页。
③ 吴其昌：《殷墟书契解诂》，武汉大学出版社，2008年，第276页。
④ （汉）孔安国传，（唐）孔颖达正义：《尚书正义》，上海古籍出版社，2007年，第191页。
⑤ （汉）郑玄注，（唐）贾公彦疏：《周礼注疏》，上海古籍出版社，2010年，第233页。
⑥ 林惠祥：《文化人类学》，商务印书馆，2011年，第116页。
⑦ （英）爱德华·泰勒著，连树声译：《原始文化》，上海文艺出版社，1992年，第108页。

三、手工业作坊类祭祀仪式

在社会发展的早期阶段，手工业生产要获得成功，工匠不仅需要在技术上十分娴熟，还必须借助一些超自然力量的抚慰。尽管已经有非常成熟的技术，但仍有一些生产中的意外是工匠凭借已有的技术知识所不能掌控的，需要借助额外的保护措施，即需要借助仪式来保证整个生产流程的成功[①]，而在技术尚不完全熟练的情况下可能会更强调仪式的作用。仪式对工匠来说是一种心理安慰，可以减少手工业生产中失败的风险，增大成功的可能性，防止生产活动对工匠的伤害，而如果不举行仪式，工匠认为产生的灾难毫无疑问会降低生产效率[②]。因此，生产活动要取得成功，技术和仪式缺一不可。

从目前发现的相关考古遗存来看，工匠主要是在制陶、铸铜和制玉活动中举行了祭祀仪式，尤以在制陶和铸铜活动中举行得最多。商代制陶中的仪式表达了陶工对用土和烧陶这两个生产环节上的关注[③]，即便当时已经拥有了十分发达的制陶技术，依然难免有烧制失败的情况，在郑州商城铭功路西侧的第十四中学院内储物坑 H176 中发现了大量烧变形的陶器[④]，灰层和灰坑中也发现了较多的陶盆废品残片，这些残片器形歪扭，胎壁拱起，夹有许多气泡，有的数件盆联在一起[⑤]。而铸铜技术无疑是当时难度最大、最难以掌握的技术，商人尚未能完全掌握以确保万无一失。由于铜料较为珍贵，且青铜器具有可以回炉重铸等特性，与烧坏的陶器废品相比，青铜器废品并不多见，不过仍有一部分铸件器壁、器底有浇注不到或有气孔等缺陷。此外，三足器的一足由于作为浇口使用，往往因凝固收缩和过热产生缺陷甚至缺少

---

① Olivier P. Gosselain. 1992. Technology and Style: Potters and Pottery Among Bafia of Cameroon. *Man* (New Series). 27(3): 566.

② Terry Childs. 1998. Social Identity and Craft Specialization among Toro Iron Workers in Western Uganda. In *Craft and Social Identity*, edited by Cathy L. Costin and Rita P. Wright. Archeological Papers of the American Anthropological Association, Vol. 8: 109－121. Arling-ton, VA: American Anthropological Association.

③ 王迪:《中国北方地区商周时期制陶作坊研究》，山东大学博士学位论文，2014年，第205页。

④ 河南省文物研究所:《郑州市商代制陶遗址发掘简报》，《华夏考古》1991年第4期。

⑤ 郑州市文物工作队第一队:《郑州发现的商代制陶遗迹》，《文物参考资料》1955年第9期。

一截，在使用过程中易损坏，须在铸造完脱范后在残体上再做范补铸后方能使用①。即便是著名的司母戊鼎，在鼎的一耳右方下侧的鼎腹处也有长约40、宽约25厘米，呈不规则三角形的补痕，部分花纹明显错位，鼎腹内壁在该部位相应处也有类似的裂痕，X光检测表示该处有较多疏孔，可见鼎体的这一部分在浇注时由于某种原因没有铸成，后来才予以补铸②。这些补铸痕迹均是第一次铸造未完全成功的证据。

文献中也有关于青铜器铸造过程中必须举行祭祀仪式方可成功的记载。《吴越春秋·阖闾内传》记载干将为阖闾铸剑，三月不成，"干将曰：'昔吾师作冶，金铁之类不销，夫妻俱入冶炉中，然后成物。至今后世，即山作冶，麻绖葌服，然后敢铸金于山。今吾作剑不变化者，其若斯耶？'莫耶曰：'师知烁身以物，吾何难哉？'于是干将妻乃断发剪爪，投于炉中，使童女、童男三百人，鼓橐装炭，金铁乃濡，遂以成剑。"《吴地记》记载了另一个版本："干将曰：'先师欧冶铸剑之颖不销，亲铄耳，以□□成物□□可女人聘炉神，当得之。'莫邪闻语，投入炉中，铁汁出，遂成二剑。"尽管两者记载略有不同，但都说明工匠在铸造过程中使用牺牲，才能保证青铜剑顺利铸成③，正如米尔恰·伊利亚德在《铁匠与坩埚》中提道："只有一种有生命的存在物才能赋予冶铁中的铁以生命，而促使冶炼成功的最好的成功手段就是牺牲，一种人的生命向矿物生命的转移。"④

第二节　政　治　目　的

仪式理论上可以作为一种自我平衡机制，用来调节社会组织，从而维护

---

① a. 刘煜、岳占伟：《复杂化生产：晚商青铜器陶范铸造工艺流程》，《文明探源通讯》第 16 期，2009 年。

　　b. 华觉民、冯富根、王振江、白荣金：《妇好墓青铜器群铸造技术的研究》，《考古学集刊（第 1 集）》，中国社会科学出版社，1981 年，第 244－272 页。

② 冯富根、王振江、白荣金、华觉民：《司母戊鼎铸造工艺的再研究》，《考古》1981 年第 2 期。

③ 郎剑锋：《烁身以成物——中山灵寿故城"人俑拜山"陶器组合的文化意义》，《民俗研究》2014 年第 4 期。

④ 转引自朱狄：《信仰时代的文明——中西文化的趋同与差异》，中国青年出版社，1999 年，第 235 页。

既有的社会秩序①。比如，安达曼岛人的媾和仪式中，舞蹈可以让一方尽情表达，从而消除其愤怒，因而整个媾和仪式所起到的作用就是消除敌对、恢复友好的状态②。范根纳普描述了仪式的一般规则与过程，并提到了过渡仪式对于巩固社会秩序所起到的重要作用③。马克思·格拉克曼（Max Gluckman）则提出了"反抗的仪式（rituals of rebellion）"的概念，用来描述已被接受的社会秩序在仪式中出现颠倒的仪式类型。比如，非洲南部班图的斯威士兰王国，会举行"第一水果"仪式，仪式中象征性地将富贵贫贱、男尊女卑、长幼秩序等正常的社会秩序颠倒过来。他认为，仪式并非社会团结的标志，而是社会紧张关系的潜在表现，人们通过举行周期性的仪式来缓解压力，从而避免现实中的反抗，最终起到加强社会秩序的作用④。维克多·特纳继承和发扬了上述两位学者的观点，将仪式视为一种"社会戏剧（social drama）"，提出过渡仪式同时也是一个"反结构（anti-structure）"的动态过程，可以通过人们身份的改变重新确认或修整这一社会秩序，让社会紧张释放出来，并得到暂时的解决⑤。

在古代社会，尤其在人类文明初期，宗教和政治往往有着千丝万缕的联系。商代的宗教普遍被认为是一种政治与宗教浑然一体的宗教，既是政治化的宗教，也是宗教化的政治⑥。因此，商人举行的仪式往往含有一定的政治目的。张光直就曾指出商代祭祀已经成为国家礼制活动的一个组成部分，这

① a. Roy A. Rappaport. 1999. *Ritual and Religion in the Making of Humanity*. Cambridge：Cambridge University Press.

b. Valerio Valeri. 1985. *Kinship and Sacrifice: Ritual and Society in Ancient Hawaii*. Chicago：University of Chicago Press.

② （英）拉德克利夫·布朗著，梁粤译，梁永佳校：《安达曼岛人》，广西师范大学出版社，2005年，第182页。

③ Arnold van Gennep，Monika B. Vizedon，Gabrielle L. Caffee. 1961. *The Rites of Passage*. Chicago：University of Chicago Press.

④ a. Max Gluckman. 1963. *Order and Rebellion in South East Africa: Collected Essays*. London：Routledge & Kegan Paul.

b. Durkheim，Emile. 1912. *Selections from The Elementary Forms of Religious Life*. Lambeck. pp. 34 – 49.

⑤ a. Victor Witter Turner. 1970. *The Forest of Symbols*. Ithaca：Cornell University Press.

b. Victor Witter Turner. 1983. From Ritual to Theatre：The Human Seriousness of Play. *Journal for the Scientific Study of Religion*：22(4).

⑥ 张荣明：《殷周政治与宗教》，五南图书出版公司，1997年，第271页。

种礼制活动是为了巩固王权①。

　　商代社会秩序的建立并非自然形成，有关祖先事迹的神话在其中发挥了非常重要的作用。从现存的文献上看，商代没有宇宙起源的神话，也没有天灾和救世的神话，已有的神话均围绕商人的祖先，以商人始祖的诞生，以及祖先的英雄事迹为主题。商人始祖诞生的神话主要指的是商契出生的情况，如《史记·殷本纪》："殷契，母曰简狄，有娀氏之女，为帝喾次妃。三人行浴，见玄鸟堕其卵，简狄取吞之，因孕生契。"说明契为五帝之一的帝喾之子。但拥有显赫的出生还不够，还必须靠实际行动赢得被统治者的拥护，才能真正取得统治权。因此，商人的祖先有许多英雄事迹，说明其曾为民众的幸福生活作出过巨大的贡献。商契曾辅助夏禹治水有功而获封，如《史记·殷本纪》载："契长而佐禹治水有功。帝舜乃命契曰：'百姓不亲，五品不训，汝为司徒而敬敷五教，五教在宽。'封于商，赐姓子氏。契兴于唐、虞、大禹之际，功业著于百姓，百姓以平。"商汤灭夏则更是顺应了天命和民意，如《史记·殷本纪》载："夏桀为虐政淫荒，而诸侯昆吾氏为乱。汤乃兴师率诸侯，伊尹从汤，汤自把钺以伐昆吾，遂伐桀。"

　　神话故事中商祖的英雄事迹之所以成功，部分原因是得到了神助。如《山海经·大荒西经》载："有人无首，操戈盾立，名曰夏耕之尸。故成汤伐夏桀于章山，克之。斩耕厥前。耕既立，无首，走厥咎，乃降于巫山。"袁珂认为，夏耕断首神话充分表现了成汤是具有神性的英雄人物，此外《墨子·非攻下》中的记载也有伐夏得到神助的证据②。《墨子·非攻下》载："汤焉敢奉率其众，是以乡有夏之境，帝乃使阴暴毁有夏之城。少少，有神来告曰：'夏德大乱，往攻之，予必使汝大堪。予既受命于天，天命融隆火于夏之城间，西北之隅。'汤奉桀众，以克有夏，属诸侯于薄。"

　　无论这些关于商代先公先王的记载是史实还是传说，从这些神话故事中对商人祖先的描述可以窥见，商代祖先的出生及其伟业都与神灵密切相关，祖先作为人与神之间的联系人而备受尊崇，具有半神半人的形象，仿佛他们

---

　　①　（美）张光直著，郭净译：《美术、神话与祭祀》，辽宁教育出版社，2002 年，第 32 - 42 页。

　　②　袁珂校注：《山海经校注》，上海古籍出版社，1980 年，第 411 页。

能够控制自然力，如降雨、消灾、使农作物丰收等①。统治阶级将自己的祖先与神话传说里的英雄人物相联系，可以让自己的统治权力来源更为合法化，有如"君权神授"的正统性。

通过祖先神话建立了这一社会秩序之后，社会秩序就在各类仪式中体现并反复重演②。如前所述，商人在建筑营造类仪式中使用的部分成人人牲，有可能是商人在战争中俘获的敌军将士。与战争胜利后在宗庙前举行"逆羌"行为一样③，商人在建筑营造类仪式中把敌军将士当作牺牲，既可以彰显商人作为胜利者的威望和功德，也可以在战事频繁的时期让商人获得精神上的团结，从而进一步维护商王朝的统治。在其他地区的考古学文化中也有类似的例子。比如，墨西哥的瓦哈卡（Oaxaca）遗址在罗萨里奥（Rosario）时期社会组织已经进入了复杂酋邦阶段，人口剧增，为了争夺高产的土地，各个聚落之间的战争十分频繁。圣乔斯莫戈特（San Jose Mogote）是该遗址最繁荣的聚落之一，罗萨里奥时期最重要的公共建筑均位于该聚落的最高处。其中，在第 19 号建筑基址中间土坯台的四个角落下面各埋有一个陶容器，在基址的东北部还有 3 号石碑，如图 6-1 所示。3 号石碑上面刻有一个男性图像，裸体，口张开，眼睛紧闭，戴有装饰物，心脏似乎在祭祀中被掏出。图像底部还刻有象形文字，记录了这个男子的名字——"一震"（one earthquake）。该男子的名字代表了萨波特克人（Zapotec）日历里 260 天中的一天，表明该男子的身份十分尊贵，但其他特征又完全符合后期战俘的描述，因此研究者推测这个男子可能是在战争中俘获的敌军首领。这块石碑位于建筑东门门槛下，任何从这里进出的人都将踩在这块石碑的上面，以示对战败方的践踏，并以此来增强自信心④。

① （英）詹姆斯·乔治·弗雷泽著，徐育新、汪培基、张泽石译，汪培基校：《金枝》，大众文艺出版社，1998 年，第 6 页。

② 吴晓群：《古代希腊的献祭仪式研究》，《世界历史》1999 年第 6 期。

③ 王绍东：《甲骨卜辞所见商王国对外战争过程及行为的研究》，山东大学硕士学位论文，2010 年，第 54 页。

④ Joyce Marcus, Kent V. Flannery. 1996. *Zapotec Civilization: How Urban Evolved in Mexico's Oaxaca Valley*. Thames and Hudson. pp. 126-130.

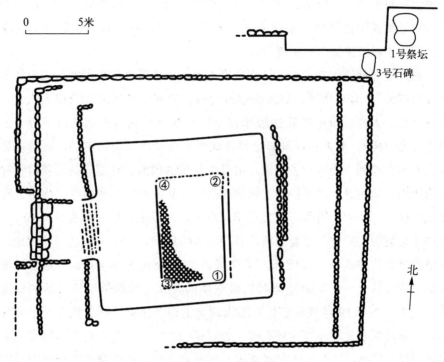

图 6 - 1 San Jose Mogote 遗址第 19 号建筑基址平面图
①②③④为陶容器

第三节 社 会 影 响

通过仪式，社会的个体成员产生出强大的激情，建立起认同感，当逐渐意识到他们结成了利益和传统的共同体时，个体成员就感到团结了起来，并因此集合在一起。比如，图腾让社会成员意识到自己分享了某种动物的全部本性，然后通过一些模仿仪式确认他们与这个物种的动物是相似的，重申他们的集体存在①。因此，只有通过各种仪式，不同社会等级之间以及相同社

----

① （法）爱弥尔·涂尔干著，渠东、汲喆译：《宗教生活的基本形式》，上海人民出版社，1999 年，第 502、507 页。

会等级之间的参与者们，才能建立起一种人与人之间的交往关系，社会认同才能得到建立，个人才能更好地融入到社会群体中，社会群体也才能得到巩固并维持下去①。

目前学界普遍认为，商代的国家形态是一种方国联盟形式②。在这种方国联盟系统中，商王朝是众多方国中实力最强的一个，夏含夷认为商王朝的控制范围是以安阳为中心不超过二百公里的范围，吉德炜认为这个范围更广③，但是商王朝尚未强大到能够迫使所有方国都臣服，商王朝与周边保持着或敌或友的关系，方国联盟的方式是一种政治协商和文化交流④，而不是政治控制和文化占领⑤。在政治上，商王朝不得不努力争取联盟方国的军事支持，并对潜在的敌对方国发出警告；在经济上，商王朝也需要从方国处获得某些维系其统治所必需的重要原材料和进贡物品等，比如，张光直认为商王朝与山西南部非商方国的联盟和战争，反映了商王朝试图保证锡矿、铜矿和盐等重要物资的供应，锡矿和铜矿都是制作青铜器所必需的材料，是商代礼制不可或缺的材料。由此，商王不得不采取一系列的措施，希望建立持续而稳固的联盟集团，包括商王与方国的联姻等。其中较为重要的举措之一就是建立统一的思想意识体系，以此形成强烈的认同感，增强彼此之间的凝聚力，促进联盟集团的团结。

族群的界定很难按照纯粹的语言、文化、领土和宗教等差异来划分，更多的是基于群体成员的一种"自我感觉"，成员会具有族群差异的概念，并意识到这种社会界限表现为一种"我们"和"他们"的区别，仪式是形成

---

① Rowan K. Flad, Pochan Chen. 2013. *Ancient Central China: Centers and Peripheries Along the Yangzi River*. New York: Cambridge University Press. p. 209.

② a. 林沄：《关于中国早期国家形式的几个问题》，《吉林大学社会科学学报》1986 年第 6 期。又：《林沄学术文集》，中国大百科全书出版社，1998 年，第 85－99 页。

b. 林沄：《甲骨文中的商代方国联盟》，《林沄学术文集》，中国大百科全书出版社，1998 年，第 69－84 页。

③ 转引自 Gideon Shelach. 1996. The Qiang and the Question of Human Sacrifice in the Late Shang Period. *Asian Perspectives* 35(1): 1－26.

④ David . N. Keightley. 1979—1980. The Shang State As Seen in The Oracle-Bone Inscription. *Early China* 5: 25－34.

⑤ 佟柱臣：《中国新石器时代文化的多中心发展论和发展不平衡论——论中国新石器时代文化发展的规律和中国文明的起源》，《文物》1986 年第 2 期。

"我们"这一观点的有效方式①。哈维兰指出："人们共同参与仪式，加上基本信仰的统一，也有助于使人们团结起来并强化他们对自己群体的认同……我们再次发现，宗教在满足社会需要的同时，也提供了一种精神上的自信。"②因此，举行仪式有助于形成群体认同感，其中祭祖仪式的这一作用尤为显著。祭祖仪式通过人们对祖先的共同关注，将团体中的不同个人紧密地联系在了一起，在与神的交往过程中，产生了一种强烈的团体认同感与凝聚力，会将"他们"从"我们"中分离出去，如《左传·僖公十年》曰"神不歆非类，民不祀非族"，可以加强商人的血缘意识，维系宗族团结。

由于商代特殊的国家形态，为了最大限度地团结广大民众，形成更大范围的族群认同感，商人有意识地提高联盟方国在祖先崇拜仪式中的参与度，将极少数非商成员纳入商代的祭祖系统中，并给予很高的职位，也有部分王室贞人来自其他方国③。比如，殷墟甲骨卜辞中会经常提到，商人对有功于商族的异族名臣非常尊崇，会与商人祖先一同举行频繁的仪式，其中最重视的异族神有伊尹、黄尹、咸戊等，如：

> 癸丑卜，上甲岁，伊宾。　　　　　　　　　　　（《合集》27057）
>
> □丑贞，王令，伊尹……取祖乙鱼，伐告于父丁、小乙、祖丁、羌甲、祖辛。　　　　　　　　　　　　　　　　　　　　（《屯南》2342）
>
> 甲申卜，又伊尹，五示。　　　　　　　　　　　（《合集》33318）

《史记·殷本纪》中载伊尹本是"有莘氏媵臣，负鼎俎"④，可见伊尹原本出身卑微，后来被商汤举任以国政，并辅助商汤建国，如《孟子·万章上》曰："伊尹相汤，以王于天下，汤崩……太甲颠覆汤之典刑，伊尹放之于桐。三年，太甲悔过，自怨自艾，于桐处仁迁义；三年，以听伊尹之训己也，复归于亳。"因此伊尹对商王室而言功不可没，可以出现在商代的祭祖

---

① Siân Jones. 1997. The Archaeology of Ethnicity：Constructing Identities in the Past and Present. London and New York：Routledge. pp. 60‒61.

② （美）威廉·A·哈维兰著，瞿铁鹏、张钰译：《文化人类学》，上海社会科学出版社，2006年，第414页。

③ David. N. Keightley. 1979—1980. The Shang State As Seen in The Oracle-Bone Inscription. *Early China* 5：25‒34.

④ （汉）司马迁：《史记》，中华书局，2013年，第94页。

仪式中，也正好说明了部分杰出的非商成员被纳入商代的祭祖仪式中。前文提到，在核心区举行的祭祖仪式等具有明显的可观看性，是一种公共的"文化表演"，可以尽可能地让更多的民众观看到，并参与其中，形成同仇敌忾的快意。这种祭祖的公共仪式不仅唤起了参与者的现场情绪，更是构成了一个族群的潜在集体意识。

从世界其他地区联盟式国家的材料来看，祭祖仪式都发挥着类似的作用。古希腊在政治上实行联邦制，每个城邦都是一个独立的政体，都有相对独立的主权，以雅典或斯巴达等为盟主的"联盟"，盟主向加盟国家征收贡赋，在不同程度上干涉加盟国家的内政，为了抵御强大的敌人会组成联邦，要求他们出兵加入盟军等。古希腊的祭祖仪式让每个公民都感到自己的利益与城邦的荣辱密不可分，从而激发了他们随时准备为城邦而战的决心与勇气，这恰好符合城邦统治的政治需要①。在这些通常被定义为"复杂酋邦"或"早期国家"的社会中，社会阶层和差异已经非常明显，统治者需要一种强有力的合法化机制来维护他们的权力基础，祭祖仪式就是一种为了维护同一系统中不同族群之间不稳定关系的政治控制。

---

① 吴晓群：《古代希腊的献祭仪式研究》，《世界历史》1999 年第 6 期。

结　语

　　《礼记·表记》孔颖达疏："夏道尊命，至殷人尊神，周人尊礼，三代所尊不同者。"①到了周代，礼制已较为完善，仪式中的等级制度鲜明，如《国语·观射父论祀牲》载："祀加于举。天子举以大牢，祀以会；诸侯举以特牛，祀以太牢；卿举以少牢，祀以特牛；大夫举以特牲，祀以少牢；士食鱼炙，祀以特牲；庶人食菜，祀以鱼。"②又有《太平御览》卷九三一鳞介部引《逸礼》载："天子龟尺二寸，诸侯八寸，大夫六寸，士民四寸。"说明周代天子、诸侯、大夫、士和庶人在仪式用品上已有严格的等级界限。相比较而言，尽管商代晚期的祭祀仪式尚未形成周代如此严格的等级，但在仪式方面不同阶层之间的差异性已然形成。

　　在祭祀仪式用品方面，越上层的人拥有越多、越珍贵的仪式用品，祭祀仪式用品的获取途径也更多。商王室可以使用人牲、青铜器、玉器等仪式用品，且获取途径有纳贡、田猎、战争、当地自给等多种方式，普通民众和手工业工匠则以家养动物为主，仪式用品获取方式也较为单一。占卜仪式的研究也佐证了这一点，不同等级遗址所出卜甲的数量、大小确有不同。小屯出的卜甲数量最多，大版卜甲也较多，刻辞均为王卜辞；花园庄东地所出的卜甲偏小一些，占卜的主体是与商王关系密切、地位极高的贵族"子"；苗圃北地出两片字甲，属习刻；花园庄南地及其他几个出卜甲的遗址，所出的卜

---

　　① （汉）郑玄注，（唐）孔颖达正义：《礼记正义》，上海古籍出版社，2008 年，第 2079 - 2081 页。
　　② （春秋）左丘明：《国语》，上海古籍出版社，1988 年，第 564 页。

甲均无刻辞，卜甲可能为平民或小贵族占卜后所遗弃①。小屯 YH127 坑和花园庄东地 H3 坑出土的部分卜甲甲桥上，有明确的外地贡龟的记载。苗圃北地、花园庄南地等一般遗址所出的卜甲，则尚未发现甲桥刻辞，表明平民及小贵族难以享用作为贡品的大龟，其占卜仪式均使用殷墟本地或附近所产的尺寸较小的龟②。

在仪式举行者方面，从商王至普通民众，均发现有举行仪式的相关证据，然而，对于一些与国家权力相关的重要仪式，如祭祖类仪式等，举行权则均掌握在商王或上层贵族的手中，这些仪式通常具有明显的表演性质，不排除普通民众可以观看这些仪式的可能性。郑若葵先生就曾指出，西北岗王陵区可能是当时都城内唯一的、重要的集聚臣民参与国家祀典的公共场所，"每适生产成功、战斗胜利和王族权贵人物驾崩，西北岗便成为王室召集各族邑成员参与国家庆典、王室葬礼并例行祭祖祭王祭天祭地程序的公共祝捷祭祀场所"③。而普通民众阶层只能举行一些普通的如建筑营造类、手工业作坊类仪式，多与民众自身的生活和生产活动相关，并不具备表演性质，观看性不强，说明在普通民众居址附近发现的祭祀仪式遗存，其参与群体可能仅限于家庭或家户。统治阶级对仪式的控制，并不体现在仪式可否举行的权力上，而是体现在对仪式相关资源和知识的掌控上，前者可反映在仪式用品种类和获取方面，后者主要是专职神职人员的存在，以及商王兼为专职神职人员的现象。

商代晚期祭祀仪式的举行情况，与商代晚期的社会生产力发展水平、社会结构和社会矛盾等密切相关，尤其在商代晚期这一略显动荡的特殊社会时期，仪式更能够发挥到团结民众的重要作用。仪式在统一社会内部各阶层的作用也有所不同，正如哈维兰所说，"宗教对于社会中的精英成员来说仍然是重要的，因为它使社会制度合理化，因此使地位较低的人民不太可能去质疑现存的社会秩序，如果没有宗教，这种质疑很有可能出现"④。

---

① 刘一曼：《安阳殷墟甲骨出土地及其相关问题》，《考古》1997 年第 5 期。
② 刘一曼：《安阳殷墟甲骨出土地及其相关问题》，《考古》1997 年第 5 期。
③ 郑若葵：《殷墟"大邑商"族邑布局初探》，《中原文物》1995 年第 3 期。
④ （美）威廉·A·哈维兰著，瞿铁鹏、张钰译：《文化人类学》，上海社会科学院出版社，2006 年，第 392 页。

结
语

本书在对仪式相关问题进行研究的同时，在实际操作层面也面临着一些问题和困难，以期在今后的研究中能够有所突破。

第一，祭祀仪式遗存的甄别依然存在较大困难。除了具有特定的要素之外，从事件发生的时间序列来看，仪式可以视为"一系列事件的组合"，也可以被视为"一个单一事件"①。例如，祭祖仪式因为有一套程序故可归为前者，但是这一系列事件的组合中可能包含不属于仪式的单个事件，比如在祭奠呈上贡品之前所进行的非仪式性的、正常的家畜屠宰；同理，战争等非仪式活动中也可能包含有一个或多个仪式事件，比如周代将士出征之前举行的宜社、造祖、立军社、迁庙祖和衅礼等仪式，行军途中会祭祀行神、上帝、山川等，还师后还会举行献捷礼②。现实生活中仪式行为和非仪式行为尚可区分，但在考古遗存中两者却很难泾渭分明地区分开来，无法实现上述方法所希冀达到的理想划分状态。

具体而言，首先是使用地点的重叠。在四川广汉三星堆③、河南郑州向阳回族食品厂④、河南郑州南顺城街⑤等地发现了埋葬大量青铜器的祭祀坑，但这些专用祭祀场所的数量屈指可数，绝大多数的祭祀场所与生活场所存在共用的现象。这种场地的共用现象无疑增大了笔者从中甄别出祭祀仪式遗存的难度。其次是使用物品的重叠。在专用的祭祀用品出现之前，早期的祭祀用品也可能具有多种用途，不排除兼用于日常生活的可能性，正如马衡先生所说："古之礼乐器，祭祀与燕飨共之。故钟鼎之铭虽言祭祀，亦有兼及燕飨者……燕飨与祭祀同器也。亦有不言祭祀而独举燕飨者。"⑥目前，除了卜甲这一没有争议的专用祭祀仪式用品之外，许多物品尚无法完全确定是否仅在祭祀仪式中使用，尤其当其与生活用品共同埋藏时，这种区分更是难上

① Paul Garwood, David Jennings, Robin Skeates, and Judith Toms. 1989. *Sacred and Profane: Proceedings of a Conference on Archaeology, Ritual and Religion*. Oxford: Oxford University Press. pp. v-x.

② 张雁勇：《周代军礼中的神道设教——〈周礼〉大师祭祀考论》，《辽宁师范大学学报（社会科学版）》2015年第3期。

③ 四川省文物考古研究所：《三星堆祭祀坑》，文物出版社，1999年。

④ 杨育彬、于晓兴：《郑州新发现商代窖藏青铜器》，《文物》1983年第3期。

⑤ 河南省文物考古研究所、郑州市文物考古研究所：《郑州南顺城街青铜器窖藏坑发掘简报》，《华夏考古》1998年第3期。

⑥ 马衡：《凡将斋金石丛稿》，中华书局，1977年，第7页。

加难。在河南安阳小屯南地就发现有把废弃的卜甲、卜骨碎片和日常生活残余物一起倒入窖穴的情况。如 H2 坑内出土卜骨、卜甲 795 片，以及很多陶器残片、牛骨、猪骨等；H38 坑内卜骨、卜甲和陶器残片混杂在一起，断断续续地出土甲骨 20 片①。这些与甲骨共出的陶片和动物骨骼等物品，究竟是与甲骨同时使用继而废弃的祭祀仪式用品，还是恰好与使用过的甲骨一同废弃于此的普通日常生活用品，目前尚无法明确。

第二，难以区分同一地点上的不同祭祀仪式。不同祭祀仪式之间往往有一些共同的组成要素，如相同的象征物、图像、音乐、舞蹈和用品等，甚至是相同的祭祀地点，因此考古发现的祭祀仪式遗存有可能是多个仪式活动遗留下来的共同产物，即便甄别出了这一地点与祭祀仪式相关，但也面临着如何从中区分出不同祭祀仪式遗存的困境。安阳后岗圆形祭祀坑绝非一次祭祀活动的简单产物，应当举行过多次甚至多种祭祀仪式活动，至少有砍头、火烧、毁器、铺抹朱砂、瘗埋等仪式行为，但是尚无法据此推断这里曾举行了哪一种或哪几种具体的祭祀仪式②。

第三，考古发现中的祭祀仪式遗存信息还十分有限。大规模祭坛、纪念性建筑、王陵等祭祀相关遗迹，由于规模较大且具有一定的公共性，在考古调查或发掘中比小规模的、私密性更强的家户祭祀更容易被发现③。在偃师商城仪式遗存的发掘中，较早全面揭露的便是宫城祭祀区，直到最近学者研究发现，偃师商城贵族阶层并不是唯一实践祭祀仪式的阶层，陶工们也会举行祭祀仪式，且与贵族祭祀存在着显著的不同④。实际上，普通民众的家户

① 中国科学院考古研究所安阳工作队：《1973 年安阳小屯南地发掘简报》，《考古》1975 年第 1 期。

② a. 中国科学院考古研究所安阳发掘队：《1958—1959 年殷墟发掘简报》，《考古》1961 年第 2 期。

b. 中国科学院考古研究所安阳发掘队：《1971 年安阳后冈发掘简报》，《考古》1972 年第 3 期。

c. 中国社会科学院考古研究所：《殷墟发掘报告 1958—1961》，文物出版社，1987 年，第 265 - 279 页。

③ Erica Hill. 2008. Animism and Sacrifice: Reconstructing Moche Religion Through Architecture, Iconography, and Archaeological Features. In *Religion, Archaeology, and the Material World*, edited by Lars Fogelin. Carbondale: Center for Archeological Investigations, South Illinois University. pp. 38 - 60.

④ Katrinka Reinhart. 2011. Politics of Food, Feasting, and Sacrifice in the Chinese Bronze Age: Quantitative Analysis of Pottery at Yanshi Shangcheng. PhD dissertation in Stanford University.

结
语

祭祀仪式举行得应更为频繁，但由于家户祭祀仪式在规模、参与者的数量、用牲的质量等方面较公共祭祀仪式逊色不少，加之其举办地点主要是在居址等生活遗迹及其附近，地点识别更为困难，因此很难留下清晰的考古学证据，本书的研究对这部分祭祀的叙述也相对较少。

参考文献

一、历史文献

（晋）郭璞注，（宋）邢昺疏：《尔雅注疏》，北京大学出版社，1999年。

（战国）韩非著，陈奇猷校注：《韩非子新校注》，上海古籍出版社，2000年。

（汉）毛亨传，（汉）郑玄笺，（唐）孔颖达疏：《毛诗正义》，北京大学出版社，2000年。

（汉）司马迁：《史记》，中华书局，2013年。

（汉）许慎撰，（清）段玉裁注：《说文解字注》，上海古籍出版社，1981年。

杨伯峻：《春秋左传注》，中华书局，1981年。

袁珂校注：《山海经校注》，上海古籍出版社，1980年。

张双棣：《淮南子校释》，北京大学出版社，1997年。

赵少咸著，余行达、易云秋、赵吕甫整理：《广韵疏证》，巴蜀书社，2010年。

（汉）郑玄注，（唐）贾公彦疏：《周礼注疏》，上海古籍出版社，2010年。

（汉）郑玄注，（唐）孔颖达正义：《礼记正义》，上海古籍出版社，2008年。

二、古文字工具书

戴家祥：《金文大字典》，学林出版社，1995年。

宋镇豪、段志洪主编：《甲骨文献集成》，四川大学出版社，2001年。

吴其昌：《殷墟书契解诂》，武汉大学出版社，2008年。

于省吾：《甲骨文字诂林》，中华书局，1996年。

中国社会科学院历史研究所：《甲骨文合集》，中华书局，1982年。

三、考古资料

安阳市博物馆：《安阳大司空村殷代杀殉坑》，《考古》1978年第1期。

安阳亦工亦农文物考古短训班、中国科学院考古研究所安阳发掘队：《安阳殷墟奴隶祭祀坑的发掘》，《考古》1977年第1期。

成都市文物考古研究所：《成都金沙遗址的发现与发掘》，《考古》2002年第7期。

董作宾：《安阳侯家庄出土之甲骨文字》，《中国考古学报（第一册）》，1936年。

高去寻：《安阳殷代皇室墓地》，《考古人类学刊》第13、14期，1959年。

高去寻遗稿，杜正胜、李永迪整理：《大司空村：第二次发掘报告》，"中研院"历史语言研究所，2008年。

郭宝钧：《一九五〇年春殷墟发掘报告》，《中国考古学报（第五册）》，1951年。

河南省文化局文物工作队第一队：《一九五五年秋安阳小屯殷墟的发掘》，《考古学报》1958年第3期。

河南省文物考古研究所、郑州市文物考古研究所：《郑州南顺城街青铜器窖藏坑发掘简报》，《华夏考古》1998年第3期。

江西省文物考古研究所、樟树市博物馆：《吴城——1973—2002年考古发掘报告》，科学出版社，2005年。

李济等：《安阳发掘报告（第一册）》，"中研院"历史语言研究所，1929年。

李济等：《安阳发掘报告（第二册）》，"中研院"历史语言研究所，1929年。

李济等：《安阳发掘报告（第三册）》，"中研院"历史语言研究所，

1931 年。

李济等：《安阳发掘报告（第四册）》，"中研院"历史语言研究所，1931 年。

南京博物院：《江苏铜山丘湾古遗址的发掘》，《考古》1973 年第 2 期。

石璋如：《殷墟最近之重要发现附论小屯地层》，《中国考古学报（第二册）》，1947 年。

石璋如：《小屯（第一本）·遗址的发现与发掘·乙编·殷虚建筑遗存》，"中研院"历史语言研究所，1959 年。

石璋如：《小屯（第一本）·遗址的发现与发掘·丙编·殷虚墓葬之二·中组墓葬》，"中研院"历史语言研究所，1972 年。

石璋如：《小屯（第一本）·遗址的发现与发掘·丙编·殷虚墓葬之一·北组墓葬》，"中研院"历史语言研究所，1979 年。

石璋如：《小屯（第一本）·遗址的发现与发掘·丙编·殷虚墓葬之五·丙区墓葬（上）》，"中研院"历史语言研究所，1980 年。

石璋如：《小屯（第一本）·遗址的发现与发掘·丁编·甲骨坑层之一·一次至九次出土甲骨》，"中研院"历史语言研究所，1985 年。

石璋如：《小屯（第一本）·遗址的发现与发掘·丁编·甲骨坑层之二·十三次至十五次出土甲骨上》，"中研院"历史语言研究所，1992 年。

四川省文物管理委员会、四川省文物考古研究所、四川省广汉县文化局：《广汉三星堆遗址一号祭祀坑发掘简报》，《文物》1987 年第 10 期。

四川省文物管理委员会，四川省文物考古研究所，广汉市文物局、文管所：《广汉三星堆遗址二号祭祀坑发掘简报》，《文物》1989 年第 5 期。

四川省文物考古研究所：《三星堆祭祀坑》，文物出版社，1999 年。

四川省文物考古研究所三星堆工作站、广汉市文物管理所：《三星堆遗址真武仓包包祭祀坑调查简报》，《四川考古报告集》，文物出版社，1998 年。

四川省文物考古研究院：《三星堆遗址四号祭祀坑出土铜扭头跪坐人像》，《四川文物》2021 年第 4 期。

四川省文物考古研究院：《四川广汉市三星堆遗址青关山 H105 的发

掘》，《考古》2020 年第 9 期。

四川省文物考古研究院、上海大学文学院：《三星堆遗址三号祭祀坑出土铜顶尊跪坐人像》，《四川文物》2021 年第 3 期。

西北大学文博学院：《城固宝山——1998 年发掘报告（精）》，文物出版社，2002 年。

殷墟孝民屯考古队：《河南安阳市孝民屯商代环状沟》，《考古》2007 年第 1 期。

殷墟孝民屯考古队：《河南安阳市孝民屯商代铸铜遗址 2003—2004 年的发掘》，《考古》2007 年第 1 期。

中国科学院考古研究所安阳发掘队：《1958—1959 年殷墟发掘简报》，《考古》1961 年第 2 期。

中国科学院考古研究所安阳发掘队：《1971 年安阳后冈发掘简报》，《考古》1972 年第 3 期。

中国科学院考古研究所安阳发掘队：《1975 年安阳殷墟的新发现》，《考古》1976 年第 4 期。

中国科学院考古研究所安阳工作队：《1973 年安阳小屯南地发掘简报》，《考古》1975 年第 1 期。

中国社会科学院考古所河南二队：《偃师商城第Ⅱ号建筑群遗址发掘简报》，《考古》1995 年第 11 期。

中国社会科学院考古研究所，《殷墟发掘报告 1958—1961》，文物出版社，1987 年。

中国社会科学院考古研究所：《安阳大司空——2004 年发掘报告》，文物出版社，2014 年。

中国社会科学院考古研究所：《安阳小屯》，世界图书出版公司，2004 年。

中国社会科学院考古研究所：《安阳殷墟小屯建筑遗存》，文物出版社，2010 年。

中国社会科学院考古研究所：《河南偃师商城商代早期王室祭祀遗址》，《考古》2002 年第 7 期。

中国社会科学院考古研究所：《殷墟妇好墓》，文物出版社，1980年。

中国社会科学院考古研究所安阳队：《1987年安阳小屯村东北地的发掘》，《考古》1989年第10期。

中国社会科学院考古研究所安阳工作队：《1976年安阳小屯西北地发掘简报》，《考古》1987年第4期。

中国社会科学院考古研究所安阳工作队：《1986—1987年安阳花园庄南地发掘报告》，《考古学报》1992年第1期。

中国社会科学院考古研究所安阳工作队：《2000—2001年安阳孝民屯东南地殷代铸铜遗址发掘报告》，《考古学报》2006年第3期。

中国社会科学院考古研究所安阳工作队：《2004—2005年殷墟小屯宫殿宗庙区的勘探和发掘》，《考古学报》2009年第2期。

中国社会科学院考古研究所安阳工作队：《安阳武官村北地商代祭祀坑的发掘》，《考古》1987年第12期。

中国社会科学院考古研究所安阳工作队：《河南安阳市洹北商城宫殿区1号基址发掘简报》，《考古》2003年第5期。

中国社会科学院考古研究所安阳工作队：《河南安阳市王裕口南地殷代遗址的发掘》，《考古》2004年第5期。

中国社会科学院考古研究所安阳工作队：《河南安阳市殷墟刘家庄北地2008年发掘简报》，《考古》2009年第7期。

中国社会科学院考古研究所安阳工作队：《河南安阳市殷墟刘家庄北地2010—2011年发掘简报》，《考古》2012年第12期。

中国社会科学院考古研究所安阳工作队：《河南安阳市殷墟王裕口村南地2009年发掘简报》，《考古》2012年第12期。

中国社会科学院考古研究所安阳工作队：《河南安阳市殷墟新安庄西地2007年商代遗存发掘简报》，《考古》2016年第2期。

中国社会科学院考古研究所安阳工作队：《河南安阳殷墟大型建筑基址的发掘》，《考古》2001年第5期。

中国社会科学院考古研究所安阳工作队：《殷墟259、260号墓发掘报告》，《考古学报》1987年第1期。

中国社会科学院考古研究所安阳工作站：《安阳白家坟东地殷代遗址》，《中国考古学年鉴1998》，文物出版社，2000年，第154–156页。

中国社会科学院考古研究所河南第二工作队：《河南偃师商城宫城池苑遗址》，《考古》2006年第6期。

中国社会科学院考古研究所河南第二工作队：《河南偃师商城宫城第八号宫殿建筑基址的发掘》，《考古》2006年第6期。

朱章义等：《成都金沙遗址的发现、发掘与意义》，《四川文物》2002年第2期。

淄博市文物局、淄博市博物馆、桓台县文物管理所：《山东桓台县史家遗址岳石文化木构架祭祀器物坑的发掘》，《考古》1997年第11期。

四、研究论文及专著

（英）爱德华·泰勒著，连树声译：《原始文化》，上海文艺出版社，1992年。

（美）艾兰著，汪涛译：《龟之谜——商代神话、祭祀、艺术和宇宙观研究》，商务印书馆，2010年。

（法）爱弥尔·涂尔干著，渠东、汲喆译：《宗教生活的基本形式》，上海人民出版社，1999年。

安金槐：《关于郑州商代青铜器窖藏坑性质的探讨》，《华夏考古》1989年第2期。

北京大学历史系考古教研室商周组：《商周考古》，文物出版社，1979年。

（美）伯恩著，杜杉杉译，刘钦审校：《文化的变异》，辽宁人民出版社，1988年。

曹玮：《晚商时期三星堆文化的祭祀模式》，《三星堆研究（第五辑）——三星堆与世界上古文明暨纪念三星堆祭祀坑发现三十周年国际学术研讨会论文集》，巴蜀书社，2019年。

常玉斌：《殷墟子卜辞的整理与研究》，吉林大学博士学位论文，2006年。

常玉芝：《商代宗教祭祀》，中国社会科学出版社，2010年。

陈昌远：《中国历史地理简编》，河南大学出版社，1991 年。

陈淳：《安阳小屯考古研究的回顾与反思——纪念殷墟发掘八十周年》，《历史教学（高校版）》2008 年第 12 期。

陈国强：《简明文化人类学词典》，浙江人民出版社，1990 年。

陈建敏：《甲骨文金文所见商周工官工奴考》，《学术月刊》1984 年 2 期。

陈梦家：《甲骨断代与坑位——甲骨断代学丁篇》，《考古学报（第五册）》，1951 年。

陈梦家：《殷虚卜辞综述》，中华书局，1988 年。

陈星灿：《史前人饲养猪的方式》，《中国文物报》2000 年 4 月 26 日第 7 版。

陈志达：《安阳小屯殷代宫殿宗庙遗址探讨》，《文物资料丛刊（第 10 辑）》，文物出版社，1987 年，第 68－79 页。

（日）岛邦男著，濮茅左、顾伟良译：《殷墟卜辞研究》，上海古籍出版社，2006 年。

董琦：《商代文明略考》，《宁夏社会科学》1987 年第 2 期。

董琦：《虞夏时期的中原》，科学出版社，2000 年。

董作宾：《再谈殷代气候》，《华西协合大学中国文化研究所集刊（第 5 卷）》，1947 年。

杜金鹏：《试论商代早期王宫池苑考古发现》，《考古》2006 年第 11 期。

杜金鹏：《偃师商城王宫池渠的发现及其源流》，《偃师商城初探》，中国社会科学出版社，2003 年，第 196－268 页。

杜金鹏：《殷墟宫殿区建筑基址研究》，科学出版社，2010 年。

范毓周：《关于殷墟文化考古分期的几个问题》，《中原文物》2010 年第 4 期。

方辉：《海岱地区青铜时代考古》，山东大学出版社，2007 年。

方辉：《论史前及夏时期的朱砂葬——兼论帝尧与丹朱传说》，《文史哲》2015 年第 2 期。

（英）菲奥伊·鲍伊著，金泽、何其敏译：《宗教人类学导论》，中国人民大学出版社，2004。

冯富根、王振江、白荣金、华觉民：《司母戊鼎铸造工艺的再研究》，《考古》1981 年第 2 期。

付海龙：《试论中原地区商代的水井》，中央民族大学硕士学位论文，2015 年。

付罗文：《贞人：关于早期中国施灼占卜起源与发展的一些思考》，《多维视域——商王朝与中国早期文明研究》，科学出版社，2009 年，第 85－113 页。

傅斯年：《庆祝蔡元培先生六十五岁论文集》，历史语言研究所，1933 年。

高广仁：《海岱区先秦考古论集》，科学出版社，2000 年。

高去寻：《刀斧葬中的铜刀》，《历史语言研究所集刊》（第三十七本上册），1967 年。

郜向平：《商墓中的毁器习俗与明器化现象》，《考古与文物》2010 年第 1 期。

顾德荣：《中国古代人殉、人牲者的身份探析》，《中国史研究》1982 年第 2 期。

顾颉刚：《古史辩》，上海古籍出版社，1982 年。

郭宝钧：《中国青铜器时代》，三联出版社，1963 年。

郭沫若：《安阳新出土的牛胛骨及其刻辞》，《考古》1972 年第 2 期。

郭沫若：《安阳圆坑墓中鼎铭考释》，《考古学报》1960 年第 1 期。

郭沫若：《中国史稿（第一册）》，人民出版社，1976 年。

郭旭东：《甲骨卜辞所见的商代献捷献俘礼》，《史学集刊》2009 年第 3 期，第 26－33 页。

韩金秋：《夏商西周时期中原文化中的北方文化因素研究》，吉林大学博士学位论文，2009 年。

韩金秋：《夏商西周中原的北方系青铜器研究》，上海古籍出版社，2015 年。

何驽：《考古遗物共存空间关系概念的初步研究》，《东南文化》1992 年第 6 期。

何弩:《怎探古人何所思——精神文化考古理论与实践探索》,科学出版社,2015 年。

何崝:《商文化管窥》,四川大学出版社,1994 年。

胡厚宣:《甲骨学商史论丛(初集)》,河北教育出版社,2002 年。

胡厚宣:《甲骨学商史论丛(二集)》,台湾大通书局,1972 年。

胡厚宣:《释殷代求年于四方和四方风的祭祀》,《复旦学报(人文科学版)》1956 年第 1 期。

胡厚宣:《殷卜辞中的上帝和王帝(上)》,《历史研究》1959 年第 9 期。

胡厚宣:《殷卜辞中的上帝和王帝(下)》,《历史研究》1959 年第 10 期。

胡厚宣:《殷墟发掘》,学习生活出版社,1955 年。

胡厚宣:《中国奴隶社会的人殉和人祭(上篇)》,《文物》,1974 年第 7 期。

胡厚宣:《中国奴隶社会的人殉和人祭(下篇)》,《文物》,1974 年第 8 期。

胡厚宣、胡振宇:《殷商史》,上海人民出版社,2003 年。

胡进驻:《殷墟晚商墓葬研究》,北京师范大学出版社,2010 年。

胡英泽:《水井与北方乡村社会——基于山西、陕西、河南省部分地区乡村水井的田野考察》,《近代史研究》2006 年第 1 期。

华觉民、冯富根、王振江、白荣金:《妇好墓青铜器群铸造技术的研究》,《考古学集刊(第 1 集)》,中国社会科学出版社,1981 年。

华觉明、卢本珊:《长江中下游铜矿带的早期开发和中国青铜文明》,《自然科学史研究》1996 年第 1 期。

黄然伟:《殷礼考实》,国立台湾大学文学院,1967 年。

黄天树:《关于非王卜辞的一些问题》,《陕西师范大学学报(哲学社会科学版)》1995 年第 4 期。

黄天树:《重论关于非王卜辞的一些问题》,《甲骨学国际学术研讨会论文集》，台湾东海大学中国文学系，2005 年。

黄展岳：《古代人牲人殉通论》，文物出版社，2004 年。

惠夕平：《地理信息系统支持下的鲁东南沿海地区史前至汉代聚落考古研究》，山东大学博士学位论文，2011 年。

（英）简·艾伦·哈里森著，刘宗迪译：《古代艺术与仪式》，三联书店，2008 年。

金汉波：《史前至商周时期的人头崇拜及其相关问题》，《民俗研究》2005 年第 4 期。

（日）井上聪：《殷墓腰坑与狗巫术》，《华东师范大学学报（哲学社会科学版）》1992 年第 5 期。

井中伟：《我国史前祭祀遗迹初探》，《北方文物》2002 年第 2 期。

井中伟、王立新：《夏商周考古学》，科学出版社，2013 年。

（英）科林·伦福儒、保罗·巴恩著，中国社会科学院考古研究所译：《考古学：理论、方法与实践》，文物出版社，2004 年。

（美）克利福德·格尔茨著，韩莉译：《文化的解释》，译林出版社，1999 年。

（英）肯·柯达著，刘文锁、卓文静译：《理论考古学》，岳麓书社，2005 年。

（英）拉德克利夫·布朗著，梁粤译，梁永佳校：《安达曼岛人》，广西师范大学出版社，2005 年。

郎剑锋：《烁身以成物——中山灵寿故城"人俑拜山"陶器组合的文化意义》，《民俗研究》2014 年第 4 期。

劳干：《中国丹砂之应用及其推演》，《历史语言研究所集刊（第七本第四分）》，1938 年。

李济：《安阳》，河北教育出版社，2000 年。

李济：《李济文集（第 4 卷）》，人民出版社，2006 年。

李立新：《甲骨文中所见祭名研究》，中国社会科学院研究生院博士学位论文，2003 年。

李学勤：《帝乙时代的非王卜辞》，《考古学报》1958 年第 1 期。

李学勤：《论"妇好"墓的年代及有关问题》，《文物》1977 年 11 期。

李学勤：《商代的四风与四时》，《中州学刊》1985 年第 5 期。

李学勤：《小屯南地甲骨与甲骨分期》，《文物》1981 年 5 期。

李志刚：《中国上古时期的"生子不举"》，《古代文明》2011 年第 3 期。

李志鹏：《商文化墓葬中随葬的狗牲研究二题》，《南方文物》2011 年第 2 期。

李志鹏：《晚商都城羊的消费利用与供应——殷墟出土羊骨的动物考古学研究》，《考古》2011 年第 7 期。

李志鹏：《殷墟孝民屯遗址出土家猪的死亡年龄与相关问题研究》，《江汉考古》2011 年第 4 期。

连劭名：《安阳刘家庄商代墓葬所出朱书玉铭考》，《华夏考古》2001 年第 1 期。

连劭名：《商代的拜祭与御祭》，《考古学报》2011 年第 1 期。

连劭名：《再论甲骨刻辞中的血祭》，《于省吾教授百年诞辰纪念文集》，吉林大学出版社，1996 年，第 31－36 页。

林惠祥：《文化人类学》，商务印书馆，2000 年。

林向：《童心求真集——林向考古文物选集》，科学出版社，2010 年。

林沄：《从武丁时代的几种"子卜辞"试论商代的家族形态》，《古文字研究（第一辑）》，中华书局，1979 年，第 314－336 页。

林沄：《林沄学术文集》，中国大百科全书出版社，1998 年。

刘长江、靳桂云、孔昭宸：《植物考古：种子和果实研究》，科学出版社，2008 年。

刘莉、陈星灿：《中国考古学：旧石器时代晚期到早期青铜时代》，三联书店，2017 年。

刘兴林：《浅议商代社会的奴隶——兼谈殉人和人牲的社会身份》，《齐鲁学刊》1990 年第 4 期。

刘岩：《中国考古学的当代反思——一个考古学理论的视角》，《南方文物》2011 年第 2 期。

刘一曼：《安阳殷墟甲骨出土地及其相关问题》，《考古》1997 年第 5 期。

刘一曼：《试论殷墟甲骨书辞》，《考古》1991 年第 6 期。

刘一曼：《殷墟陶文研究》，《庆祝苏秉琦考古五十五年论文集》，文物出版社，1989 年，第 346－361 页。

刘一曼、曹定云：《殷墟花园庄东地甲骨卜辞选释与初步研究》，《考古学报》1999 年第 3 期。

刘毅：《陶瓷业窑神崇拜述论》，《景德镇陶瓷》1997 年第 3 期。

刘煜、岳占伟：《复杂化生产：晚商青铜器陶范铸造工艺流程》，《文明探源通讯》第 16 期，2009 年。

刘源：《商周祭祖礼研究》，商务印书馆，2004 年。

吕鹏、宫希成：《祭牲礼制化的个案研究——何郢遗址动物考古学研究的新思考》，《南方文物》2016 年第 3 期。

栾丰实、方辉、靳桂云：《考古学理论、方法、技术》，文物出版社，2002 年。

罗琨：《商代人祭及相关问题》，《甲骨探实录》，三联书店，1992 年，第 112－191 页。

（德）罗泰：《三星堆遗址的新认识》，《奇异的凸目——西方学者看三星堆文明》，巴蜀书社，2003 年。

罗运兵：《中国古代猪类驯化、饲养与仪式性使用》，科学出版社，2012 年。

马衡：《凡将斋金石丛稿》，中华书局，1977 年。

（英）马修·约翰逊著，魏峻译：《考古学理论导论》，岳麓书社，2005 年。

孟宪武、李贵昌：《殷墟出土的玉璋朱书文字》，《华夏考古》1997 年第 2 期。

苗霞：《殷墟小屯宫殿区"特型墓 M34"的性质探析》，《中原文物》2015 年第 1 期。

彭裕商：《非王卜辞研究》，《古文字研究（第十三辑）》，中华书局，

1986 年。

彭兆荣：《人类学仪式的理论与实践》，民族出版社，2007 年。

裘锡圭：《从殷墟卜辞看殷人对白马的重视》，《殷墟博物苑苑刊》，中国社会科学出版社，1989 年。

裘锡圭：《关于商代的宗族组织与贵族和平民两个阶级的初步研究》，《文史（第十七辑）》，中华书局，1983 年。

屈万里：《殷墟文字甲编考释》，联经出版事业公司，1984 年。

饶宗颐：《殷代贞卜人物通考》，香港大学出版社，1959 年。

《三代文明研究》编辑委员会：《三代文明研究（一）——1998 年河北邢台中国商周文明国际学术研讨会论文集》，科学出版社，1999 年。

山东省文物考古研究所：《山东 20 世纪的考古发现和研究》，科学出版社，2005 年。

沈仲常：《三星堆二号祭祀坑青铜立人像初记》，《文物》1987 年第 10 期。

石璋如：《河南安阳小屯殷代三组基址》，《大陆杂志》1960 年第 21 卷 1、2 期合刊。

宋新潮：《殷商文化区域研究》，陕西人民出版社，1991 年。

宋豫秦等：《中国文明起源的人地关系简论》，科学出版社，2002 年。

宋镇豪：《从新出甲骨金文考述晚商射礼》，《中国历史文物》2006 年第 1 期。

宋镇豪：《商代社会生活与礼俗》，中国社会科学出版社，2010 年。

宋镇豪：《夏商社会生活史》，中国社会科学出版社，1994 年。

宋镇豪：《中国春秋战国习俗史》，人民出版社，1994 年。

孙德荣：《试述 Context System 及其考古地层学原理》，《文物世界》2000 年第 1 期。

孙华：《关于三星堆器物坑若干问题的辩证》，《四川文物》1993 年第 4 期。

孙华：《关于三星堆器物坑若干问题的辩证（续）》，《四川文物》1993 年第 5 期。

孙华：《四川盆地的青铜时代》，科学出版社，2000 年。

孙淼：《夏商史稿》，文物出版社，1987 年。

唐际根：《"祭祀坑"还是"灭国坑"：三星堆考古背后的观点博弈》，《美成在久》2021 年第 3 期。

唐际根：《安阳殷墟宫殿区简论》，《桃李成蹊集——庆祝安志敏先生八十寿辰》，香港中文大学中国考古艺术研究中心，2004 年。

唐际根、古方：《殷商与古蜀》，《夏商都邑与文化（一）》，中国社会科学出版社，2014 年。

唐际根、荆志淳：《安阳的"商邑"与"大邑商"》，《考古》2009 年第 9 期。

唐际根、汤毓赟：《再论殷墟人祭坑与甲骨文中羌祭卜辞的相关性》，《中原文物》2014 年第 3 期。

汪涛：《商代考古中的颜色》，《商文化论集》，文物出版社，2003 年。

（英）汪涛著，郅晓娜译：《颜色与祭祀——中国古代文化中颜色涵义探幽》，上海古籍出版社，2013 年。

王迪：《中国北方地区商周时期制陶作坊研究》，山东大学博士学位论文，2014 年。

王芬：《中国新石器时代的宗教遗迹》，《四川文物》2004 年第 4 期。

王贵民：《就甲骨文所见试说商代的王室田庄》，《中国史研究》1980 年第 3 期。

王浩：《商代人祭对象问题探论》，《文博》1988 年第 6 期。

王吉怀：《试析史前遗存中的家畜埋葬》，《华夏考古》1996 年第 1 期。

王克林：《试论我国人祭和人殉的起源》，《文物》1982 年第 2 期。

王仁湘：《三星堆遗址铜顶尊跪坐人像观瞻小记》，《四川文物》2021 年第 3 期。

王绍东：《甲骨卜辞所见商王国对外战争过程及行为的研究》，山东大学硕士学位论文，2010 年。

王慎行：《商代建筑技术考》，《殷都学刊》1986 年第 2 期。

王学荣：《河南偃师商城第Ⅱ号建筑群遗址研究》，《华夏考古》2000 年第 1 期。

王宇信：《甲骨学通论》，中国社会科学出版社，1989 年。

王宇信、陈绍棣：《关于江苏铜山丘湾商代祭祀遗址》，《文物》1973 年
第 12 期。

王宇信、杨宝成：《殷墟象坑和"殷人服象"的再探讨》，《甲骨探史
录》，三联书店，1982 年。

（美）威廉·A·哈维兰著，瞿铁鹏、张钰译：《文化人类学》，上海社
会科学院出版社，2006 年。

韦心滢：《殷墟卜辞中的"商"与"大邑商"》，《殷都学刊》2009 年第
1 期。

温少峰、袁庭栋：《殷墟卜辞研究——科学技术篇》，四川省社会科学院
出版社，1983 年。

吴俊德：《殷墟第四期祭祀卜辞研究》，国立台湾大学出版社，2005 年。

吴其昌：《殷墟书契解诂》，武汉大学出版社，2008 年。

吴荣曾：《尽心集——张政烺先生八十庆寿论文集》，中国社会科学出版
社，1996 年。

吴晓群：《古代希腊的献祭仪式研究》，《世界历史》1999 年第 6 期。

肖楠：《试论卜辞中的"工"与"百工"》，《考古》1981 年第 3 期。

谢肃：《商代祭祀遗存研究》，中国社会科学院研究所院博士学位论文，
2006 年。

谢肃：《商文化手工业作坊内的祭祀（或巫术）遗存》，《江汉考古》
2010 年第 1 期。

徐坚：《未被认可的出版物和考古学》，《读书》2012 年第 3 期。

徐中舒：《殷人服象及象之南迁——殷代河南实为产象之区》，《历史语
言研究所集刊（第二本第一分册）》，1930 年。

（美）许杰，杨难得译：《古蜀异观：三星堆塑像的重现与解读》，《美
成在久》2015 年第 5 期。

许卫红：《秦始皇陵兵马俑考古情境分析四例》，《文博》2015 年第
3 期。

许永杰：《中国考古学研究中的情境分析》，《考古与文物》2011 年第 1 期。

燕耘：《商代卜辞中的冶铸史料》，《考古》1973 年第 5 期。

杨宝成：《殷墟文化研究》，武汉大学出版社，2002 年。

杨宝成、杨锡璋：《从殷墟小型墓葬看殷代社会的平民》，《中原文物》1983 年第 1 期。

杨升南：《甲骨文中所见商代的贡纳制度》，《殷都学刊》1999 年第 2 期。

杨升南：《商代经济史》，贵州人民出版社，1992 年。

杨树达：《卜辞琐记》，上海古籍出版社，1986 年。

杨希枚：《河南殷墟头骨的测量和形态观察》，《中国东亚学术研究计划委员会年报》1966 年第 5 期。

杨锡璋、刘一曼：《殷墟考古七十年的主要收获》，《考古学集刊（15）》，文物出版社，2004 年。

杨锡璋、杨宝成：《从商代祭祀坑看商代奴隶社会的人牲》，《考古》1977 年第 1 期。

杨钟健、刘东生：《安阳殷墟之哺乳动物群补遗》，《中国考古学报（第四册）》，"中研院"历史语言研究所，1949 年。

姚孝遂：《"人牲"和"人殉"》，《史学月刊》1960 年第 9 期。

姚孝遂：《商代的俘虏》，《古文字研究（第一辑）》，中华书局，1979 年。

叶万松：《洛阳考古四十年——一九九二年洛阳考古学术研讨会论文集》，科学出版社，1996 年。

俞伟超：《铜山丘湾商代社祀遗迹的推定》，《考古》1973 年第 5 期。

袁靖、宫希成：《安徽滁州何郢遗址出土动物遗骸研究》，《文物》2008 年第 5 期。

袁俊杰：《两周射礼研究》，河南大学博士学位论文，2010 年。

曾晓敏：《郑州商代石板蓄水池及相关问题》，《郑州商城考古新发现与研究》，中州古籍出版社，1993 年。

（英）詹姆斯·乔治·弗雷泽著，徐育新、汪培基、张泽石译，汪培基校：《金枝》，大众文艺出版社，1998年。

詹鄞鑫：《神灵与祭祀——中国传统宗教综论》，江苏古籍出版社，1992年。

张光直：《中国青铜时代》，三联书店，1999年。

（美）张光直著，郭净译：《美术、神话与祭祀》，辽宁教育出版社，2002年。

（美）张光直著，张良仁、岳洪彬、丁晓雷译，陈星灿校：《商文明》，辽宁教育出版社，2002年。

张荣明：《殷周政治与宗教》，五南图书出版公司，1997年。

张天恩：《西周社会结构的考古学观察》，《考古与文物》2013年第5期。

张宇卫：《甲骨文武丁时期王卜辞与非王卜辞之祭祀研究》，台湾成功大学硕士学位论文，2007年。

赵殿增：《三星堆文化与巴蜀文明》，江苏教育出版社，2005年。

赵林：《商代宗教信仰的对象及其崇拜体系》，《国立政治大学学报》1996年第72期。

郑慧生：《商代卜辞四方神名、风名与后世春夏秋冬四时之关系》，《史学月刊》1984年第6期。

郑若葵：《殷墟"大邑商"族邑布局初探》，《中原文物》1995年第3期。

郑振香：《殷墟发掘六十年概述》，《考古》1988年第1期。

中国考古学会：《中国考古学会第五次年会论文集（1985）》，文物出版社，1988年。

中国考古学研究编委会：《中国考古学研究——夏鼐先生考古五十年纪念论文集》，文物出版社，1986年。

中国科学院考古研究所安阳发掘队：《1958—1959年殷墟发掘简报》，《考古》1961年第2期。

中国科学院考古研究所体质人类学组：《安阳殷代祭祀坑人骨的性别年

龄鉴定》，《考古》1977 年第 3 期。

中国社会科学院考古研究所：《考古学集刊（第 15 集）》，文物出版社，2004 年。

中国社会科学院考古研究所：《三代考古（二）》，科学出版社，2006 年。

中国社会科学院考古研究所：《三代考古（四）》，科学出版社，2011 年。

中国社会科学院考古研究所：《新世纪的中国考古学——王仲殊先生八十华诞纪念论文集》，科学出版社，2005 年。

中国社会科学院考古研究所：《殷墟的发现与研究》，科学出版社，2007 年。

中国社会科学院考古研究所：《中国考古学·夏商卷》，中国社会科学出版社，2003 年。

中国社会科学院考古研究所：《中国考古学·两周卷》，中国社会科学出版社，2004 年。

中国社会科学院考古研究所：《中国考古学·秦汉卷》，中国社会科学出版社，2010 年。

中国社会科学院考古研究所编：《新中国的考古发现和研究》，文物出版社，1984 年。

中国社会科学院历史研究所、中国社会科学院考古研究所：《安阳殷墟头骨研究》，文物出版社，1985 年。

周广明、赵碧云：《吴城商代宗教祭祀场所探究》，《南方文物》1994 年第 4 期。

周伟：《商代后期殷墟气候探索》，《中国历史地理论丛》1999 年第 1 期。

周媛：《论〈陶冶图〉与〈陶冶图说〉的研究价值》，《陶瓷研究》2011 年第 4 期。

朱凤瀚：《商周家族形态研究（增订本）》，天津古籍出版社，2004 年。

朱凤瀚：《由殷墟出土北方式青铜器看商人与北方族群的联系》，《考古学报》2013 年第 1 期。

朱琨：《略论商周时期射牲礼》，《中原文物》2012 年第 1 期。

朱乃诚：《三星堆文明形成的年代和机制》，《中原文化研究》2021 年第 4 期。

朱培仁：《甲骨文所反映的上古植物水分生理学知识》，《南京农业大学学报》1957 年第 2 期。

朱彦民：《商代晚期中原地区生态环境的变迁》，《南开学报（哲学社会科学版）》2006 年第 5 期。

竺可桢：《中国近五千年来气候变迁的初步研究》，《考古学报》1972 年第 1 期。

邹衡：《试论殷墟文化分期》，《北京大学学报（哲学社会科学版）》1964 年第 4 期。

邹衡：《夏商周考古学论文集》，文物出版社，1980 年。

五、外文文献

Arnold van Gennep，Monika B. Vizedon，Gabrielle L. Caffee. 1961. *The Rites of Passage*. Chicago：University of Chicago Press.

Bell Catherine M. 1997. *Ritual，Perspectives and Dimensions*. Oxford：Oxford University Press.

Bell Catherine M. 2009. *Riutal Theory，Ritual Practice*. Oxford：Oxford University Press.

Benedetti-Pichler. 1937. Mocrochemical Analysis of Pigments Used in the Fossae of the Incisions of Chinese Oracle Bones. *Industrial and Enginerring Chemistry*，Analytical edition 9.

Bobby C. Alexander. 1997. Ritual and Current Studies of Ritual：Overview. In *Anthropology of Religion: A Handbook*，edited by Stephen D. Glazier. Westport：Greenwood Press. pp. 139－160.

Britton Roswell. 1937. *Oracle-bone Color Pigments*. *Harvard Journal of Asiatic Studies 2－1*：1－3.

Christopher Hawkes. 1954. Archaeological Theory and Method：Some Suggestions from the Old World. *American Anthropologist* 56: 155 – 168.

Clifford Geertz. 1973. Religion as a Cultural System. In *The Interpretation of Cultures*. New York: Basic Books. pp. 87 – 125.

Colin Renfrew. 1994. The Archaeology of Religion. In *The Ancient Mind: Elements of Cognitive Archaeology*. Edited by Colin Renfrew. Cambridge: Cambridge University Press. pp. 47 – 54.

David. N. Keightley. 1979 – 1980. The Shang State As Seen in The Oracle-Bone Inscription. *Early China* 5: 25 – 34.

De Marriais E. , Castillo L. J. , and Earle T. 1996. Ideology, Materialization, and Power Strategies. *Current Anthropology* 37: 15 – 86.

Edmund R. Leach. 1968. Ritual. In *The International Encyclopedia of the Social Science*. Edited by Sills, D. L. Vol. 13. New York: Macmillan. pp. 520 – 526.

Elizabeth M. Brumfiel. 1998. The Multiple Identities of Aztec Craft Specialists. In *Craft and Social Identity*. Edited by Cathy L. Costin and Rita P. Wright. Arlington: American Anthropological Association. pp. 145 – 152.

Emile Durkheim. 1912. Selections from The Elementary Forms of Religious Life. Lambeck.

Erica Hill. 2008. Animism and Sacrifice: Reconstructing Moche Religion Through Architecture, Iconography, and Archaeological Features. In *Religion, Archaeology, and the Material World*. Edited by Carbondale L. Fogelin. pp. 38 – 60.

Evangelos Kyriakidis. 2007. Finding Ritual: Calibrating the Evidence. In *The Archaeology of Ritual*. Edited by Evangelos Kyriakidis. Los Angeles: Cotsen Institute of Archaeology, UCLA. pp. 9 – 22.

George C Homans. 1941. Anxiety and Ritual: The Theories of Malinowski and Radcliffe-Brown. *American Anthropologist* 43: 164 – 72.

Gideon Shelach. 1996. The Qiang and the Question of Human Sacrifice in the Late Shang Period. *Asian Perspectives: The Journal of Archaeology for Asia and the*

Pacific 35(1): 1 - 26.

Holley Moyes. 2008. Charcoal as a Proxy for Use-Intensity in Ancient Maya Cave Ritual. In *Religion, Archaeology, and the Material World*. Edited by L. Fogelin. Carbondale, Center for Archaeological Investigations: 139 - 158.

Ian Hodder. 1982. Theoretical Archaeology: A Reactionary View. In *Symbolic and Structural Archaeology*. Edited by I. Hodder. Cambridge: Cambridge University Press. pp. 1 - 16.

Jack Goody. 1977. Against Ritual: Loosely Structured Thought on a Loosely Defined Subject. In *Secular Ritual*. Edited by Moore, S. f. , and B. G. Myerhoff. Assen: van Gorcum. pp. 25 - 35.

Jan A. M. Sneok. 2006. Defining Rituals. In *Theorizing Rituals, Issues, Topics, Approaches, Con cepts*. Edited by Jens Kreinath, Jan Snoek and Michael Stausberg. Leiden/Boston: Brill. pp. 3 - 14.

Joyce Marcus, and Kent V. Flannery. 1996. *Zapotec Civilization: How Urban Evolved in Mexico's Oaxaca Valley*. Thames and Hudson.

Joyce Marcus. 2007. Rethinking Ritual. In *The Archaeology of Ritual*. Edited by Evangelos Kyriakidis. Los Angeles: Cotsen Institute of Archaeology, UCLA. pp. 43 - 76.

Karl W. Butzer. 1980. Context in Archaeology: An Alternative Perspective. *Journal of Field Archaeology* 7(4): 417 - 422.

Katherine A. Spielmann. 1998. Ritual Craft Specialists in Middle Range Societies. In *Craft and Social Identity*. Vol. 8. Edited by Cathy L. Costin, and Rita P. Wright. Arlington, VA: American Anthropological Association. pp. 153 - 160.

Katrinka Reinhart. 2011. Politics of Food, Feasting, and Sacrifice in the Chinese Bronze Age: Quantitative Analysis of Pottery at Yanshi Shangcheng. PhD Dissertation in Stanford University.

Lars Fogelin. 2007. The Archaeology of Religious Ritual, *Annual Review of Anthropology* 36: 55 - 71.

参
考
文
献

Linda A. Brown, Scott E. Simmons, and Payson Sheets. 2002. Household Production of Extra Household Ritual at the Ceren Site, El Salvador. In *Domestic Ritual In Ancient Mesoamerica*. Edited by Patricia Plunket. Los Angeles: Cotsen Institute of Archaeology, UCLA. pp. 83 – 92.

Manfred Rösch. 2005. Pollen Analysis of the Contents of Excavated Vessels-Direct Archaeobotanical Evidence of Beverages, *Vegetation History and Archaeobotany* 14(3): 179 – 188.

Max Gluckman. 1963. *Order and Rebellion in South East Africa: Collected Essays*. London: Routledge & Kegan Paul.

Michael E. Smith. 2002. Domestic Ritual at Aztec Provincial Sites in Morelos. In *Domestic Ritual in Ancient Mesoamerica*. Edited by Patricia Plunkett. Los Angeles: Cotsen Institute of Archaeology, UCLA. pp. 93 – 114.

Nawa Sugiyama. 2014. Animals and Sacred Mountains-How Ritualized Performances Materialized State-ideologies at Teotihuacan, Mexico. PhD Dissertation of Harvard University.

Nikolaas J. van der Merwe, and Donald H. Avery. 1987. Science and Magic in African Technology: Traditional Iron Smelting in Malawi. *Africa* 57 (2): 143 – 172.

Oliver P. Gosselain, and Alexandre Livingstone Smith. 2005. The Source Clay Selection and Processing Practices in Sub-saharan Africa. In *Pottery Manufacturing Processes: Reconstruction and Interpretation*. Edited by Alexandre Livingstone Smith. Oxford: Basingstoke Press.

Olivier P. Gosselain. 1992. Technology and Style: Potters and Pottery Among Bafia of Cameroon. *Man(New Series)* 27(3): 559 – 586.

Patricia. R. Anawalt. 1982. Understanding Aztec Human Sacrifice. *Archaeology* 35(5): 38 – 45.

Paul Garwood, David Jennings, Robin Skeates, and Judith Toms. 1989. *Sacred and Profane: Proceedings of a Conference on Archaeology, Ritual and Religion*. Oxford: Oxford University Press.

Richard Bradley. 2005. *Ritual and Domestic Life in Prehistoric Europe.* Abingdon: Routledge.

Robb JE. 1998. The archaeology of symbols. *Annu. Rev. Anthropology* 27: 329 – 346.

Robb JE. 1999. *Material Symbols: Culture and Economy in Prehistory.* Carbondale: Center for Archaeological Investigations, South Illinois University.

Robert Preucel. 1995. The Postprocessual Condition. *Journal of Archaeological Research* 3: 147 – 175.

Rowan K. Flad. 2008. Divination and Power: A Multi-regional View of the Development of Oracle Bone Divination in Early China. *Current Anthropology* 49 (4): 403 – 437.

Rowan K. Flad, and Pochan Chen. 2013. *Ancient Central China: Centers and Peripheries Along the Yangzi River.* New York: Cambridge University Press.

Roy A. Rappaport. 1999. *Ritual and Religion in the Making of Humanity.* Cambridge: Cambridge University Press.

Siân Jones. 1997. *The Archaeology of Ethnicity: Constructing identities in the past and present.* London and New York: Routledge.

Stephen P. Huyler. 1996. *Gifts of Earth: Terracottas & Clay Sculptures of India.* Seattle: University of Washington Press.

Tang Jigen. 2004. The Social Organization of Late Shang China-A Mortuary Perspective. PhD Dissertation in UCL.

Terry Childs. 1998. Social Identity and Craft Specialization among Toro Iron Workers in Western Uganda. In *Craft and Social Identity.* Edited by Cathy L. Costin and Rita P. Wright. Arling-ton: American Anthropological Association. pp. 109 – 121.

Valerio Valeri. 1985. *Kinship and Sacrifice: Ritual and Society in Ancient Hawaii.* Chicago: University of Chicago Press.

Victor W. Turner. 1967. *The Forest of Symbols*: Aspects of Ndembu Ritual. Ithaca: Cornell University Press.

Victor W. Turner. 1982. *From Ritual to Theater and Back: the Human Seriousness of Play*. New York: PAJ publication.

William A. Lessa, and Evon Z. Vogt. 1979. *Reader in Comparative Religion: An Anthropological Approach*. New York: Harper & Row.

William H Walker. 2001. Ritual Technology in an Extranatural World. In *Archaeological Perspectives on Technology*. Edited by Michael B, Schiffer. Alburquerque: University of New Mexico Press. pp. 87 - 106.

Zachary X. Hruby. 2007. Ritualized Chipped-Stone Production at Piedras Negras, Guatemala. In *Rethinking Craft Specialization in Complex Societies: Archaeological Analyses of the Social Meaning of Production*. Vol. 1, edited by Zachary X. Hruby, and Rowan K. Flad. Arlington, VA: American Anthropological Association. pp. 68 - 87.

后　记

2009年秋我进入山东大学考古学系读研，有幸跟随方辉老师学习夏商周考古。因为读完张光直先生的书籍，对祭祀仪式产生了兴趣，故将硕士毕业论文的题目定为了《商代中原地区奠基遗存初探》，开始初涉商代祭祀领域。当时已有的商代祭祀研究大多还是基于卜辞的甲骨学视角，从考古学的角度研究祭祀可谓是困难重重。我的硕士论文答辩主席郑同修老师后来私下笑称道，我敢做这个题目的论文，胆子真是大。硕士研究生毕业后，我继续跟随方辉老师攻读博士学位。或许是因为写硕士论文时碰过一些"壁"（其实是写毕业论文的正常过程），在博士论文的选题上我曾有过很长一段时间的迷茫。方老师建议我最好能在硕士论文的基础上继续撰写博士论文，保持两者的延续性。现在回想起来，方老师的这一建议无疑是非常正确的。同时，促成博士论文选题的还有另外一个机缘。

那时哈佛燕京学社还有访问研究员（visiting fellow）的项目，主要是让东亚和东南亚地区的文科在读博士研究生到哈佛大学进行为期一年半的访学，利用哈佛大学丰富的图书馆资源等撰写博士论文，山东大学作为哈佛燕京学社的项目合作方，当时有一个推荐名额。方老师自然非常鼓励我申请，博士期间赴海外访学开拓视野，也一直是方老师的博士生们的"传统"。在方老师的引荐下，我与哈佛大学的付罗文先生（Rowan K. Flad）取得联系，并希望他能担任我的合作导师。付罗文先生对许多考古学领域都有出色的研究，仪式考古是其研究方向之一，又基于我硕士论文的情况，申请时我递交的访学研究计划就聚焦在了商代祭祀上。后来，我非常幸运地拿到了学校的推荐名额，并顺利通过了哈佛燕京学社的选拔。

　　我刚到波士顿的第一年，恰逢付罗文先生学术休假，我一边在图书馆收集资料，一边旁听人类学系的课程，有"考古学理论与方法""考古学前沿专题""族属考古""家户考古""GIS 与考古空间分析"等。课程量看起来不多，却已是我当时竭尽所能旁听的最大课程量了，那一年可能也是我学生时代睡眠时间最少的一年，但受益匪浅。一年后，付罗文先生回来，在他的指导下，我用了半年时间系统地阅读了仪式考古方面的文献资料，定期向他汇报阅读心得并同其讨论。此外哈佛大学和哈佛燕京学社浓厚的学术氛围，让我有机会混迹在不同学科领域的讲座和研讨会之中（其实也是去蹭午餐），这些经历或许无法直接体现在本书之中，却是我一生中非常重要的精神财富。

　　2015 年初我回到山东大学，开始撰写博士论文，并将讨论范围缩小到了殷墟遗址，希望能做一个专题研究。有了硕士论文的基础，博士论文写起来倒是不费力，也把自己访学时的一些所得融入其中。2016 年博士毕业后，我到上海大学工作，继而成家生子。惭愧的是工作后疲于工作和生活琐事，用在读书上的时间还不及研究生时多，对书稿的修改也远未能达到令自己满意的地步就决定仓促出版了。

　　较之博士论文，本书增补了商代晚期商文化区域内的其他遗址祭祀材料，以及第五章商文化周边地区的祭祀仪式，以便探讨不同规格的遗址、不同考古学文化区域在祭祀仪式上的异同，但由于时间关系未来得及补充商代早期和商代中期的祭祀材料，有待今后的专文发表。

　　尽管祭祀是上古时期非常重要的一项事务，但祭祀研究本身并非三代考古的"显学"，正如我曾经请教谢肃老师时他的体会一样，做祭祀研究少有志同道合者。欣喜的是，近些年关注祭祀这个问题的硕博论文越来越多，学界也在对已有的研究方法进行反思（如岳洪彬老师的《谈谈商代考古学研究中的"泛祭祀倾向"》一文）。由于作者学识有限，本书还有很多有待完善之处，许多思考可能也不尽成熟。希望本书的出版能够起到抛砖引玉之用，引发大家对仪式考古的进一步关注。

2022 年 10 月记于上海

图书在版编目(CIP)数据

仪式与社会：商代晚期祭祀遗存的考古学研究／杨
谦著. —上海：上海古籍出版社，2023.4
ISBN 978-7-5732-0579-7

Ⅰ.①仪… Ⅱ.①杨… Ⅲ.①祭祀—文化遗存(考古
学)—研究—中国—商代 Ⅳ.①K878

中国国家版本馆 CIP 数据核字(2023)第 002009 号

仪式与社会：

商代晚期祭祀遗存的考古学研究

杨 谦 著

上海古籍出版社出版发行

(上海市闵行区号景路 159 弄 1-5 号 A 座 5F　邮政编码 201101)

(1) 网址：www.guji.com.cn

(2) E-mail：guji1@guji.com.cn

(3) 易文网网址：www.ewen.co

上海惠敦印务科技有限公司印刷

开本 710×1000　1/16　印张 16.25　插页 3　字数 249,000

2023 年 4 月第 1 版　2023 年 4 月第 1 次印刷

印数：1—2,100

ISBN 978-7-5732-0579-7

K·3311　定价：78.00 元

如有质量问题,请与承印公司联系